中华优秀传统文化

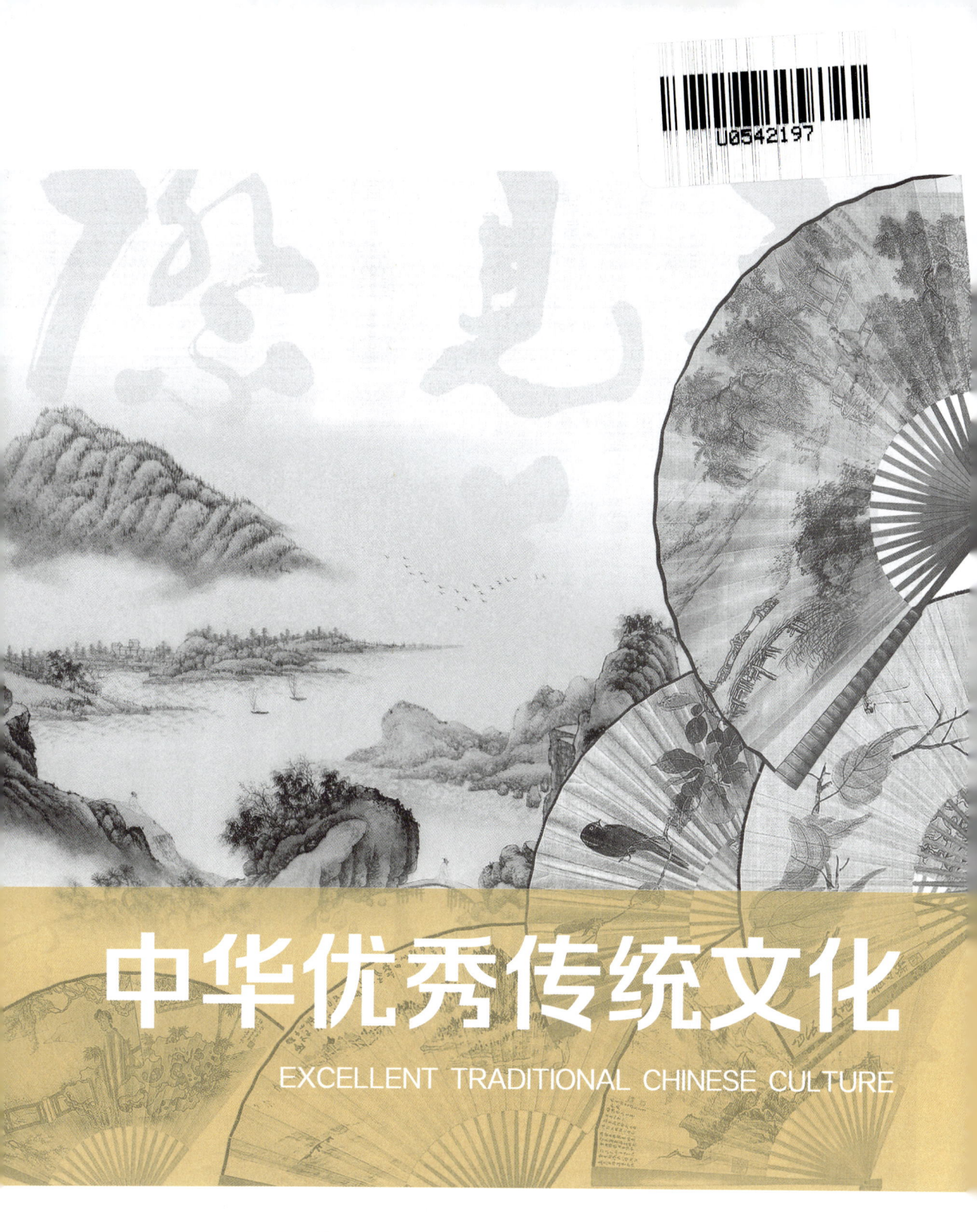

EXCELLENT TRADITIONAL CHINESE CULTURE

主编 蓝鹰 徐敏　副主编 胡钰 程秋云 刘婷婷

大连理工大学出版社
Dalian University of Technology Press

图书在版编目(CIP)数据

中华优秀传统文化 / 蓝鹰，徐敏主编. -- 大连：大连理工大学出版社，2023.9(2025.7重印)
本科层次职业教育基础类课程规划教材
ISBN 978-7-5685-4505-1

Ⅰ.①中… Ⅱ.①蓝… ②徐… Ⅲ.①中华文化－高等职业教育－教材 Ⅳ.①K203

中国国家版本馆 CIP 数据核字(2023)第 119518 号

ZHONGHUA YOUXIU CHUANTONG WENHUA

大连理工大学出版社出版
地址：大连市软件园路 80 号　邮政编码：116023
营销中心：0411-84707410　84708842　邮购及零售：0411-84706041
E-mail：dutp@dutp.cn　URL：https://www.dutp.cn
辽宁虎驰科技传媒有限公司印刷　大连理工大学出版社发行

幅面尺寸：185mm×260mm　印张：14　字数：322 千字
2023 年 9 月第 1 版　2025 年 7 月第 5 次印刷

责任编辑：齐　欣　　　　　　　　　　　责任校对：孙兴乐
封面设计：奇景创意

ISBN 978-7-5685-4505-1　　　　　　　　　定　价：49.80 元

本书如有印装质量问题，请与我社营销中心联系更换。

编委会

（按姓氏拼音排序）

陈　舒　成都艺术职业大学

程秋云　成都艺术职业大学

胡　钰　成都艺术职业大学

黄毅力　重庆机电职业技术大学

金明月　成都艺术职业大学

蓝　鹰　成都艺术职业大学

刘婷婷　广州科技职业技术大学

徐　敏　成都艺术职业大学

内容提要

本教材是高等院校文化素质教育改革创新教材。

本教材共五章,分别为精神与文化、规制与礼法、文学与艺术、发明与创作、生活与雅趣,包含了哲学教育、道德价值、文学艺术、科技发明、礼仪历法、家风家训等多方面内容。

本教材力求在介绍中华优秀传统文化知识的同时,将社会主义核心价值观融入其中,使学生在领略中华文明包容智慧、博大精深中,潜移默化地培养和提升民族精神、家国情怀、人文气质。

本教材可作为高等院校的通识教育教材、职业本科大学和高等职业院校的公共基础课教材,也可作为社会人士学习中华优秀传统文化的业余读本。

PREFACE 前言

我国在五千多年文明发展中孕育的优秀传统文化是中华民族的精神命脉,是涵养社会主义核心价值观的重要源泉,也是我们在世界文化激荡中站稳脚跟的坚实根基。在新时代,中华优秀传统文化进入大学教育已上升到"文化强国""人才强国"的战略高度,高等教育肩负着高素质人才培养重任,实现中华优秀传统文化与高等教育的完美契合既是坚守中国文化立场、落实立德树人根本任务的内在要求,也是发展中国特色、世界水平高等教育的题中应有之义,更是推进文化育人、全面提高人才培养质量的必然遵循。时下,高等教育被寄予更多的价值期待,即培养综合素质水平高的技能人才、传承工匠技艺、赓续优秀文化。

党的二十大报告中指出,我们要"增强中华文明传播力影响力。坚守中华文化立场,提炼展示中华文明的精神标识和文化精髓,加快构建中国话语和中国叙事体系,讲好中国故事、传播好中国声音,展现可信、可爱、可敬的中国形象。加强国际传播能力建设,全面提升国际传播效能,形成同我国综合国力和国际地位相匹配的国际话语权。深化文明交流互鉴,推动中华文化更好走向世界"。在此背景下,在教育和教学实践中将中华优秀传统文化融入高等教育就显得十分迫切和必要。

本教材编写团队深入推进党的二十大精神融入教材,充分认识党的二十大报告提出的"实施科教兴国战略,强化现代人才建设支撑"精神,落实"加强教材建设和管理"新要求,在教材中润物细无声地融入思政元素,紧扣二十大精神,围绕专业育人目标,结合课程特点,注重知识传授、能力培养与价值塑造的统一。

首先,中华优秀传统文化蕴含着乡土情怀、民族认同的文化基因,彰显着民族底色特质。中华优秀传统文化是中华民

族的精神特质和精神风貌，凝聚着中华民族自强不息的精神追求和历久弥新的精神，承载着中华民族深厚的文化血脉和思想精华，植根于中国人内心，浸润着中国人的思想方式和行为方式。中华优秀传统文化为中国人提供了稳定的价值支撑和精神导向，如"天下兴亡，匹夫有责"的家国情怀，"热爱祖国、维护统一"的爱国精神等。中华优秀传统文化融入高等教育的过程就是铸就"民族共同体意识"的过程，将中华优秀传统文化所蕴含的乡土情怀、民族要素进行外化释义，可以潜移默化地凝聚民族精神，滋养家国情怀，引导学生自觉地将自己的文化根须植入中华优秀传统文化，更好地传承民族文化基因，提升对中华优秀传统文化的认同感、自豪感，成为一个文化意义上的中国人。

其次，中华优秀传统文化氤氲着德技并修、德艺双馨的工匠精神。优秀传统技艺文化是人类实践的产物，是生产知识和生活经验的累积。优秀传统技艺与人们的生产、生活、礼仪、习俗紧密相连，是绵延千年的中华文明得以传承、传播的主要载体形式。每一种传统技艺都历经中国先民数千年的经验积淀和技术演变，体现着特定历史时期的社会生产生活样貌和社会历史文化风俗，是无数劳动者历经了几千年磨砺而凝聚起来的智慧，存续于匠人精雕细琢的生产制造中，深深地嵌入在深厚的中华传统文化中德技并修、德艺双馨的"工匠精神"，即"敬业守信、无私奉献"的职业道德，"精雕细琢、追求卓越"的职业精神，"精选美材、用良工"的职业品质，"艺痴者技必良"的职业技能，"天下大事必作于细"的职业态度，"吃苦耐劳、勤奋务实"的职业品格，"技近乎道、艺通乎神"的职业追求。

再其次，高等教育各专业人才培养除了要注重学生扎实的专业知识和过硬的专业技能，还要注意对专业技能所蕴含的精神境界、文化素质和人文底蕴的培养。可以通过对传统技艺、技巧的传承与弘扬和对其所包含的劳动价值与工匠精神进行符号阐释，引导学生充分了解各种技艺的工艺流程、材料工具、技法艺术和地位影响，充分认识传统技艺、技巧得以发展的环境、民俗活动等文化空间，掌握其所具有的艺术价值、社会价值和审美价值，促成对劳动、技能和创造的认同与尊重，体会传统技艺所蕴含的中华优秀传统文化的精粹，从而实现中华优秀传统文化与职业素养的交汇对接，达成职业技能、职业精神培养的高度融合，建立起高度的职业文化自信。

最后，中华优秀传统文化内含着"文以化人、技以载道"的传统美德，契合着人的发展逻辑。历经数千年的中华优秀传统文化蕴含着大量宝贵的德育资源，充满着对"人"的德行关怀，注重个人道德修养和道德教化，关注德智统一发展，准确地概括了中国人最基本的价值观念和道德心性，成为学生塑造健全人格的价值指引和理想范式。在高等教育发展过程中，既要强调"成才"的技能文化，也要重视"成人"的通识文化，注重人的全面发展。要加强对人文精神、德行修养的涵养，把中华优秀传统文化融入高等教育意味着对其所蕴含的德育资源进行内化实践，促成学生对中华优秀传统文化的价值内化和意义生成，达成"文以化人、技以载道"的文化浸润，将中华优秀传统文化中所蕴含的人文精神、道德规范与学生文化素养、道德品质的发展相契合，提升其人文底蕴和文化修为，丰富其道德认知，涵养德行人格，激发其关注和学习中华优秀传统文化的兴趣，对其在价值选择、人格塑造、思维方式、精神风貌、道德情感、行为习惯等方面产生持久而深刻的影响，从而实现"以德为先、以技立身"的全面可持续发展。

总之，我们希望广大学生通过学习这门课、这本教材，更深入地了解中华传统文化，进入中国人的内心世界,感受和把握中国文化内在的精神和核心价值,了解异彩纷呈的中华传统文化样态,获得对中华优秀传统文化深度的认识。

本教材可作为高等院校的通识教育教材、职业本科大学和高等职业院校的公共基础课教材,也可作为社会人士学习中华优秀传统文化的业余读本。

本教材由成都艺术职业大学蓝鹰、徐敏任主编;成都艺术职业大学胡钰、程秋云,广州科技职业技术大学刘婷婷任副主编;成都艺术职业大学陈舒、重庆机电职业技术大学黄毅力、成都艺术职业大学金明月参与了编写。具体编写分工如下:绪论由蓝鹰、胡钰编写,第一章由徐敏、刘婷婷编写,第二章由陈舒、胡钰编写,第三章由徐敏、程秋云、金明月编写,第四章由刘婷婷、黄毅力编写,第五章由程秋云、黄毅力编写。全书由蓝鹰、徐敏统稿并定稿。

作为首批职业本科教育试点学校的成都艺术职业大学、重庆机电职业技术大学和广州科技职业技术大学,十分重视职业本科学生文化素质的培养,重视德育为先、文化引领在人才培养中的重要作用,特联合编写了本教材。本教材集知识性、趣性味于一体,既简明易懂又理论结合实践,使学生在面对博大精深的中华文化时,获得一个入门的途径,并可窥其堂奥。通过学习,学生既能对中华优秀传统文化有整体把握,又能掌握其典型内容和代表元素,更能感受其内在意韵、核心价值观念,理解中华民族的包容大气、品格智慧和强大的生命力、创造力及凝聚力。

在编写本教材的过程中,编者参考、引用和改编了国内外出版物中的相关资料以及网络资源,在此表示深深的谢意!相关著作权人看到本教材后,请与出版社联系,出版社将按照相关法律的规定支付稿酬。

限于水平,书中仍有疏漏和不妥之处,敬请专家和读者批评指正,以使教材日臻完善。

编 者

2023 年 9 月

所有意见和建议请发往:dutpbk@163.com
欢迎访问高教数字化服务平台:https://www.dutp.cn/hep/
联系电话:0411-84708445　84708462

CONTENTS 目录

绪　论 / 1
  第一节　中华传统文化的含义 / 2
  第二节　中华传统文化产生的条件 / 5
  第三节　中华传统文化的主要特征 / 9

第一章　精神与文化 / 14
  第一节　中国古代思想 / 16
  第二节　中国古人修身 / 19
  第三节　中国古代哲学 / 22
  第四节　中国古代教育 / 25
  第五节　工匠精神 / 30

第二章　规制与礼法 / 41
  第一节　中国古代历法 / 42
  第二节　中国古代姓氏 / 47
  第三节　中国古代礼仪 / 51
  第四节　中国古代家谱与家风家训 / 58

第三章　文学与艺术 / 70
  第一节　中国语言文字 / 72
  第二节　中国古代文学 / 81

第三节　中国古代书法与绘画 / 93

第四节　中国古代瓷器 / 102

第五节　中国古代建筑与雕塑 / 108

第六节　中国古代音乐 / 123

第四章　发明与创造 / 131

第一节　中国古代科技 / 132

第二节　中国古代民间工艺 / 142

第三节　中国古代医学 / 153

第四节　中国古代商业 / 162

第五章　生活与雅趣 / 172

第一节　中国古代饮食 / 174

第二节　中国古代民居 / 183

第三节　中国古代服饰 / 190

第四节　中国古代茶和酒 / 198

第五节　中国古代体育文化 / 206

参考文献 / 212

后　记 / 214

绪 论

中华传统文化是世界上最古老的文化之一。它源远流长,历久弥新,充盈着诱人的魅力;它博大精深,呵护了一代又一代中华儿女,绵延至今,弘扬于世。

对于这样一种具有坚韧生命力和持续生长能力的文化,有必要对其进行剖析,揭示它的特征。所谓文化特征,应当表现文化的深层意蕴。文化特征指人的一般表现的思维、心理及行为意义。文化的形成与民族及其思维方式有关,世界上几乎每一个民族都有自己的传统文化、思维方式,并借此形成独特的历史、文明形态。思维方式是一种人类知性活动的表现,是民族特殊性的重要标志,它在一个民族、社会的发展过程中起着重要的作用。社会的形成、维系要有一群具备共同的思维方法、思维习惯的人,并以此形成对事物的某种共识和审视趋向,我们一般把这些称为该民族的思维方式及表现。思维方式具有社会生活各个方面的普遍意义,它体现在一个民族和社会的科学、经济、道德、政治、艺术、民俗等社会形态各方面。由此我们可以说,文化是一定的人群、民族以共同的思维方式或社会心理形成一定的社会意识及表现的一种社会形态。文化的定义实质在于一种社会文明形态的形成意义,有怎样的人类生活状态,就会有怎样的文化表现。文化的形成与发展一般来源于对现实的思考,是一种理念,同时它必定表达着一种真切的情感。这种文化的历史性、民族性,为多元文化的并存,促进世界各民族文化的相互交流、融合,创造一个人类共同文化奠定了理论基础。①

文化是一个由社会历史积累而成的不断变化的复杂的有机系统,是一个民族或一个地区的群体在其历史的发展中形成的有利于该民族或该群体生存、繁盛的物质和精神的生活方式,是人类在能动地支配与改造客观环境、追求与创造理想生活、实现人类自身价值的过程中产生的物质和精神财富,包括语言、文字、规章制度、组织形式、风俗习惯、价值观念、思维方式、道德情操、审美情趣、宗教情感、民族性格等。②

---

① 蒋庆.大同文化.北京:中国三峡出版社,2002.8:1.
② 张义明,易宏军.中国传统文化概论.西安:西北大学出版社,2019.8:1.

第一节　中华传统文化的含义

一、文化的阐释

文化是一个比较广泛的概念,目前关于文化的定义有260多种。著名人类学家泰勒在《原始文化》一书中定义:"文化或文明乃是包括知识、信仰、艺术、道德、法律、习俗,以及作为社会成员的个人获得的其他任何能力、习惯在内的一种综合体。"泰勒把文化看成一种综合体,从精神层面对文化做了比较完整的界定。著名文化人类学家马林诺夫斯基认为:"文化是对那一群传统的器物、货品、技术、思想、习惯及价值而言的,并且包括社会组织。"①这一观点增加了物质层面的内容。

在中国,文化一词最早出现在《周易·贲卦》中,其云:"刚柔交错,天文也。文明以止,人文也。观乎天文,以察时变;关乎人文,以化成天下。"②意思是观察天象可以察觉到时序的变化,观察社会人文可以教化天下的百姓。这里的"文"和"化"不是一个词,是分开的,合在一起就是文治、教化的意思。到了西汉,刘向将"文"和"化"组成一个词,其云:"圣人之治天下,先文德而后武力。凡武之兴,为不服也,文化不改,然后加诛。"③这里"文化"成了一个词,意为以文化人,也就是文教的意思。由此可知,在中国古代,"文化"一词主要是文教的意思,主要在精神领域。随着时间的流逝,慢慢地,"文化"一词的概念不断地丰富。梁漱溟认为文化"不过是那一民族生活的样式罢了"。④ 胡适认为"文化是一种文明所形成的生活方式"。⑤ 不管是"生活样式",还是"生活方式",都包括一个人的社会关系、人际关系、穿着方式、消费方式、思维方式等,这就把古代的"文化"意思给扩大了。

我们这里采用《现代汉语词典》(第7版)"文化"的定义:"人类在社会历史发展过程中所创造的物质财富和精神财富的总和,特指精神财富,如文学、艺术、教育、科学等。"其中,"人"是核心。关于"人为核心"的这一说法,张岱年在《中国文化概论》中写道:"凡是超越本能的、人类有意识地作用于自然界和社会的一切活动及其结果,都属于文化;或者说'自然的人化'即是文化。"⑥社会科学家费孝通认为:"用人工把自然的土变成用具,变成服务人们生活的东西,这就是文化。"

费孝通、张岱年二人精辟的论述中"人类有意识地作用于自然""自然的人化""用人工变自然"等描述都充分体现了"人"的核心地位。此外,我们从"文化"二字的造字规则也可

---

① 马林诺夫斯基.文化论.费孝通,等译.北京:商务印书馆,1946:2.
② 李学勤.周易正义.北京:北京大学出版社,1999:105.
③ 刘向.说苑全译.王锳,王天海,译注.贵阳:贵州人民出版社,1994:650.
④ 梁漱溟.梁漱溟全集:第一卷.济南:山东人民出版社,1989:352.
⑤ 胡适.胡适文存:第3集.上海:上海科学技术文选出版社,2014:3.
⑥ 张岱年,方立克.中国文化概论.北京:北京师范大学出版社,2019:3.

以论证"人"的核心地位。《周易·系辞下》云:"物相杂,故曰文。"①《说文解字》云:"文,错画也,象交文。"张岱年在《中国文化概论》中将以上二则材料解释为各色交错的纹理。那么,什么是"纹理"呢?我们认为就是大自然中的山川、鸟兽、虫鱼、草木等,换句话说就是自然界的一切。我们可以把自然界比作最大的生产机构,而它所产生的内容便是"文"的内容。再看"化",它的本义是创造、生成、造化。它是一个会意字,左边一个人,右边一把匕首,意思就是人拿着匕首(生产工具)去创造。把"文化"二字放在一起阐释字义,就是人拿着生产工具去创造自然界。从这一点来看,人便是中心,是主体,且不能缺少。所以,文化一定和人有关,如果没有人,那就不是文化。

二、中华传统文化释读

中华传统文化是中华民族独特的精神标识和文化基因。要厘清"中华传统文化"的定义,我们需要注意如下几点:

第一,"中华"二字限定了中华传统文化所产生的地域是中国境内;明确了中华优秀传统文化的创造主体是中华民族。

第二,我们需要对"传统"二字做一个阐释。关于"传统",《现代汉语辞海》释义为"世代相传的具有特点的社会因素,如风俗、道德、思想、作风、艺术、制度等"②。其中,"世代相传"便是对时间的限定,"社会因素"是对内容的解释。这里的"世代"可理解为过去的、历史的,但具体时间不详。目前学界大多将"传统文化"划定为1840年鸦片战争以前的文化。那是因为1840年以后,传统文化孤立发展的局面被打破,在民族存亡的危急时刻,西方思想传入国内,促使中国传统文化向近代文化转变。也有一部分学者将"传统文化"划定为1912年以前的文化。我们认为从1840年鸦片战争爆发到1912年清朝灭亡这一时期,是中华传统文化向近代文化的过渡时期。就文化形态而言,它已不是单纯的、独立发展的传统文化了,所以本书将"传统文化"的时间定为1840年以前的文化。

第三,"传统文化"的内容。中华民族历史悠久,文化灿若星辰。在继承中华文化的过程中,我们应披沙沥金、去伪存真、去粗取精,坚持古文今用、以古鉴今。"优秀传统文化凝聚着中华民族自强不息的精神追求和历久弥新的精神,是发展社会主义先进文化的深厚基础,是建设中华民族共有精神家园的重要支撑。"③它是中华民族的根和魂。优秀传统文化如果丢掉了,也就丢了中国人的根和魂,人们将无所依归,甚至危及国家的长治久安。

三、中华传统文化的属性

中华民族源远流长,中华文化博大精深,兼容并包,丰富多彩。2023年6月2日,习近平出席文化传承发展座谈会并发表重要讲话,明确指出:只有全面深入了解中华文明的

---

① 李学勤.周易正义.北京:北京大学出版社,1999:319.
② 郭哲华.现代汉语辞海.长春:吉林大学出版社,2003:183.
③ 中共中央关于深化文化体制改革 推动社会主义文化大发展大繁荣若干重大问题的决定.求是,2011(21).

历史,才能更有效地推动中华优秀传统文化创造性转化、创新性发展,更有力地推进中国特色社会主义文化建设,建设中华民族现代文明。

中华儿女要担负起新的文化使命,努力建设中华民族现代文明。中华文化具有连续性、创新性、统一性、包容性、和平性。

所谓连续性,是指在历史的长河中,中华文化连绵不断,从未中断。这一属性"从根本上决定了中华民族必然走自己的路。如果不从源远流长的历史连续性来认识中国,就不可能理解古代中国,也不可能理解现代中国,更不可能理解未来中国。"[1]

所谓创新性,是指中华传统文化要立足新时代,守正创新,不断推陈出新,培育和创造新时代中国特色社会主义文化。这一属性"从根本上决定了中华民族守正不守旧、尊古不复古的进取精神,决定了中华民族不惧新挑战、勇于接受新事物的无畏品格。"[2]

所谓统一性,是指中华传统文化的一统性。中国是一个多民族国家,各民族间文化繁多,呈现出多样化的特点。这一属性"从根本上决定了中华民族各民族文化融为一体、即使遭遇重大挫折也牢固凝聚,决定了国土不可分、国家不可乱、民族不可散、文明不可断的共同信念,决定了国家统一永远是中国核心利益的核心,决定了一个坚强统一的国家是各族人民的命运所系。"[3]

所谓包容性,是说中华文化强调整体性,具体而言如海纳百川、以和为贵、德行天下、化敌为友、包容豁达等,这一属性"从根本上决定了中华民族交往交流交融的历史取向,决定了中国各宗教信仰多元并存的和谐格局,决定了中华文化对世界文明兼收并蓄的开放胸怀。"[4]

所谓和平性,是说中华文化是和平文化。这一属性"从根本上决定了中国始终是世界和平的建设者、全球发展的贡献者、国际秩序的维护者,决定了中国不断追求文明交流互鉴而不搞文化霸权,决定了中国不会把自己的价值观念与政治体制强加于人,决定了中国坚持合作、不搞对抗,决不搞'党同伐异'的小圈子。"[5]

总之,中华传统文化哺育了中华儿女,塑造了中华民族的性格与精神。研究中华传统文化,可以探知中华民族源远流长的原因。习近平指出:"一个民族、一个国家,必须知道自己是谁,是从哪里来的,要到哪里去"。[6] 我们唯有深刻地了解了中华传统文化,了解了中华民族最深层的精神特质,才能传承、发展中华优秀传统文化,以守正创新的锐气和正气,赓续历史文脉,从而知往鉴来,奋楫笃行,谱写中华文化的当代华章。

---

[1] 新华社.习近平出席文化传承发展座谈会并发表重要讲话.(2023-06-02).中国政府网.
[2] 新华社.习近平出席文化传承发展座谈会并发表重要讲话.(2023-06-02).中国政府网.
[3] 新华社.习近平出席文化传承发展座谈会并发表重要讲话.(2023-06-02).中国政府网.
[4] 新华社.习近平出席文化传承发展座谈会并发表重要讲话.(2023-06-02).中国政府网.
[5] 新华社.习近平出席文化传承发展座谈会并发表重要讲话.(2023-06-02).中国政府网.
[6] 习近平.习近平谈治国理政.北京:外文出版社,2014:171.

第二节　中华传统文化产生的条件

中华传统文化不是凭空出现的,其出现有着深刻的地理条件、经济条件、政治条件,它们共同滋养了中华文化,并为中华文化的产生、发展创造了条件。

一、中华传统文化产生的地理条件

中华民族所生活的地理环境是中华传统文化形成的物质基础。与古埃及、古巴比伦、古印度相比,中国文化产生的地理条件比较特殊。中国文化一开始便在一个复杂而广阔的地面上展开[1],使得中国文化具有强大的包容性。

从地理位置来看,中国背靠亚欧大陆,北接西西伯利亚平原,西北有沙漠、戈壁,西南有青藏高原,南部有云贵高原,东边有漫长的海岸线,这些形成了天然的屏障,使得中国在很长一段时间内与世隔绝,形成了独自发展、独立延续的文化。从气候特点来看,中国大部分地区处于温带,季风气候显著,雨热同期,适宜人类居住和农业发展。此外,中国境内有横贯东西的两条河流——长江和黄河,支流众多,水源充足,保证了生活用水、灌溉用水;河流下游形成冲积平原,土壤肥沃,为农业发展提供了得天独厚的条件。纵观中国历史,黄河中下游地区一直是历朝的行政中心,这和当地适宜农业发展是密不可分的。

在很多典籍中,我们可以发现许多关于农业的记载。"千耦其耕,徂隰徂畛"(《诗经·周颂·载芟》)描绘的就是周代劳作的场景。"保民""敬天"(《尚书》)则是重农时,重视和发展农业生产。"躬修玄默,劝趣农桑"(《汉书·刑法志》)记载汉孝文帝劝课农桑。东汉许慎的《说文解字》收录了许多与农业有关的字,其中"艸部"收445字,"禾部"收87字,"土部""田部""麻部""米部"等还有不少的字都与农业有着不可分割的关系。这些字涉及作物种类、农具动力、农田水利、农业技术、庄稼长势、贮藏加工等。[2] 由此可见,农业生产在中国古代已比较普遍。这也使得重农、尚农成为中国古代的治国长策,奠定了中国文化的基本形态——农耕文化。

在外部封闭的情况下,中国内部东西有别、南北有异,文化也呈现出多样性的特点。例如,丘陵文化、草原文化、平原文化,农耕文化、游牧文化,巴蜀文化、齐鲁文化、荆楚文化、三秦文化、燕赵文化、吴越文化、岭南文化,等等。这些文化构成了锦绣中华的历史画卷。

---

[1] 钱穆.中国文化史导论.北京:商务印书馆出版,1994:1.
[2] 王鹏.说文解字农耕词汇研究.湘潭:湘潭大学.

二、中华传统文化产生的经济条件

优越的地理位置和自然条件为农耕的发展提供了得天独厚的便利,于是"男耕女织"的小农经济便成为中国古代经济的主要形态。

自从神农氏"始教天下种五谷而食之""禹、稷躬稼而有天下"(《论语·宪问》)以来,中国历朝都以农立国,重本抑末,以农耕为主、与自然物质交换的特殊方式,在中国的经济生活中占统治地位。但是,任何一个国家的经济结构都不是单一的,中国也不例外。在中国,除了占支配地位的农耕经济,还有工业、商业等。所以,中华传统文化产生的经济基础是以农耕经济(小农经济)为主体的多种经济结构。

5 000年前,中国先民主要依靠渔猎生存。随着生存能力、认识能力的提高,人们慢慢地过渡到农耕。春秋时期已出现铁农具和牛耕,至战国时期铁农具已相当普遍,这大大地促进了农业的发展。《孟子·滕文公上》:"许子以釜甑爨,以铁耕乎?曰:然。"[1]《管子·轻重乙》云:"一农之事,必有一耜、一铫、一镰、一鎒、一椎、一铚,然后成为农。"[2]可以看出,战国时期铁农具大量使用,农事工具丰富的场景。商鞅变法提出:"国之所以兴者,农战也。""圣人知治国之要,故令民归心于农。归心于农,则民朴而可正也,纷纷则易使也,信可以守战也。"[3]商鞅认为重农重战是国家强盛的根本。秦国也正是在商鞅变法后国富兵强,最终完成大一统的。由此可见,当时的人民已经充分认识到农耕的重要性。中国历代君王皆以农为本,重农抑商,为此,多方举措并行:一是变革生产工具,如汉武帝时期发明了耦犁,大大地提高了耕田的效率;隋唐时期出现曲辕犁,标志着我国耕作农具成熟。二是提高生产技术。西汉赵过推行代田法;魏晋南北朝时期,北方旱地发明耕耙耱技术,南方采用耕耙技术。三是兴修水利,开凿渠道,如漕渠、白渠、大运河和都江堰等。四是改进灌溉工具,如曹魏改进翻车,唐用筒车,宋用高转筒车,明清用风力水车。这些措施大大促进了农耕经济的发展。

重农抑商思想在中国古代根深蒂固,殊不知,商业其实起源很早。随着农业的发展,剩余产品也开始进行交换[4],商业随之而生。早在神农之时,商业活动便已开始进行,《周易正义·系辞下》载:"日中为市,致天下之民,聚天下之货,交易而退,各得其所,盖取诸噬嗑。"[5]其下注"噬嗑,合也。市人之所聚,异方之所合,设法以合物",这里便记载了神农氏设日中为市,聚合天下之物,令四方互通有无之事。到了商朝,商人的祖先注重商业与贩运贸易。《尚书·酒诰》载商人"肇牵车牛远服贾"。因为商人善于经商,所以人民将善于经商的人统称为"商人"。早在先秦时期,中国先贤便已经重视商业的发展。孟子曾说:"百工之事,固不可耕且为也。"[6]意思是百工应该各行其是,不得让农民兼为,因此需要交

---

[1] 李学勤.十三经注疏.北京:北京大学出版社,1999:151.
[2] 刘晓艺.管子.上海:上海古籍出版社,2015:459.
[3] 蒋礼鸿.商君书锥指.北京:中华书局,1986:25.
[4] 司马云杰.中国古代商业与商业精神.商业文化(2015):20.
[5] 李学勤.周易正义.北京:北京大学出版社,1999:299.
[6] 杨伯峻.孟子译注.北京:中华书局,2019:113.

易。孟子鼓励发展个体经济。司马迁在《史记·货殖列传》中详细地论述了为国者应该农、工、商并举,肯定劳动致富、商业致富,将农业和工商业置于同等地位,才能家安国泰。司马迁这一观点,虽然未受到统治阶级的重视,却为后世提供了一个典范。可惜,至清代,重农抑末的政策仍未打破。

中国古代虽然重农抑商,但是中国古代的商业还是取得了长足的发展。如官营手工业,夏商周的青铜铸造业,西汉的冶铁、铸钱等行业。这类手工业依靠官府强有力的统一调度,生产规模大、范围广,生产的产品主要供官府、贵族消费。在官府的控制下,开展对外贸易,开通了陆上丝绸之路、海上丝绸之路。再如民间手工业,包括家庭手工业和民营手工业,都有相应的发展。其中比较具有代表性的产业,就是纺织业。此外,随着生产力的提高,商品经济发展到了一定水平,在明代末期出现了资本主义萌芽,大大地冲击了自然经济。

总的来说,以农耕经济为主体的多种经济结构是中华传统文化产生的经济基础,这也使得中华传统文化呈现出典型的农业文化特征:重农尚农、重农抑商一直是中国古代治国的长策。中国古代的历法、二十四节气、四大传统节日都与农事密切相关。

三、中华传统文化产生的政治条件

所谓"国家",有国才有家。在中国古代,家与国被一体化,家是国的基础,国是家的延续,这和中国古代的政治特点密不可分。中国古代的政治特点主要有两个:一个是宗法制度,一个是专制制度。中华传统文化便是在"敦亲睦族""尊祖敬宗""普天之下莫非王土,率土之滨莫非王臣"的政治思想中产生的。

宗法制可以追溯到原始社会末期的父系氏族时期,这一时期父作为大家长,以其为中心进行氏族的血脉延续。到了夏商周时期,氏族和王权相结合,为政治统治服务。根据史书记载,夏禹传位于子启,开创了中国以血缘为纽带的政治统治模式。商朝实行兄传弟的制度,但出现了王族之乱。至西周,宗法制成熟,形成了一整套完整、严密的等级制度。秦汉以后历朝历代都沿袭了这一制度。

何为宗法?即宗族之法,是宗族内部以血缘关系为基础,标榜尊崇共同的祖先,区分尊卑长幼,规定继承秩序,确定宗族成员不同的权利和义务的法则,可将其概括为嫡长子继承制、分封制等。

嫡长子继承制始于西周。所谓嫡长子继承制,《春秋公羊传·隐公元年》载:"立嫡以长不以贤,立子以贵不以长。桓何以贵?母贵也。母贵,则子何以贵?子以母贵,母以子贵。"[①]意思是立夫人(正妻)所生的嫡子为国君,只凭年长,不凭贤明;立嫡子只看尊贵,不凭年长。子凭母贵,母凭子贵。由此看来,嫡长子继承制,只重贵,不看贤。嫡子以外的其他孩子称为庶子。在西周,天子以下,分别设诸侯、卿大夫、士。诸侯、卿大夫、士也都遵循嫡长子继承制。天子的庶子被分封到各地做诸侯,诸侯的庶子做卿大夫。各个阶层的嫡子继承爵位后,被称为大宗;嫡子以外的庶子被称为小宗。西周就是靠这种"尊祖敬宗"来

[①] 李学勤.十三经注疏.北京:北京大学出版社,1999:13.

维护政治统治的。如《左传·桓公二年》载:"天子建国,诸侯立家,卿置侧室,大夫有贰宗,士有隶子弟,庶人工商各有分亲,皆有等衰。"①意思是天子分封诸侯,诸侯立卿大夫,卿立下级之卿或大夫,大夫立下级大夫,士以其子弟为隶级,庶民、工商不再分尊卑,而以亲疏为若干等级之分别。王权政治便以这种部族血缘的形式关系贯穿整个统治,血缘也成为中国历代政治制度的基本框架。由此可见,中国的政治制度一开始就具有家国一体化的特征。

对于分封制的产生,历代有诸多说法,此处采用王国维的观点:分封制始于西周。其言:"商人无嫡庶之制,故不能有宗法。""与嫡庶之制相辅者,分封子弟之制是也。"②分封制是伴随嫡长子继承制而诞生的,如果说嫡长子继承制是根,那么分封制便是枝。秦始皇统一中国以后,宗族式的政治结构转变为家族式的政治结构,政治制度也随之转变为"家天下"式的制度。此后,历朝历代一直沿袭"家天下"的模式。

宗法制和分封制使部族中的血缘关系政治化。在这两种制度的影响下,中国文化具有强劲的凝聚力,使得中国成为举世闻名的礼仪之邦,也形成了国家利益至上的民族文化心理和追求"忠孝两全""齐家而后治国"的家国同构思想。

---

① 李学勤.十三经注疏.北京:北京大学出版社,1999:152-153.
② 王国维.观林堂集//王国维全集.杭州:浙江教育出版社,2009:306.

第三节　中华传统文化的主要特征

中华传统文化的特质决定着它所表现出来的种种特征。由于中华传统文化的历史源远流长，内容博大精深，因而在表现形式上就不可能是单一的，而是丰富多彩、有着众多层次和方面的一个系统结构。概括起来讲，中华传统文化的基本特征有如下几个方面：

一、以德行修养为安身立命之本

在中国传统的安身立命观念中，最注重的是个人的自我德行修养，而这其中又以儒家的自我修养理论影响最为深远。在孔子看来，要变"天下无道"为"天下有道"，志士仁人在德性修养方面就要达到"仁、智、勇"的"三达德"境界。一旦一个人达到了这一德行修养境界，就能做到"知（智）者不惑，仁者不忧，勇者不惧"（《孔子·子罕》）。

到了宋代，朱熹发挥了"居敬察省"的德行修养理论。所谓居敬，就是意念之间存在一个郑重而不苟且的态度，对人、对事、对学问、对根本的义理，都郑重其事。所谓察省，就是做到时时反省、检查自己。正是鉴于德行修养对于一个人安身立命的重要性，他把《礼记》中的一篇《大学》单独拿出来，列为"四书"之首。而《大学》之所以被看重，其原因就在于它强调了自我修身的八个步骤——诚意、正心、格物、致知、修身、齐家、治国、平天下，并以天下太平、和谐为终极目标。这一德行修养传统的积极结果就是在历史上塑造了无数个范仲淹那样的"先天下之忧而忧，后天下之乐而乐"的志士仁人，他们身上所体现的崇高德行已成为我们民族的道德理想追求。

二、以中庸为基本处世之道

中庸之道作为儒家最推崇的为人处世之道，一直贯穿于整个中国古代的传统观念之中。按照孔子及其以后儒家的解释，"中庸"的"中"，有中正、中和、不偏不倚等含义；"庸"即"用"的意思。"中庸"即"中用"之意。所以，"中庸"的意思，是把两个极端统一起来，采取适度的中间立场，既不能过，也不能不及。从历史上来看，中正平和思想在孔子之前就有人提倡。尧在让位于舜时就强调治理社会要公正、执中。《周易》中也体现了"尚中"的观点，所以，它的爻辞大多是吉利的，也就是说，只要不走极端是不会出现不利局面的。春秋时期，中正平和思想进一步扩展到其他领域，如晏子就认为，食物、色彩、声音等，以能使人们为德为善。

孔子及以后的儒者，则在上述基础上，对中庸思想做了广泛的发挥。在政治上，依靠中庸之道的原则，既不能一味宽容、宽厚，采取无为的态度，也不能使政策过于刚猛，刑罚过重，二者要互相协调、互相补充，以中和的态度处理政治问题。在经济上，依照中庸之道的原则,要给予百姓实惠,但不能浪费;要使百姓勤于劳作,但不能过度压榨,使他们产生怨恨;要允许各种欲望得到满足,但不能鼓励贪婪,没有限度。在伦理道德上,中庸更是被视为最高的道德原则。只有遵循中庸原则的人,才能成为"君子";行为过激的人,只能被看作"小人"。在日常行为方面,以中庸之道来看,做事只考虑实际的质朴以致忽视了文采,就会显得粗野;而只考虑外表的文采以致忽视了质朴,则又会显得虚浮。在处世态度方面,主观武断而不留余地,以自我为中心,固执己见,都不符合中庸之道。在审美欣赏方面,依照中庸之道,可以追求美的享受,但不能沉溺其中;可以有各种忧思悲哀,但要适度,不能伤害身体。如此等等。

中庸之道还被后世儒家进一步概括为世界的普遍规律,它不但体现了事物发展运行的规律,也成了人们实践所必须遵循的普遍原则。《中庸》指出五个步骤:"博学之,审问之,慎思之,明辨之,笃行之。"这一思想对我国古代知识分子安身立命与为人处世的实践产生了极其重要的影响。

作为一种根本的处世之道,中庸之道使人们普遍认识到自己的行为态度要适度,从而避免过激行为的出现。一方面,它使得中国社会有了某种特殊的稳定性,这是它积极的一面。但另一方面,它也为折中主义、明哲保身的处世哲学提供了理论土壤,这又在一定程度上阻碍了社会的向前发展。

三、以耕读传家为根本治家之道

在古代中国家国同构的社会结构下,治家之道历来被看得很重。其中,"耕读传家"被视为最基本的治家之道。"耕"是指农耕,"读"则是指读书。这一注重耕读的传统观念是与我国两千多年的封建社会相适应的。

我国古代社会的基本结构是以农养天下,以士治天下。这也就是说,养天下必须重农耕,治天下必须重读书。我们知道,农业是中国古代社会的根基,历代统治者均有深刻的认识,故而总把"重农"作为安邦兴国的基本精神。《吕氏春秋》一书中讲:"霸王有不先耕而成霸王者,古今无有。"所以,春秋战国以来,"重农"已成为君主既定的兴国之策。同时,古代统治者也看到了读书人在治国安邦中的重要作用,于是采取各种方式把读书人中的佼佼者吸收到统治阶层中来,置其于官位,供之以俸禄,使读书人为其所用。统治者的这种重农耕、尚读书的长久治国策略影响到民间社会,就形成了中国家庭"耕读传家"的基本观念。

其实,中国自古就有尚农的传统,把农桑视作生存之根本。《周易》讲:"不耕获,未富也。"从秦朝开始,历代统治者的重农抑商政策,更是把人们牢固地牵制在土地上,天下百姓莫不以农耕作为根本的生活手段。长期的经验积淀使得古代中国人树立了一个牢固的信念:农耕是最可靠、最稳定的生存手段,不到万不得已是不能放弃的。正是在这样一种观念的影响下,在我国古代,即使是通过工商业致富或为官的人,最终也以购买田产作为根本生存与发展之计。因为,相比而言,这是最稳定的保存家产的办法。

虽然农耕是生存的基础,而若要求发展、求成就、求财富,在中国古代社会,唯一的正道就是读书。因为"学而优则仕",读书人可以通过读书入仕谋生,乃至发财致富,光宗耀祖。所以,孟子就说过:"士之仕也,犹农之耕也。"这句话的意思是,读书人做官就像农夫耕地一样可以安身立命。

可见,"耕读传家"这一观念既有重生计之"俗",又有求高洁之"雅",是我国古代传统文化中融雅俗于一体的生存智慧。它是古人在重农尚仕的社会之中所能采用的最好的治家方式。因此,"耕读传家"作为根本的治家观念深植于传统文化之中,几千年来一直为世人所接受并传承。

四、以经学为治学之根本

在中国传统文化中,经学成为一以贯之的学术之根本。"经"本来是孔子所整理的上古文化典籍,统称为"六经",即《周易》《尚书》《诗经》《礼》《乐》《春秋》。它包括古代的政治、历史、哲学、文学、音乐、典章制度等丰富的文化内容。孔子去世后,儒家分为很多流派,但这些不同派别的思想家对"六经"均非常重视。荀子在《劝学》中就认为,做学问"始乎诵经,终乎读礼"。也许正是这一缘故,荀子被认为是经学最初的倡导者。到了汉代,汉武帝采纳董仲舒的建议,"罢黜百家,独尊儒术",使"经"的地位大大提高。研究"六经"及儒家经典的学问被称为"经学",是当时学术文化领域中压倒一切的学问。与此同时,"经"也在不断扩充与增加,到宋朝时已扩充为"十三经",《论语》《孟子》以及阅读古代经书的语言文字工具书《尔雅》等也在其中,成为一切文化学术的根本。

作为一切文化学术的指导性经典,这些"经"常常被刻在石碑上,以显示其权威性。据史籍记载,在中国历史上,就曾有过七次大规模的刻经。如今,在西安碑林博物馆内,还完整地保存着唐代的"开成石经"。除刻经外,历代对"十三经"的注疏、训解、发挥,更是层出不穷。仅据清代乾隆年间的《四库全书总目》记载,"经部"的著作有 1 773 部,20 427 卷。可以说,在汉代以后,经学的发展取得了驾驭和主导一切学术文化领域的至高无上的地位。

其实,经学是一门内容广泛的学科,仅就"六经"而言,就已经包含人文科学及某些自然科学。孔子就说过,读《诗经》,甚至可以增加鸟兽虫鱼草木之名的博物知识。因此,经学本身并不排斥自然科学,相反,儒家经学中的理性主义以及某些思辨方法,对自然科学甚至还有启迪意义。但问题的关键是,经学以它自成一套的体系,凌驾于一切知识之上,无形中就排斥了科学的独立性,对古代中国的自然科学发展显然是不利的,其至少是明朝以后中国科学技术落后的一个重要文化原因。

五、以义利合一为基本价值追求

追求义利合一是中国传统文化中基本的价值思想,它是在古代思想家漫长的义利之辩中逐步形成的。这里所说的"义"是指道义,而"利"则是指利益,一般多指物质利益。

从先秦开始,中国古代思想家就纷纷对义与利的关系问题发表自己的看法。以孔孟为代表的儒家主张重义轻利,如孔子就说"君子喻于义,小人喻于利"。孔子虽然没有否定

"利",但他反对见利忘义,主张君子要"义以为上""见利思义"。孟子继承了孔子的思想,但更强调义与利的对峙。他认为"何必曰利,亦有仁义而已"(《孟子·梁惠王上》),并以"为利"还是"为义"作为区别"小人"与"君子"的唯一价值标准。荀子则认为,"义与利者,人之所两有也",处理好义利关系的基本原则是"见利思义"。这与孔子的思想也基本是一致的,只不过他更承认人有好利之心这一基本事实。当然,在义利统一问题上,中国传统文化由于正统儒家思想一直占主导地位,所以重义轻利,甚至是尚义反利的思想也一直是一个传统。这一传统一方面维持了中国古代社会的稳定和延续,塑造了中国人以道德为上、重气节、重人格的民族性格;另一方面,也有压抑人的物质欲望、扭曲人性的弊端。对于中国传统价值观中的这一片面反"利"传统,无疑也是我们今天所应该批判和否定的。

六、以直觉思维为基本思维方式

中国传统文化在思维方式上以直觉思维为主。这是一种通过直观、直觉来直接体悟和把握对象的一种思维方式。这种思维首先是直观和直觉的,儒、释、道三家的认识论都带有这一思维特点,最典型的表现就是充分体现儒、释、道三家合一的理学思维。宋明理学家将"太极""天理"作为包容宇宙人生一切真理的本体存在。但对这个本体的认识,他们认为只有通过直觉顿悟才能实现。以朱熹为代表的理学派强调"格物致知""即物穷理",把经验和积累作为顿悟的必要条件,最后通过顿悟而"豁然贯通",完成心理合一、天人合一的整体认识。而以陆九渊、王阳明为代表的心学派则主张当下参悟、明心见性,"立其大者""点铁成金"。中国的直觉思维更着重于从特殊、具体的直观领域去把握真理,它超越概念、逻辑,是一种创造性思维,显示出中国人在思维过程中的活泼不滞、长于悟性的高度智慧。

中国传统文化中所体现的思维方式又是意象的。这种意象性源于直观直觉,又超出直观直觉。在《周易》里,我们就可以看到这种极具中国特色的思维模式。《周易》中由阴阳、八卦、六十四卦和三百六十四爻组成的卦象,就充分显示着意象性思维,它用象数符号表现整体意义。中国传统的文学艺术则更注重意和象的浑融一体,强调只有发现和形成了意象之后的创作,才能进入独特的境地。所以,中国艺术就是营造意象的艺术,如中国画就强调"意在笔先,画尽意在"。所以,中国画中所描绘的,与其说是客观对象,不如说是主观的意义和象征。中国书法艺术更是意象艺术,书法美是意象美。所谓书为心画,是有意味的形式与象征。同样,不同于西方偏于表现情节,中国古代的诗歌是借象寓意、借景寓情、情景交融,追求意和象、意和境的极致。"昔我往矣,杨柳依依;今我来思,雨雪霏霏。"从中国最古老的诗歌总集《诗经》就开始追求与营造意象,显示出中国传统文学所特有的韵致和意境。

独特的思维方式使中国传统文学艺术偏重象征、表现、写意,追求美与善的统一。在这一特有的文学艺术传统范式的熏陶下,中国古代的艺术家创作出了大量绚丽多彩、意境深远的艺术作品。[①]

[①] 张义明,易宏军.中国传统文化概论.西安:西北大学出版社,2019:8-14.(有删减)

课后思考

① 文化的含义有哪些？中华传统文化的含义是什么？
② 中华传统文化产生的条件有哪些？
③ 简述中华传统文化的主要特征。
④ 谈谈所学专业中有哪些元素受到了中华传统文化影响。

第一章
精神与文化

　　文化是人类社会发展的表征。精神文化是人类文化的本质和核心，是一个民族的灵魂。中国古代精神文化博大精深、源远流长，对人类文明发展做出了巨大的贡献。它是中华传统文化的重要组成部分，对人的发展，以及经济和社会的全面进步起到了重要的作用。

　　中国古代精神文化的内容极为丰富。本章按中国精神文化发展演变的序列，对其做线索性的描述。

　　据古代传说：大禹治水，三过家门而不入；神农尝百草，不怕中毒断肠。他们为了人民的安康，不惜放弃幸福生活。这些都充满了精神力量和人性的光辉。

　　《尚书·舜典》提出："诗言志，歌永言，声依永，律和声。"强调了精神文化的作用，还提出："克明俊德，以亲九族；九族既睦，平章百姓；百姓昭明，协和万邦。"强调要发扬自己的道德，影响九族，进而实现"协和万邦"。这些正说明了提高个人道德修养、弘扬精神文明风尚对社会发展的重大作用。

　　《周易》提出："天行健，君子以自强不息；地势坤，君子以厚德载物。"（《周易·大传》）强调对自己要"自强不息"，对社会要"厚德载物"，要发扬精神文明，才算是"君子"。

　　《礼记》提出："玉不琢，不成器，人不学，不知道。"（《礼记·学记》）强调每个人要加强学习，提高精神文化素质；强调精神创新："苟日新，日日新，又日新。"（《礼记·大学》）；还强调音乐的教化作用："故乐行而伦清，耳目聪明，血气和平，移风易俗，天下皆宁。"（《礼记·乐记》）

　　《诗经》中涉及精神文化生活的诗很多，"关关雎鸠，在河之洲……琴瑟友之。……钟鼓乐之。"（《诗经·国风·关雎》）"呦呦鹿鸣，食野之苹。我有嘉宾，鼓瑟鼓琴。鼓瑟鼓琴，和乐且湛。我有旨酒，以燕乐嘉宾之心。"（《诗经·小雅·鹿鸣》），都强调了道德和精神文化对民众的作用。

　　孔子把"博施于民而能济众"的人称为"圣人"，强调诗、书、礼、乐的教化作用："兴于诗，立于礼，成于乐。"（《论语·泰伯》）"志于道，据于德，依于仁，游于艺。"（《论语·述而》）孔子平时就很喜欢高雅音乐："《关雎》，乐而不淫，哀而不伤。"（《论语·八佾》）

　　孟子提出为人的大道："富贵不能淫，贫贱不能移，威武不能屈，此之谓大丈夫。"（《孟子·滕文公下》)强调为人要诚实,也强调音乐的教化作用。他见齐宣王时说:"王之好乐甚,则齐国其庶几乎。"(《孟子·梁惠王章句下》)他还把"智""仁""勇"作为三种美德。

荀子特别强调高雅音乐的教化作用,曰"君子以钟鼓道志,以琴瑟乐心……故乐行而志清,礼修而行成,耳目聪明,血气和平,移风易俗,天下皆宁,美善相乐。故曰:乐者,乐也……故乐者,治人之盛者也。"(《荀子·乐论》)他还强调声乐对社会的作用:"其感人深,其移风易俗,故先生导之以礼乐而民和睦。"(《荀子·乐论》)

老子强调道德、精神文化对人的作用:"道生之,德畜之""是以万物莫不尊道而贵德"。(《老子》第五十一章)

庄子强调天人合一:"天地与我并生,而万物与我为一。"(《庄子·齐物论》)强调人与人之间的和谐:"圣人者,原天地之美而达万物之理。"(《庄子·知北游》)强调朴素节俭:"朴素而天下莫能与之争美。"(《庄子·天道》)"能体纯素,谓之真人。"(《庄子·刻意》)他认为,人真正做到了朴素节俭,就成为"真人",得到美的享受了。

墨子强调人与人之间要"兼爱":"兼相爱,交相利,此圣王之法,天下之治道也,不可不务为也。"他还反对奢侈消费,分析了古代帝王的五种奢侈行为后,他指出:"凡此五者,圣人之所俭节也,小人之所淫佚也。俭节则昌,淫佚则亡,此五者,不可不节。"(《墨子·辞过》)奢侈淫逸,就会亡国灭种,危害很大。

韩非子强调节俭,认为奢侈会"养殃":"人主乐美宫室台池,好饰子女狗马以娱其心,此人主之殃也。为人臣者尽民力以美宫台池,重赋敛以饰子女于狗马,以娱其主而乱其心,从其所欲,而树私利其间,此谓养殃。"(《韩非子·八奸》)

东晋文人陶渊明在《归去来兮辞》中描写享受田园生活之美,享受精神文化生活之乐。他在《五柳先生传》中又写道:"常著文章自娱,颇示己志……酣觞赋诗,以乐其志。无怀氏之民欤?葛天氏之民欤?"强调应从精神文化中得到自己追求的快乐。

宋儒苏轼提出:"惟江上之清风,与山间之明月,耳得之而为声,目遇之而成色。取之无禁,用之不竭。是造物者之无尽藏也,而吾与子之所共适。"(《前赤壁赋》)强调优美的生态环境、生态文化对人的作用。

宋儒范仲淹在《岳阳楼记》中强调:"先天下之忧而忧,后天下之乐而乐。"强调为人要树立崇高的理想。

宋儒张载提出:"为天地立心,为生民立命,为往圣继绝学,为万世开太平。"强调要树立生态文化、精神文化的观念,促进人的全面发展和社会文明昌盛。

上面这些,说明古代很多名人雅士(先贤)非常重视发展精神文化和弘扬精神文明,这对促进社会文明进步作用很大。中国古代精神文化的内容极为丰富,反映高层次的精神文化展现在许多方面。[①]

[①] 尹世杰.论中国古代的精神文化及其当代意义.武陵学刊,2012(5):84-86.(有删减)

第一节　中国古代思想

中国古代思想可以有各种角度、各种体系、各种方式的解读,其研究百花齐放,殊途同归,同归于历史唯物主义,同归于严谨地解释历史、找出历史所固有的客观规律。从思想史研究角度看,沉积在人们心理结构中的文化传统,展现为文学、艺术、思想、风习、意识形态、文化现象,正是民族心灵的对应物,是它的物态化和结晶体,是一种民族的智慧。中国思维、中国智慧是这个民族得以生存、发展所积累下来的内在。我们选择一些最有代表性、最有实际影响的人物和思潮进行把握。

一、血缘根基

任何民族性、国民性或文化心理结构的产生和发展,思想传统的形成和延续,都有其现实的物质生活根源。中国古代思想传统最值得注意的重要社会根基是氏族宗法血亲传统的强固力量和长期延续,它在很大程度上影响和决定了中国社会及其意识形态所具有的特征。以农业为基础的中国新石器时代延续极长,氏族社会的组织结构发展得十分充分和牢固,产生在这个基础上的文明发达得很早,血缘亲属纽带极为稳定和强大,没有被如航海(希腊)、游牧或其他因素所削弱或冲击。虽然进入阶级社会经历了各种经济、政治制度的变迁,但以血缘宗法纽带为特色、农业家庭小生产为基础的社会生活和社会结构,却变动不大。古老的氏族传统的遗风余俗、观念习惯长期地保存、积累下来,成为一种极为强固的文化结构和心理力量。

儒家在中国文化心理结构的形成上起了主要的作用,而这种作用又有其现实生活的社会来源。之后的思想大体是在儒、墨、道这三家基础上变化发展起来的。孟子激进的人道民主与内圣人格、庄子抗议文明反对异化、荀子《易传》的"外王"路线和历史意识,以及以现实军事政治斗争为基底的古代辩证法和以阴阳五行为骨架的宇宙论、宋明理学的伦理本体、理学和非理学的儒家们的经世致用理论,都是既根植于此历史长河之中,又对后世影响深远的中国传统思想中重要的东西。

二、实用理性

如果说血缘基础是中国传统思想在根基方面的本源,那么,实用理性便是中国传统思想在自身性格上所具有的特色。先秦各家为寻求当时社会大变动的出路而授徒立说,使得从商周巫史文化中解放出来的理性没有走向闲暇从容的抽象思辨之路,也没有沉入厌弃人世的追求解脱之途,而是执着人间世道的实用探求。以氏族血缘为社会纽带使人际关系异常突出,占据了思想的首要地位,而长期农业小生产的经验论则是促使这种实用理性能顽强保存的重要原因。中国的实用理性是与中国文化、科学、艺术各个方面相联系、相渗透而形成发展和长期延续的。中国实用理性主要与中国四大实用文化,即兵、农、医、艺有密切联系。中国兵书成熟极早,中国医学至今有效,中国农业精耕细作,中国技艺拥有独特风貌,这些在世界文化史上都是重要现象。兵、农、医、艺涉及极为广泛的社会民众性和生死攸关的严重实用性,并与中国民族的生存保持直接的关系。中国实用理性的哲学精神与中国科学文化的实用性格明显相关。

从哲学角度看,中国古代的辩证思想虽然非常丰富而成熟,但它是处理人生的辩证法而不是精确概念的辩证法。由于强调社会的稳定、人际的和谐,它们又是互补的辩证法,而不是否定的辩证法。它的重点在揭示对立项双方的补充、渗透和运动推移以取得事物或系统的动态平衡和相对稳定,而不在强调概念或事物的斗争或不可相容。中国古代也有唯物论、唯心论之分,如孟子与荀子、王阳明与王船山……但由于主客体的对立和人我之分在中国古代哲学中并不占重要地位,当时的唯物、唯心之争就未形成近代西方哲学认识论上的巨大意义。而像"气""神""道""理"等,不仅仅是中国哲学,而且还是中国整个文化中的基本范畴,有时便很难明确厘清它们究竟是精神还是物质。中国实用理性的传统既阻止了思辨理性的发展,也排除了反理性主义的泛滥。它以儒家思想为基础构成了一种性格——思维模式,使中华民族获得和承续着一种清醒冷静而又温情脉脉的中庸心理:不狂暴、不玄想,重领悟、轻逻辑,重经验、好历史,以服务于现实生活,保持现有的有机系统的和谐稳定为目标,珍视人际,反对冒险……所有这些,给这个民族的科学、文化、观念形态、行为模式带来了许多自己的特点。

三、乐感文化

中国实用理性也在人生观念和生活信仰上形成了传统。中国神话传说,如女娲造人,已有贵贱之别,似乎命由天定。中国的实用理性使人们较少去空想地追求精神的"天国";从幻想成仙到求神拜佛,都只是为了保持现实或追求世间的幸福和欢乐。人们经常感伤"譬如朝露,去日苦多""他生未卜此生休""又只恐流年暗中偷换"……总之,非常执着于此生此世的现实人生。孔子曰"未知生,焉知死;未知事人,焉知事鬼。"只有知道生的价值才知道死的意义(或泰山,或鸿毛)。"生死"都在人际关系中,在你我他的联系中,这个关系本身就是本体,就是实在,就是真理。"鸟兽不可与同群,吾非斯人之徒而谁与?"只要人们自觉意识到自己属于人的族类,在这个人类本体中就可以获得自己的真实的"此在"。因此,在这里,本体与现象是浑然一体、不可区分的。正如章太炎在驳斥康有为建立孔教时所说:"国民常性,所委在政事日用,所务在工商耕稼,志尽于有生,百绝于无验",亦即"体用不二"。不舍弃、不离开伦常日用的人际和经验生活,去追求超越、先验、无限和本体。本体、道、无限、超越即在此当下的现实生活和人际关系之中。在感性世界、日常生活和人际关系中去寻求道德的本体、情理交融、主客同构是中国的传统精神,即中国的智慧。

《论语》首章首句便是"学而时习之,不亦说乎;有朋自远方来,不亦乐乎"。孔子还反复说"发愤忘食,乐以忘忧,不知老之将至……""饭疏食饮水,曲肱而枕之,乐亦在其中矣"。这种精神不只是儒家的教义,更重要的是它已经成为中国人的普遍意识或潜意识,成为一种文化-心理结构或民族性格。

四、天人合一

中国传统文化中的"天人合一"观念源远流长。大概自漫长的新石器农耕时代以来，人们便顺应自然而生存和发展，如四时季候、地形水利（"天时""地利"）。同时，这一时期尚未建立真正的阶级统治，人们屈从于绝对神权和绝对王权的现象尚不严重，原始氏族体制下的经济政治结构和血亲宗法制度，使氏族、部落内部维持着某种自然的和谐关系（"人和"，即原始的人道、民主关系）。这两个方面大概是产生"天人合一"（人与自然、个体与群体顺从、适应的协调关系）观念的现实历史基础。从远古直到今天的汉语日常应用中，"天"作为命定、主宰义和作为自然义的双层含意始终存在。在古代，两者更是混在一起，没太大区分。从而在中国，"天"与"人"的关系具有某种不确定的模糊性质，既不像人格神的绝对主宰，也不像对自然物的征服改造。所以，"天"既不必是"人"匍匐顶礼的神圣上帝，也不会是"人"征伐改造的并峙对象。从而，"天人合一"便既包含着人对自然规律的能动适应、遵循，也意味着人对主宰、命定的被动顺从与崇拜。

"天人合一"观念在先秦时成熟。《左传》中有许多论述，孔、孟、老、庄都从不同角度、不同方面提出了这种观念。无论是积极的或消极的，它们都强调了"人"必须与"天"相认同、一致、和睦、协调。这种"天人合一"观念既吸取了宗教中的天人认同感，又去掉了它的神秘、迷狂或非理性内容，同时又并未完全褪去它原有的主宰、命定含义，只是淡薄了许多，其自然含义方面相对突出了。"天人合一"在董仲舒的思想及其他汉代思想系统中扮演了中心角色，其特征是具有反馈功能的天人相通而"感应"有机整体的宇宙图式。这个宇宙论的建构意义在于：它指出人只有在顺应（既认识又遵循）中才能获得活动的自由，才能使个体和社会得以保持其存在、变化和发展（或循环）。这种"天人合一"重视的是国家和个体在外在活动和行为中与自然及社会的适应、合拍、协调和同一。汉儒的阴阳五行的宇宙论和宋儒的心性理气的本体论从内外两个方面阻碍了"天"向人格神的宗教方向的发展。①

---

① 李泽厚.中国古代思想史论.天津：天津社会科学出版社，2003：282-305.（有删减）

第二节　中国古人修身

中国古代的先哲认为,要形成良好的社会道德风尚、养成个人优秀的道德品质,除了教化,即社会道德教育外,还要靠个人的道德修养。道德修养是一种自我提升、磨炼的道德活动;是个人为了培养优秀的品质、高尚的人格而进行的自我锻炼、自我陶冶、自我改造的活动。在各种修身论中,内容最丰富、理论较完备、对后世影响最大的是儒家的修身论。下面,我们专门介绍儒家的修身论。

一、修身的目的

儒家重修身是为了完善自身,也是为了完善社会。儒家的崇高理想是完善社会,治国平天下。但儒家认为,欲完善社会,当从完善自身做起。儒家的"外王"是以"内圣"为基础的,"内圣"乃是"外王"之本。这一思想源于孔孟。孔子主张"修己以安人""修己以安百姓"(《论语·宪问》),将修己作为安人的前提。孟子更明确地说明了"身"与家、国、天下的关系。他说:"天下之本在国,国之本在家,家之本在身。"(《孟子·离娄上》)后来,《大学》对孔孟的这一思想做了更为具体、明确的表述。《大学》中讲:

古之欲明明德于天下者,先治其国;欲治其国者,先齐其家;欲齐其家者,先修其身。……身修而后家齐,家齐而后国治,国治而后天下平。

由此,得出这样的结论:"自天子以至于庶人,一是皆以修身为本。"

儒家并不认为圣贤高不可攀,不可企及,明确指出,"人皆可以为尧舜"(《孟子·告子下》),"涂之人可以为禹"(《荀子·性恶》),人人都有成为圣贤的可能。但另一方面,他们又指出,世间并不存在不待修炼而成的天生圣贤,圣贤皆由修养、磨炼而成。

天下无现成之人才,亦无生知之卓识,大抵皆由勉强磨炼而出耳。(曾国藩:《曾文正公全集·杂著》卷三,《劝诫浅语十六条》)

在中国古代,人性论与修养论也是紧密联系的。虽然,关于人的本性、本质是什么这一问题,儒家各派的结论存在明显分歧,但是,强调人们只有通过自觉修养、磨炼方能完善自身方面的总结是一致的。

孟子的性善论着重说明了人能成为圣贤的可能性和内在根据。但他又指出,可能性变为现实性则需要通过主观努力,这便是修身。

荀子的性恶论开宗明义即认为:"人之性恶,其善者伪也。"(《荀子·性恶》)其明确指出善是人为加工的结果,这就如同"埏埴而为器""斫木而成器"一样。实际情况是"化师法,积文学,道礼义者为君子;纵性情,安恣睢,而违礼义者为小人",圣人"所以异而过众者",并非其性异于众人,而是长期修养、磨炼的结果。从人性恶的结论出发,荀子更强调后天修养的重要性与必要性。

董仲舒的性三品说着重论述了"中民之性"。他认为,不教而善的"圣人之性"与虽教不善的"斗筲之性"都是少数，大多数人均属"中民之性"。他们的"性"中虽潜存为善的可能，但只有经过统治者的教化和自身的修养，这种可能性才能变为现实性。

后来，宋明理学家提出双重人性论，由"天地之性""气质之性"引出"人心道心"说、"天理人欲"说，更是教人重视修养。概言之，儒家的各种人性论，最终都是勉励人们自觉修身的。

修身的目的是造就完善的人格，追求、实现更高的人生价值。儒家的理想人格便是他们所称道、景仰的君子、圣贤。修身即是按君子、圣贤的标准塑造自己，实现自我完善。

二、修身的步骤

关于修身的步骤，《大学》中做了这样的说明：

欲修其身者，先正其心；欲正其心者，先诚其意；欲诚其意者，先致其知；致知在格物。物格而后知至，知至而后意诚，意诚而后心正，心正而后身修……

修身当先从格物致知做起。格物致知所要解决的是如何树立、形成正确道德认识的问题。曾国藩曾说："格者，即物穷其理也。如事亲定省，物也，究其所以当定省之理，即格物也。事兄随行，物也，究其所以当定省之理，即格物也。"（《曾文正公全集·家书》卷一，《与诸弟书》）儒家认为，只有树立正确的道德认识，才能明是非、别善恶，做出正确的道德行为，因此它对修养具有重要意义。由此，儒家又强调了学对"成德""成圣"的重要性，一再指出"学以致其道"（《论语·子张》），人"须学以圣"（王充：《论衡·实知》）。

《大学》认为，在通过格物致知树立正确道德认识后，经由"诚意""正心"，即可达到修身的目的。其中，诚意乃是整个修养过程的关键。因此，《大学》对它的解释最多。而宋儒则更为强调"所谓诚其意者，毋自欺也。"（《礼记·大学》）人们只有出于真诚的为善之心，才能将所获得的道德认识内化为自身的道德情感、道德信念，从而形成良好的道德品质。否则，一切都只是自欺欺人而已。朱熹曾说，诚意乃是"恶与善之关"，"透过诚意之关则善，不然则恶"。他甚至认为，人们只有过了诚意关，"方是人，不是贼"（《朱子语类》卷十五）。就是说，修身乃是求善，只有真诚求善才能进于善。

人能诚意，修养便能完全出于自觉、主动，真正做到克己自强，由自胜而完善，由自觉而严于律己。关于修身，《中庸》从另一角度又有另一番说明：

好学近乎知，力行近乎仁，知耻近乎勇。知斯三者则知所以修身。

意思是说，修身的目标在于追求实现智、仁、勇，而实现其的方法、途径则是"好学""力行""知耻"。

王守仁曾说："人须在事上磨炼做工夫，乃有益。若只好静，遇事便乱，终无长进。"（《王阳明全集》卷三，《传习录》下）他反对那种"入坐穷山，绝世故，屏思虑"的修养方法，认为这样不仅要"沦于空寂"，而且"临事便要倾倒"，只有在"应事接物"中切实修养，方能收到实效。有人还强调，人们应在复杂的社会环境中、艰难困苦的条件下和激烈的斗争中，自觉加强修养、磨炼，这样才会有更大的长进。这些人认为：

盘根错节，可以验我之才；波流风靡，可以验我之操；艰难险阻，可以验我之思；震撼折衡，可以验我之力；含垢忍辱，可以验我之量。（姚舜牧：《药言》）

世路风霜,吾人炼心之境也;世情冷暖,吾人忍性之地也;世事颠倒,吾人修行之资也。大丈夫处世,不可少此磨炼。(石成金:《传家宝》三集卷二,《群珠》)

在道德修养上,儒家鼓励人们不断积累,持之以恒,日新不已。他们指出,自我的完善,精神境界的提高,不可能一蹴而就,而是一个永无止境的长期积累过程。因此,人们所追求的不应是何日成圣、何时成贤,而应以"日新不已"为理想状态。"日新者,日进也"(程颐:《河南程氏遗书》卷二十五),即每日都有新的进步和起色。理想的人生历程应是一个"日日新"的过程。日新在于不断积累,因此有恒乃是日新的保证,所以古人又有"有常日新之本"(祝允明:《读书笔记》)的说法。由上可见,日新既是一种高标准的要求,同时又是一种切实的要求,只要严于律己,人们是可以做到"其德日新"的。日新、完善是在曲折、反复中实现的。①

---

① 张锡勤.中国传统道德举要.哈尔滨:黑龙江大学出版社,2009:341-347.有删减

第三节　中国古代哲学

"哲学"一词源于古希腊文,原意为"爱智慧",因此哲学也被称作"爱智之学"。哲学是关于世界观和方法论的系统学说,是人们对自然界、人类社会和人类思维三个方面及其相互关系的根本观点,其内容包括自然观、人生观和认识论。哲学是文化的核心,具有强烈的时代性与民族性。中国古代没有"哲学"一词,但古人以独特的民族形式表述了丰富的哲学思想。中国古代哲学作为独立发展的一种特殊形态的哲学,无论在思考关注的问题及其基本精神方面,还是基本范畴和理论体系等方面,都有其独特的民族特征。

在中国古代"道学"体系中,哲人更加关注对"人道"的探究,偏向于人生的终极思考,他们始终把人放到与外部世界同等相关的地位,在天道与人道的关系中,思考人生的意义与价值。中国古代哲学通过"究天人之际,通古今之变",力图使人"心安理得",进而"安身立命",最终让人们获得终极关怀和精神享受的智慧乐园。中国古代哲学主要就是人生哲学。中国古代哲学基本精神内容丰富,主要包括以下几种:

一、刚健自强

中国古人崇尚健动,以动态的眼光看待世界、看待人生。在他们看来,宇宙是生生不息、流迁不止的运动过程。《易传》提出"天行健,君子以自强不息"的命题,即天体昼夜运行、始终不息;人也应该自强不息、奋发向上。

中国哲学家立足于动态的宇宙观,以"生"作为人类社会的根本原则。他们发扬乐观主义精神,鼓励人们积极进取,奋发向上。所谓"否极泰来",告诫人们无论遇到任何艰难险阻,都应心存希望之灯。孙中山先生曾说:"至诚无间百折不回……穷途之困苦所不能挠,吾志所向,一往无前,愈挫愈坚,再接再厉。"这种自强不息、刚健尚动、奋发进取的意识,无疑是中国哲学的精华,是先哲留给我们的宝贵精神财富,它对于我们民族的繁衍、发展和腾飞起着积极的指导作用。

二、重实笃行

中国古代哲学具有关注现实、注重人生实践的品格。《汉书·河间献王传》称赞河间献王"实事求是"。"实事求是"恰当地概括出中国古代哲学注重实践的品格。中国古代哲学并不从纯粹的理论兴趣出发探求知识,而是把"求是"同"实事"联系在一起,主张为"实事"而求知识,探求那种可以解决实际问题的、实用的知识。

中国古代哲学关注国家社会的实事大事,具有重行的传统。所谓"实事",主要指关系到国计民生的大事。《左传·文公七年》把这些大事归纳为三条:"正德、利用、厚生,谓之三事。"(《尚书·洪范》)他们关注国家大事,勇于为社会建言献策。中国古代哲学不仅提倡探求实用的知识,而且强调知必须落实到行。孔子主张听言观行,重视对行的考察。"君子不以言举人"(《论语·卫灵公》),孔子主张知行如一的笃行精神。

三、民本思想

当古希腊的哲学家把目光投向自然,古印度哲学家把目光投向超越的彼岸的时候,中国哲学家把目光投向人类自身。中国哲学家十分重视人在自然、社会中的地位、作用和价值,并以此为中心,解释一切问题,中国哲学家探讨天或自然的时候,总是同人事联系在一起,研究天道,最终是为了说明人道。

先秦时期的哲学家非常重视人道的研究,中国较早提出以人为本观念的是管子。《管子·霸言》中说:"夫霸王之所始也,以人为本。本理则国固,本乱则国危。"管子所谓以人为本,就是要把人当作人看,尊重人格,尊重人的自我意志,满足人的需要。《论语·五子之歌》中说:"民惟邦本,本固邦宁。"人民是国家的基石,只有基石巩固,国家才能安宁。

孔子的人本精神,不仅强调要尊重人格,而且注重如何做人,关注人的内在道德修养。孔子的人道原则成为儒学的基本特色,后世儒者纷纷把论证人道原则当作自己的宗旨。孟子认为:"民为贵,社稷次之,君为轻。"(《孟子·尽心下》)荀子说:"君者,舟也;庶人者,水也。水则载舟,水则覆舟。"(《荀子·王制》)

墨家也大力倡导以人为本的人道原则,提出"兼相爱,交相利"的主张。

道家在大力倡导自然原则的过程中,强调"人法地,地法天,天法道,道法自然",也蕴含着以人为本、顺应民心的精神,把人事作为其全部哲学思考的归宿。

四、厚德包容

中国古代哲学"源远"而"流长",成为世界唯一绵延数千年而未中断过的哲学体系,不仅在于它具有很强的独立性,而且在于其具有很强的包容性。中国古代哲学始终保持独立的品格,没有成为宗教的附属;中国古代哲学具有"海纳百川,有容乃大"的胸怀。《易传》说:"地势坤,君子以厚德载物。"中国哲学家善于发扬本民族哲学的优良传统,也善于取他山之石,攻自家之玉,学习、借鉴、吸收、融汇外国哲学的理论成果,促进民族哲学的不断发展。中华民族是坚强不屈的,不向任何外来势力屈服,同时中华民族又主张"和谐万邦",和平共处,学习、吸收其他民族的先进文化,为我所用。

五、内在超越

中国古代哲学总是把人生论与宇宙观统一在一起,把现实人生道路与理想价值目标结合在一起。中国古代哲学的研究目的,一方面在于认识世界、指导人生,另一方面在于确定价值取向,寻找安身立命之地,以便成就理想人格;一方面倡导经世致用的入世精神,看重实用理性,也就是"内在性"的实现,另一方面又表现出理想主义的品格,要求超凡入圣,看重价值理想,也就是"超越性"的追求。因此,在中国古代哲学中,人生总是体现为内在性与超越性的统一,"内在超越"是中国古代哲学的特质之一。

对于中国古代哲学的不同思想流派而言,其理想人格与人生境界指向有极大的不同。儒家提倡"君子"品格,其心目中的理想人格是"圣贤",强调"仁"与"诚"的境界。[①]

[①] 李俊.中国古代哲学.北京:人民卫生出版社,2012:1-9.(有删减)

第四节 中国古代教育[①]

教育作为社会生存、延续和发展的手段，作为物质再生产和人类自身再生产的手段，存在于历史的任何时期。从这种意义上讲，它是一个永恒的范畴。只要人类社会存在，它将永远存在于社会生活之中。然而，教育又是一个历史现象，因为教育目的、教育内容、教育形式、教育方法等总是不断变化。我们主要从教育思想方面重点把握。

一、中国古代教育思想的起源

中国古代的教育思想可以追溯到最早有文字记载的殷周时期。此时，学校教育系统臻于完备，六艺教育的内容也趋于完善，从而为教育思想的诞生准备了条件。由于西周以前基本上是政教一体、官师不分的体制，教育思想往往也与政治、军事、哲学思想融合在一起，未成为独立的理论形态。

中国古代最早的教育思想可以通过《尚书》《周易》《诗经》《周礼》等文献进行整理与研究，但比较系统和具有代表性的当推周公的有关论述。

周公，姓姬，名旦，系周文王第四子，周武王同母弟，又称叔旦。曾助武王伐纣灭商，为周朝开国功臣。在武王病逝后又扶持成王，"继文王之业，履天子之籍，听天下之政"，为建立和巩固西周江山立下了卓越功勋。周公在教育问题上并无恢宏之作和惊世之言，但由于西周在中国历史上的独特地位和周公对于西周王朝的独特贡献，周公的教育思想在中国教育思想史上有其特殊的地位。

周公非常重视教育的政治功能，把教育作为治民安人、移风易俗的重要工具。他认为，只有经常对人民进行训告、教诲，他们才不会互相欺诈、违反法制。为了施行教化，使人民遵守规范，周公提出了"教"的主张。周公重视教育政治功能的思想对后世影响很大，构成了中国古代教育的一个基本特征。后世如孔子"为政以德"的主张，《学记》中"建国君民，教学为先"和"化民成俗，其必由学"的观点，董仲舒关于"教，政之本也"的论述，以及王安石"天下不可一日而无政教"的提法，都是对周公这一思想的继承与发展。

周公重视君主的榜样示范。在《尚书·召诰》中有这样一段对年幼的成王的训词："其惟王位在德元，小民乃惟刑用于天下。"意思是说，希望成王居于天子之位，而有圣人的大德，小民在下面便能够自行按照法度行事。周公认为，君主的品德与志行，对于小民有着重要的示范作用和心理影响。君主如果具有圣人的大德，小民在下面就能够自觉地遵章守法，显扬其美好的品德。否则，如果君主不能做好榜样，道德低劣，胡作非为，人们就会口出怨言，违法作乱。

周公重视艺术的教化作用。中国古代的艺术教育是从原始社会宗教活动的仪式（礼）

[①] 朱永新.滥觞与辉煌：中国古代教育思想史.北京：人民教育出版社，2004：21-332.（有删减）

和原始音乐歌舞(乐)脱胎而来的。到西周时,艺术教育的内容主要体现在"六经"与"六艺"之中,其中最典型的就是诗教与乐教。诗教与乐教在上古时期的教育中具有重要的地位。周公在诗教与乐教方面也身体力行,奠定了中国古代艺术教育的基础。

此外,周公对于教育培养德行的论述,对于师保之教的重视等,也对后世有一定影响。其中,最直接、最重大的影响莫过于孔子。孔子的最大理想就是实施"周公之典",恢复周礼,其教育思想也在很大程度上受到周公的启发。由于孔子的教育思想代表着儒家文化教育思想的灵魂,也直接构成中华教育思想的表征,周公的教育思想及其在中国教育思想史上的地位,就不能不使人注目了。

二、中国古代教育的发展轨迹

中国古代的教育思想绵延数千年之久。在这个历史长河中,曾出现四次"百家争鸣"的高潮,推动了当时学术思想(包括教育思想)的发展。中国古代教育思想具有十分丰富的内涵,除了历史的不同阶段、不同时代有不同的教育思潮外,教育思想还有地区的差异、民族的差异、对象的差异等。这里我们试以四次"百家争鸣"为历史线索,把古代教育思想的发展划分为四个时期。

(一)先秦时期的教育思想

先秦时期泛指公元前221年秦王朝建立以前的殷周、春秋战国时代。这是中国古代社会由奴隶制过渡到封建制的巨大变革时期,社会的政治、经济、文化、教育乃至自然科学等各方面都发生了很大的变化,不同阶级和阶层的思想家为了解决社会大变革中提出的各种问题,各抒己见,展开讨论,因而出现了"百家争鸣"的学术繁荣。

在文化教育方面,先秦时期出现了新的格局,即学术下移和士阶层的崛起、官学的没落和私学的勃兴。发初于孔、墨两学派之辩的百家争鸣,也使教育思想的发展进入了空前活跃的时期。

儒家是孔子创立、以孟子与荀子为主要后继的一个学派,它不仅是先秦时期的显学,也是整个中国古代社会的国家学说。儒家强调教育的作用,认为教育具有改造社会与造就新人的功能。如孔子说:"道之以政,齐之以刑,民免而无耻;道之以德,齐之以礼,有耻且格。"强调教育具有刑罚所无法替代的功能。孟子也把教育视为推行"仁政"的主要工具:"善政不如善教之得民也。善政,民畏之;善教,民爱之。善政得民财,善教得民心。"孟子更直截了当地指出"父子有亲,君臣有义,夫妇有别,长幼有序,朋友有信"是封建的伦理纲常。荀子也注重道德品质的培养与训练,把具有"德操"的"成人"视为道德教育的最高境界。此外,儒家在教育的内容、教育的原则与方法等方面也多有论述,颇有建树。

墨家是代表手工业者和小生产者的一个学派,创始人为墨翟。春秋战国时期,儒家学派和墨家学派都被称为"显学"。墨家思想体系的核心是"兼相爱,交相利",在教育上主张能担当治国利民、兼爱相利的"贤士"或"兼士"。从"利天下为之"的原则出发,墨家重视实用技术的传习,在科学技术教育方面具有突出的成就,不仅实现了我国古代生产技术向科学理论的最初飞跃,也开创了我国古代科学技术教育之先河。此外,墨家"合其志功而观"

的道德评价方法、"量力所至"与"务本约末"的学习态度、"以名举实"和"察类明故"的教学艺术，以及强调环境影响的"习染"学说，在中国教育思想史上也独具特色，有一定影响。

法家因变法、主张法制而得名。春秋时期，齐桓公任用管仲变法，法家人物从此登上了政治舞台。此后，李悝、吴起、申不害、慎到、商鞅及韩非均是法家的重要代表人物。法家的教育理想是以社会教育取代学校教育的特殊形式——私学，并针对传统的"以礼为教""以儒为师"，提出了"以法为教""以吏为师"的主张，所以，实行法制教育乃是法家教育思想的突出特点。法家教育思想的明显失误是过分强化了法制的功能而忽视了教育的作用。

道家的创始人是春秋时期的老子，其后有战国时期的庄周和以齐国田研等为代表的黄老学派。基于"小国寡民"的社会政治理想，道家提出了"绝圣弃智""无知""无欲""无为"，提倡摆脱一切束缚的个性自由发展的自然主义教育。道家的创始人老子说："人法地，地法天，天法道，道法自然。"教育的作用就在于促进人的自然本性的充分展开，使人摆脱社会生活的种种困扰与烦恼，回归自然无为的状态。

此外，还有阴阳家、名家、纵横家、杂家、农家、兵家、小说家等，对教育问题也多少论及，其与上述儒家、墨家、法家、道家的教育思想相互辉映，构成了先秦时期五光十色、丰富多样的教育思潮。先秦时期的教育思想是中华教育思想得以形成与发展的重要渊源。

(二)秦、汉、六朝时期的教育思想

秦、汉、六朝时期包括秦、汉、三国、两晋和南北朝等许多王朝，从公元前221年秦王朝建立，至公元589年南朝陈灭亡，绵延八百余年。在魏晋南北朝时期，出现了中国学术史上的第二次"百家争鸣"。

秦始皇统一六国后，创建了中国历史上第一个封建专制的国家，在政治上实行更师制度，在文化教育上实施书同文、行同伦、一法度、定一尊等政策，对后世产生了重大影响。汉初，董仲舒提出"罢黜百家，独尊儒术"的文教政策后，正式促成了古代教育的政治伦理化。经过董仲舒的阐发，以三纲(父为子纲、君为臣纲、夫为妻纲)五常(仁、义、礼、智、信)为核心的儒家伦理道德教育更加系统化、理论化，更加丰富了专制主义精神，并为其罩上了神秘的外衣。

汉代的教育事业有新的开拓与发展。首先是官学制度的建立与完善，如太学、宫邸学、鸿都门学、郡国学校的体系，宦学事师的教学形式，经学教育的教学内容等。其次是私学教育的兴盛与繁荣，如既有以书馆为主要形式的蒙学教育，又有以乡塾为主要形式的一般经书学习，还有以精庐或精舍为主要形式的专经教育。再次是察举取士制度的产生与实施，形成了兴官学以养士、重选举以取士，养士皆学儒经、取士皆选儒生的格局，这也对科举制度产生了直接的影响。

被称为"汉代孔子"的董仲舒，继承了儒家的德治传统，强调教育的社会政治功能。他的三大文教主张(即罢黜百家，独尊儒术；置明师，兴太学；重选举，广取士)被统治者采纳，成为汉代的文教国策。东汉王充在批驳当时流行的谶纬迷信和崇古宗圣的学风过程中，提出了独树一帜的教育理论。他肯定环境和教育在人的培养中的作用，提出了"学校勉其前，法禁防其后"的主张；他反对"生而知之"的先验论，提出了"知物由学，学之乃知，不问

不识"的命题;他还认为"人有知学,则有力矣",这可能是"知识就是力量"的最初始的表达。

魏晋南北朝时期,国家动荡不安,政权频繁更迭,豪族巧取强夺,社会玄学风行,官学时兴时废,私学昌盛发达,出现了"百家争鸣"的局面。在教育思想方面,以人才教育、玄学教育和家庭教育三方面的内容最引人注目。

魏晋玄学是指魏晋时期以老庄思想为骨架的一种特定的哲学思潮,玄学家大多是当时的"名士",如何晏、王弼、嵇康、阮籍、向秀、裴頠、郭象、张湛等。玄学家虽然对于一般的教育原则及教育内部规律无甚兴趣,但在反对传统的儒家教育思想方面却富有批判精神。如嵇康在《难自然好学论》中这样辛辣地鞭挞儒家的名教与经学教育,"越名教"是破,"任自然"则是立。玄学家认为儒家名教的最大失误是压抑个性,破坏了人的自然发展。所以,教育的关键是让受教育者的个性自然发展。玄学教育的最高理想就是培养"文明在中,见素表璞。内不愧心,外不负俗。交不为利,仕不谋禄。鉴乎古今,涤情荡欲"的"至人"。

这个时期家庭教育的思想也是不容忽视的。成就最高的当是颜之推的《颜氏家训》。这本书分二十篇,从立身、治家、处事、为学诸方面,全面阐述了教育的意义与家庭教育的普遍问题。颜之推强调家庭教育要及早进行,认为"人生小幼,精神专利,长成已后,思虑散逸,固须早教,勿失机也"。他的家庭教育理论对后世影响极大,后代封建士大夫的家庭教育深受此书的影响,称其为"家教规范",并成为以后历代家庭教育用书的范本。

(三)隋唐两宋时期的教育思想

隋唐两宋时期指隋、唐、五代、两宋四个阶段,绵延约七百年。这个时期是中国古代由长期分裂又重新走上统一的时期,文化教育出现了空前的繁荣与昌盛,学术上也出现了第三次"百家争鸣"的高潮。

隋唐两宋时期的教育事业又有了进一步的发展,并具有若干新的特点。隋朝继汉代鸿都门学(艺术专科)之后,又设立了书学、算学、律学,唐朝在司天台、太仆寺、太乐署等进行职业性训练,从而使中国古代的专科教育与职业教育走向正规化。隋唐始建并逐步完备的科举制度与唐宋发端并日趋完善的书院制度,都对古代的教育产生了前所未有的深刻影响。

这个时期的教育思想也相当活跃,呈现出学派林立、丰富多彩的局面。韩愈亮出维护儒家道统的旗号,提出了"明先王之教"的教育宗旨。他的《师说》从教师的作用、任务、择师标准和师生关系诸方面全面地论述了教师问题,留下了"古之学者必有师""师者,所以传道授业解惑也",以及"弟子不必不如师,师不必贤于弟子""闻道有先后,术业有专攻"等千古名言,是中国古代第一篇集中论述教师问题的名著。

两宋时期是中国古代教育思想发展的高峰期。以范仲淹、王安石为代表的教育改革家,提倡经世致用的教育,积极主张改革教育制度、教育内容与教育方法,试图变培养人才与选任人才的恶性循环为良性循环。

宋代理学中以程颐、程颢、朱熹为代表的"程朱理学"在教育上影响最大,形成了理学教育的思想体系。在教育的宗旨上,"程朱理学"明确提出了"圣贤千言万语,只是教人明天理,灭人欲"的纲领,并肯定了教育在育人才、一道德、变气质、正人心、美风俗方面的重要作用。在教育的内容上,"程朱理学"开创了"四书"(《大学》《中庸》《论语》《孟子》)与"五经"并列的局面,对中国古代封建社会后期教育内容的格局产生了决定性影响。在道德教育方面,"程朱理学"主张培养能够"正心、修身、齐家、治国、平天下"的"圣人",并通过立志、主敬、存诚、养心、塞欲、养正于蒙、禁于未发等修养方法,使人达到"与天地同德,无物欲之累,大公而无私,极高明而不同污合俗,不偏不易而无适不中"的道德境界。

(四)元明清时期的教育思想

元明清时期包括元、明、清三个朝代,绵延五百六十多年。这个时期社会处于大变革状态,各种学术思想也比较活跃,形成了中国古代学术思想史上的第四次"百家争鸣"。

元明清时期的教育体制基本承袭汉唐,但也呈现了一些新的特点,其中,社会教育的兴起最具特色。虽然中国古代教育家早就提出了社会教化的思想,但真正付诸实施则是从元代开始的。元代的社学与庙学是典型的社会教育机构。自元世祖至元二十五年(1288),元朝正式发布政令:"诸县所属村庄,五十家为一社,择高年晓农事者立为社长……每社立学校一,择通晓经书者为学师,农隙使子弟入学。如学问有成者,申复官司照检。"庙学则是以孔庙的活动为中心展开的以宣传普及儒家道德为主要内容的社会教育形式。这个时期教育的另一特点是政府进一步强化了对于学校教育与科举考试的控制,文化教育实施了封建专制主义。

在教育思想上,明清时期的反理学倾向比较突出,张扬个性、倡导实学的教育思潮有所发展。王守仁继承与发展了陆九渊的心学教育观,提出了"致良知"的教学理论和"知行合一"的道德教育论。在儿童教育方面,他主张用诱导、启发、讽劝等顺应儿童"乐嬉游而惮拘检"的特点和方法,把读书与歌诗、习礼等结合起来,也是符合儿童身心发展规律的。明清之际的黄宗羲是中国古代第一位比较系统完整地提出具有近代色彩的民主主义教育思想的学者。他从民主政治的高度出发,对以八股取士的科举制度进行了猛烈抨击。为了反对封建教育的专制与特权,他设计了一套普及教育的学制体系,即从蒙学(小学)、郡县学(中学)到太学(大学)和书院(研究生院)的学校体系,具有近代学制的萌芽。另一位明清之际的著名教育思想家是著作丰富、学问渊博的王夫之。他把教育作为强国的"财、兵、智"三纲领之一,认为明朝灭亡的原因是"教化日衰""失其育才"。他从"性日生日成"的人性理论出发,强调人性的"未成可成""已成可革",从而揭示了教育对人的发展的作用。他提出的学思相资、因材而授、因机设教、教必著行、乐勉结合、恒教其事等教育原则与方法,集中国古代教育精华之大成,并多有创新之见解。

明清时期还有一个教育流派,即以颜元、李塨为代表的实学教育学派,他们反对宋明理学倡导的读死书和死读书,倡导"实学""实用"的教育,开辟了中国古代教育向实践接近的新方向。

第五节　工匠精神

俗话说"匠人易得，匠心难练，以匠修心，以心练技"。中华优秀传统文化底蕴滋养了工匠精神。工匠不仅需要具有高超的技艺和精湛的技能，还要有严谨、细致、专注、负责的工作态度，精雕细琢、精益求精的工作理念，以及对职业的认同感、责任感、荣誉感和使命感。

支撑中华传统文化的最强大支柱就是道德。以德为先，不仅是我国古代工匠艺人必须遵循的职业准则，而且是工匠精神得以产生的价值基础。当今中国的工匠精神除了需要一种对完美的执着追求和对质量的精益求精，还需要一种心存敬畏的态度和敢于担当的意识。工匠精神是中华优秀传统文化的生动体现，新时代工匠精神也是大国文化自信的必然选择和必然要求。新时代工匠精神的传承与创新应把握工匠精神的基本内涵、时代价值与培育路径，重塑职业精神，重构职业价值取向。

一、工匠精神的内涵

关于工匠精神的内涵，虽没有确切的、准确的定义，但大都包含以下维度和意义。首先，工匠精神是一种精神和理念。这种精神和理念包含三个层面的精神追求，第一是对技艺精雕细琢的精神追求，第二是对品质精益求精的精神追求，第三是对所从事职业的热爱和由此延伸的对传承与创新的追求。其次，在中华传统文化中，工匠精神不仅是技术的传承，也是一种"物以载道"的精神诉求和理想追求，它是传统文化的一部分。再次，工匠精神是敬业精神的最高体现形式之一。

工匠精神是文化发展与文化传承的重要内容和载体，必须将工匠精神与时代背景、时代精神进行有效的融合。因此，新时代工匠精神应该蕴含以下几种新的内涵要素：第一，新时代工匠精神应该是"匠心—匠行—匠德"的统一。"匠心"是工匠精神的起点，没有"匠心"就没有工匠精神的产生。"匠行"是工匠精神发生、积淀、传承的关键。工匠精神一定是在行为和实践中传承的。"匠德"是工匠精神的精神内核，是一种"匠心""匠行"发生后的道德认知和道德提升，具备"匠德"之人才能传承和发展工匠精神。第二，新时代工匠精神应该是新时代人们精神追求与职业行为的完美融合体。对于现代人而言，工匠精神恰恰是在职业行为中得以展开的精神特质，而不仅是将职业作为谋生手段和方式。第三，工匠精神不仅关乎生存现状，更关乎幸福现状。工匠精神是职业人的一种高级精神家园，从表面看，具有工匠精神的人拥有更高的收入和社会地位；从实质看，工匠精神带给职业人的是对生活、事业、社会的热爱。

我国自古就有尊崇和弘扬工匠精神的优良传统，一些工艺水平在世界上长期处于领先地位。瓷器、丝绸、家具等精美制品和许多庞大壮观的工程建造，都离不开劳动者精益求精的工匠精神。中华人民共和国成立以来，我们党在带领人民进行社会主义现代化建设的进程中,始终坚持弘扬工匠精神。无论是"两弹一星"、载人航天工程取得的辉煌成就,还是高铁、大飞机以及港珠澳大桥的设计施工,都离不开工匠精神,都展现出我们对工匠精神的继承与发扬。

弘扬工匠精神有助于提高创新能力、加快建设制造强国。我国是世界制造业第一大国。在世界500多种主要工业产品中,我国有220多种工业产品的产量位居世界第一。进一步加快建设制造强国,加快发展先进制造业,关键在于提高创新能力,而工匠精神是助推创新的重要动力。工匠精神不是因循守旧、拘泥一格的"匠气",而是在坚守中追求突破、实现创新。把工匠精神融入生产制造的每一个环节,敬畏职业、追求完美,才有可能实现突破与创新。

弘扬工匠精神有助于提升中国品牌的国际形象。品牌是企业走向世界的通行证,也是国家竞争力的重要体现、国家形象的亮丽名片。提升品牌形象,要求把工匠精神融入设计、生产、经营的每一个环节,做到精雕细琢、追求完美,实现产品从"重量"到"重质"的提升。我们应弘扬工匠精神,让每一个劳动者恪守职责操守,崇尚精益求精,提高产品质量,打造更多享誉世界的中国品牌。

(一)工匠精神之爱岗敬业

中华民族历来有"敬业乐群""忠于职守"的优良传统。早在春秋时期,孔子就留下了"执事敬""修己以敬"等话语,主张人在一生中始终要勤奋、刻苦,为事业尽心尽力。宋代的大学问家朱熹曾解释"敬业"就是"专心致志以事其业",即用一种恭敬、严肃的态度对待自己的工作,认真负责,一心一意,任劳任怨。爱岗敬业是时代的需要,也是奋斗者的第一素质;爱岗敬业是一种能力,又远胜于能力;爱岗敬业是一种精神,更是一种品格;爱岗敬业是一种人生的态度,它决定了你是不是值得信赖、可以勇担责任的人。

工匠精神的要素首先是"工",扎实做好具体岗位的工作是发扬工匠精神的前提。岗位是劳动最基本的单位,是我们创造物质财富的平台。工匠精神的要素其次是"匠"。"匠"字启迪我们,做平凡简单的工作也要有水滴石穿、久久为功的作为。爱岗敬业是职业道德的核心,也是前提。一个人,只有将满腔热情和全部力量投入自己所从事的职业,才可以说无愧于社会、良心。爱岗敬业是工匠精神的力量源泉,激励着一代代工匠匠心筑梦。

(二)工匠精神之淡泊名利

淡泊是一个人的修养,是一个人精神的至高境界。真正淡泊名利的人心态平和,视名利如粪土,能够堂堂正正做人,踏踏实实做事,最终获得精神上的享受。精益求精的禀性,淡泊名利的心性,锲而不舍的韧性,锐意进取的个性,共同铸就了工匠精神的内涵。社会层面的价值认可和制度保障,则是工匠精神在时代洪流中得以传承和延续的动因。

"淡泊"是一种古老的道家思想。老子曾说:"恬淡为上,胜而不美。""天下熙熙,皆为利来;天下攘攘,皆为利往。""利"当然是社会发展最有效的润滑剂,但不可过分看重名利。正确对待名利,关键在于正确对待自己,正确对待他人,正确对待集体。一个人在工作岗位上需要做到淡泊自守,任劳任怨,时刻把党和国家的利益放在首位,不计名利得失,把自己的一切献给国家和人民。

(三)工匠精神之精益求精

古人云:"玉不琢,不成器。"精雕细琢、精益求精是工匠精神的核心。工匠精神代表一种情怀、一种执着、一份坚守、一份责任,体现在具体工作中则是专注坚持,永不言弃,精雕细琢,追求完美和极致。精益求精,本质是一种高度负责的精神,是对技术、效率、品质、专业的极致追求,通俗地说,就是真正做到干一行、爱一行、钻一行、精一行。大国工匠的气质体现在凡事耐心雕琢、精益求精的工作态度上。正是工匠对工作的耐心细致、精益求精,才让手中的产品绽放出璀璨的光彩。

工匠对自己的产品精雕细琢、精益求精、追求完美的精神理念是对工匠精神的最好诠释。工匠精神的目标是打造本行业最优质的产品,打造其他同行无法匹敌的卓越产品。概括起来,工匠精神就是追求卓越的创造精神、精益求精的品质精神、用户至上的服务精神。如果一个人能默默坚守自己的岗位,即使他的工作很平凡,他追求完美极致的精神也会令人敬佩。

(四)工匠精神之持之以恒

俗话说,"良田百顷,不如薄艺在身"。在中国传统社会的劳动阶层人民眼里,再多的财富都有失去的时候,唯有学会一门手艺才可保证衣食无忧。正因如此,人们愿意学习手艺,而且为了"饭碗"稳固,会主动将手艺练就得越来越好。这种传统积淀下来,形成了行业内对技艺的崇拜以及中国工匠独特的专业精神。工匠代表了一个行业顶尖的技术水平。真正的工匠必须具备坚守品质,也就是要持之以恒,善始善终,兢兢业业,不半途而废。在当今迅速发展的技能经济时代,拥有一技之长的重要性日益凸显。工匠们令人惊叹的绝技,源自他们一生做好一件事的专注。滴水穿石,绳锯木断,专注可以使弱小变得强大,使柔软胜过刚强。所谓绝招,就是在经年累月中把普通的招数练到极致。

(五)工匠精神之求实创新

1 400多年前,工匠大师李春用石头砌出50.82米长的赵州桥,历经洪水、地震等,至今巍然挺立。时间再继续往前推,2 000多年前,李冰父子设计、修建了都江堰,直到现在还发挥着巨大的排灌作用。这都是工匠精神的真实体现。在如今的"互联网+"时代,楼盘开张、桥梁贯通、线上秒杀、物流穿梭,生活景象千变万化,我们仍然需要保持工匠精神。创新是一个民族进步的灵魂,是一个国家兴旺发达的强大动力。当把目光聚集于人类工业革命进程时,我们就会发现,正是那些工匠的手,在摇动着工业革命的摇篮。那些改变和影响我们生活的发明和产品,无不与工匠精神息息相关。2019年9月29日,袁隆平院士荣获"共和国勋章",他的事迹和贡献将永远写在史册上。

(六)工匠精神之薪火相传

在中华文明史中,悠久发达的手工业造就出大批能工巧匠,孕育了中国独特的工匠文化与传统工匠精神。传统工匠精神为古老中国技术引领世界做出了杰出的贡献。如果说建筑是"凝固的音乐",以"三山五园"为代表的清代皇家园林就是恢宏的"交响乐章"。一砖一瓦,浓缩清代政治经济文化,表达王朝统治思想;一草一木,透露帝王审美旨趣,传递中外美学哲思。这一切甚至引发了18世纪欧洲的"中国园林建筑风"。那些传承百年的中华老字号,同样是我国古代工匠精神的优秀代表,现如今依旧光彩夺目。近代工匠精神体现在产品的完美度"从99%提高到99.99%"的过程中,它是认真、执着、精细、完美的代名词。正是技术从业者精益求精、追求完美,让生产过程成为类似工艺品的雕琢过程,铸就了我国传统制造业的辉煌。中华人民共和国成立至今,我们党在带领人民进行社会主义建设的进程中,始终弘扬工匠精神,"两弹一星"、载人航天工程取得的辉煌成就等都展现出我国人民对工匠精神的继承与发扬。

二、工匠精神与"中国智造"

2016年3月《政府工作报告》中首次提出"培育精益求精的工匠精神",引发了与会代表及媒体的强烈反响。党的十九届五中全会提出,到2035年基本实现新型工业化、信息化、城镇化、农业现代化,建成现代化经济体系。这无疑对作为立国之本、兴国之器、强国之基的制造业高质量发展提出了更高的要求。打造具有全球水准的制造业体系,是提升国家综合国力与核心竞争力、保障国家安全和促进可持续发展的必由之路。时代需要工匠精神,中国制造业的发展更需要工匠精神。企业需要把工匠精神融入研发、设计、生产、质量等各个环节,在追求一种精神的同时,把产品与服务一并做好,让工匠精神助力制造业的可持续发展。

(一)推进"中国智造"需要弘扬大国工匠精神

伟大的时代,需要伟大的精神作为思想支柱。中国制造要走向"中国智造",必须紧紧依靠工匠精神。中国拥有大量的技术工人,工匠从来没有消失过,工匠精神仍是当今中国最急需的。工匠精神落实到国家层面,就是要变制造大国为制造强国。先进制造业是国家永久强盛的脊梁,是国家经济增长的发动机、国家实力的支柱。我国需要弘扬大国工匠精神,通过科技创新与技术创新,由经济增速向经济质量转变,由给国外代工向中国品牌转变,由中国制造向"中国智造"转变。

(二)发展"中国智造"离不开工匠精神

随着新一轮科技革命与产业革命的孕育兴起,智能制造正在成为全球制造业变革的重要方向和竞相争夺的制高点。中国工程院院士周济说:"新一轮科技革命和产业革命正在孕育兴起,信息技术、生物技术、新材料技术、新能源技术广泛渗透,带动几乎所有领域发生群体性技术革命,核心就是智能制造。"以制造业数字化、智能化为核心的工业革命已经到来,从加工贸易起步、以资源环境过度消耗为代价、依赖低廉劳动力成本、缺乏核心技术和自主品牌的"中国制造"形象正在远去,"中国智造"已经成为中国制造业由大到强、实现跨越式发展、创新能力和综合竞争力进入世界前列的新标签。

中国要实现从"中国制造"向"中国智造"的转型,不仅需要先进的技术设备,还需要大量能够使用和操控这些设备的高级技工,他们必须具有坚定、踏实、严谨、专注、坚持、敬业、精益求精的工匠精神。

(三)工匠精神助推中国智造的途径

1. 技术创新

绝大多数的创新都不是从无到有的创新,而是从 0.1 到 1 的持续创新。工匠精神引导技术进步依靠的是连续性,而不是间断性。在长时间创造的过程中,因为技术积累而实现技术进步或重大突破,这一阶段即人们常说的技术革命。颠覆性创新需要研发者努力探究、钻研新产品,这正是工匠精神严谨、敬业的要求。

2. 整合产能

"去产能"是社会热点话题。为了解决产能过剩的问题,政府积极采取措施,如重组兼并、将落后产能逐渐淘汰,这对行业集中度的提升、产能整合的实现都有积极意义,此外产能利用率也得以提高。部分企业产能落后,在经营过程中无形增加了行业压力,对环境也造成了破坏,所以针对此类企业要设置一定机制,对企业实行优胜劣汰,倒逼企业践行工匠精神,进行创新,提高产品质量,优化产能。

3. 政策支持

政府应当进行顶层设计,让工匠精神更好地引领"中国智造";引导企业回归本质,在充分考虑消费者需求的基础上为其提供所需的优质产品和服务。工匠精神对企业、对劳动者都有明确的要求,需要在企业经营模式、理念之中融入工匠精神,需要劳动者将工匠精神注入工作中,从而制造出优质的产品。此外,政府需对职业教育进一步优化,培育具有工匠精神的人才。

4. 企业创新

企业应当建立有效的激励机制,让工匠群体真正感受到自己的付出和努力能够得到回报。在实践中,很多企业片面地认为技术工人劳动和简单劳动是一致的,为此相较于管理人员,高级技工的福利、工资等待遇很低,导致工匠人才流失情况严重。企业要想成为有工匠精神的企业就必须优待技术人才,从工资、福利待遇、职工教育、荣誉授予等方面给予优待,调动工匠"在车间进行创新"的积极性,充分施展工匠精神。

5. 体系创新

工匠精神并非与生俱来,而是在一个有效稳定的体制中生成的。德国的制造业发达,为世界所欣赏,在其背后有一整套工匠体制。从职业教育到市场准入,再到质量监督管理,最后到知识产权保护,这是一个完整的体系。对积极创新、精益求精的工匠企业进行奖励,对违法者进行惩罚,二者相互作用,缺一不可。在体系内用规则和制度引导参与者的工匠习惯,进而培养工匠精神,激励企业勇于创新。培养合格的工匠,使其具备工匠精神不再是一句口号,而是民族习惯,应使工匠精神成为民族精神。

三、进修工匠

我国早在西周时期,就已设立了"百工制度"。古代的"中国制造"闻名远近,其制造的产品可谓全球顶级奢侈品。然而在今天的中国,"工匠精神"更加难能可贵,因为这意味着更多的坚持、耐心与等待,更多的付出与投入。由校园内的"入门小匠"到步入职场的"进修工匠",我们对工匠精神的认识有了进一步提升。工匠精神是职业道德、职业能力、职业品质的体现,是从业者的一种职业价值取向和行为表现。工匠精神不仅在技术工种上得以体现,还表现在对产品和服务的极致求索上。然而,对于新员工的培养,企业不仅要靠提倡和宣传"工匠精神",还要搭建各种平台,创造实现工匠精神的条件,如建立企业文化、制定激励政策,提供各种渠道打造工匠。目前,行业、企业打造工匠的渠道之一是通过企业内选拔、组织青年员工参加各级各类技能大赛,践行和弘扬工匠精神。

(一)世界技能大赛

1946年,西班牙国内技术工人大量短缺,为应对这一困境,时任西班牙青年组织的总干事萌生了以职业竞赛吸引年轻人接受职业教育的想法。西班牙最大的技能培训中心负责人提出通过组织这项特别的行动来激发年轻人学习技能的激情,并使得他们的父母、老师和雇主相信,良好的技能训练也可以为年轻人带来光明的未来。并且,于1947年,西班牙成功举办了第一届全国职业技能大赛。随后,1950年,西班牙与葡萄牙携手,在西班牙马德里举办了第一届世界技能大赛,正式拉开了世界技能大赛的帷幕。

中国在2011年10月4日首次派出代表团参加了第四十一届英国伦敦举办的世界技能大赛,参加了数控车床、焊接等6个项目的比赛。在这次比赛中,中国石油天然气第一建设公司员工裴先峰勇夺焊接项目银牌,使中国首次参赛即实现了奖牌"零"的突破。在2015年8月11日至16日第四十三届世界技能大赛上,中国代表团获得了5枚金牌、6枚银牌、4枚铜牌的成绩,实现了金牌"零"的突破。2017年10月13日,中国上海获得第四十六届世界技能大赛举办权。中国选手们认可世界技能大赛并在大赛中独占鳌头,首先在于选手们的刻苦训练,用行动践行了精益求精的工匠精神和技能报国的人生理想,同时也得益于中国对高技能人才培养的重视。

(二)中华人民共和国第一届职业技能大赛

经国务院批准,我国从2020年起举办全国职业技能大赛。中华人民共和国第一届职业技能大赛由人力资源社会保障部主办,广东省人民政府承办,广东省人力资源和社会保障厅、广州市人民政府协办,是中华人民共和国成立以来,首次举办的赛事规格最高、竞赛项目最多、参赛规模最大、技能水平最高的综合性国家职业技能大赛。大赛共有86个比赛项目,其中,世界选拔项目63个、全国技能大赛精选项目23个。来自全国31个省(区、市)、新疆生产建设兵团、4个行业协会的36个代表团参赛。参赛选手有2 557人,来自全国1 041个单位。习近平对大赛的举办表示热烈的祝贺,向参赛选手和广大技能人才致以诚挚的问候。提高职业技能是促进中国制造和服务迈向中高端的重要基础。

(三)全国石油和化工行业职业技能竞赛

对于石油和化工行业从业者而言，他们是中国工人阶级的优秀群体和杰出代表，以务实、奉献、创新、奋进的精神，为我国的社会经济建设做出了卓越贡献。作为石化行业最高层次的技能竞赛——全国石油和化工行业职业技能竞赛意在弘扬"执着专注、精益求精、创新进取"的工匠精神，推动石油和化工行业技能人才队伍建设。此竞赛是经国家人力资源和社会保障部批准的二类职业技能竞赛，是中国技能大赛的一部分，自2009年起，每年举办一次，比赛项目不同，截至2022年12月31日，已经成功举办了十三届。

四、大国工匠

(一)大国工匠精神的内涵

传统意义上的工匠精神不等于大国工匠精神。大国工匠以舍我其谁的信念，从我做起，脚踏实地，追求完美，把高超的技艺和精湛的技能当作国家、民族的财富，开辟传承、发展之路。大国工匠有着严谨、细致、专注、负责的工作态度和精雕细琢、精益求精的工作理念，以及对职业的认同感、责任感、荣誉感和使命感。实现中华民族伟大复兴的中国梦的新时代，呼唤并迫切需要大国工匠精神。也就是说，要把工匠精神打造成一个大国、强国的重要精神支柱。要想真正成为世界大国、强国，必须着力培养大国工匠精神，使工匠精神根植于全体国民的思想并落实在行动上。大国工匠精神主要表现为执着专注、作风严谨、精益求精、敬业守信、推陈出新。

(二)大国工匠具备的职业精神

2016年政府工作报告中提出"培育精益求精的工匠精神"后，引起了社会各界的广泛关注。我国古代的鲁班、黄道婆都是优秀工匠的代表。近代同仁堂倡导的"炮制虽繁必不敢省人工，品味虽贵必不敢减物力"，也充分体现了"工匠精神"。但是，在"中国制造"向"中国智造"转变的大背景下，现代工匠精神具有新的历史使命和社会责任。"工匠精神"被赋予了更多新的内涵。

从经济社会发展的需要来看，现代工匠至少具备以下职业精神：

一是精益求精的创新精神。"精益求精"的通俗解释就是"没有最好，只有更好"。只有依照这种精神，我国才能生产出更多质量过硬的产品，创造出世界闻名的中国品牌。制造业与服务业正在实现融合，科学家和工程师需要"工匠精神"，工匠也同样需要创新精神。

二是实事求是的科学精神。社会发展需要科技进步，科技进步需要对规律不断探寻。实事求是实现创新的科学方法，是经济转型的基本路径，是推动进步的内生动力。中国要跨越中等收入陷阱，建成名副其实的制造业强国，就必须依靠实事求是这个法宝。任何以偏概全、望文生义、唯书唯上、似是而非的做法都与新经济格格不入。

三是忘我工作的敬业精神。制造优质产品需要心无旁骛、一丝不苟的工作态度,需要戒骄戒躁、久久为功,容不得半点懈怠和马虎。在我国工业化初期,为克服技术落后、设备简陋,需要艰苦奋斗的"大庆精神";在国外技术封锁的条件下,为增强国家实力,需要"两弹一星精神";在全球一体化的"互联网+"时代,为实现"中国制造2035"的梦想,需要争创世界一流的拼搏精神;为开拓性地向"中国制造2035"的梦想迈进,需要持之以恒的工匠精神。

中国特色社会主义已经进入了新时代,面对新形势、新征程,要求新时期的大学生,争当"大国工匠",敢于承担时代赋予的使命,为民族复兴贡献自己的力量。"大国工匠"需孜孜不倦、精益求精、专心致志。细节决定成败,细节成就伟大。在日常学习生活中,当代大学生要注意细节,要有严谨的态度,做事一丝不苟,把每一个细节做到极致、做到完美。

课后思考

❶ 简述工匠精神的内涵所包含的维度和意义。
❷ 简述新时代工匠精神应该蕴含的内涵要素。
❸ 简述弘扬工匠精神的意义和所需条件。
❹ 简述工匠精神助推"中国智造"的途径。
❺ 从经济社会发展的需要来看,现代工匠需要具备哪些职业精神?

工匠精神

互动实践一

活动名称:"弘扬工匠精神,追求卓越人生"主题班会方案

活动背景和目的:"工匠精神"自2016年3月首次出现在全国人民代表大会十二届四次会议政府报告中后,受到了广泛关注和热议,引发很多人的思考。作为心怀梦想、追求知识、肩负未来的青年学子,应如何理解工匠精神的内涵?面对创新驱动的国家发展战略和建设高水平大学的学校发展机遇,广大学子应该如何践行工匠精神?"弘扬工匠精神,追求卓越人生"主题班会旨在通过学习、讨论和交流,培养精益求精、专心专注的精神,引导同学积极努力地铸梦、追梦、圆梦,追求卓越人生。

活动安排:

1. 开展工匠精神宣传学习。了解工匠精神主题活动内容及相关的活动安排,启动本次主题教育活动;宣传工匠精神的提出背景及内涵等,营造活动气氛。
2. 开展工匠精神视频教育活动。
3. 开展工匠精神讨论活动。
4. 开展工匠精神征文大赛活动。

互动实践二

活动名称： 模拟公司弘扬工匠精神爱岗敬业主题教育活动

活动指导思想： 以牢固树立质量之魂在于匠心的理念为重点，采取理论学习、典范引路、练兵比武、争先创优等方法，教育引导广大员工大力弘扬工匠精神，厚植工匠文化，恪守职业操守，崇尚精益求精，把执着、坚守、奉献和创造，品质、服务内植于心，外化于行，为圆满实现"打基础、创规范、上台阶"的年度工作目标和提质增效、降本增效、安全增效、效率增效的长远发展奠定良好的思想基础和工作基础。

活动内容： 弘扬工匠精神爱岗敬业主题教育活动是对"两学一做""说主人话、做主人事、担主人责"学习教育活动成果的巩固和深化，也是践行公司党总支引导人、培育人、成就人初心的重要举措，更是新形势下着眼公司长远发展、打造幸福企业的一项基础性建设。结合公司的现状和广大员工的思想、工作实际，在这次主题教育活动中，机关各部门和基层各单位要重点抓住以下几项工作：

1.通过调研资料，引导大家了解掌握不断向上、踏实精进的工匠之心，不为名利、追求品质的工匠之情，精益求精、打造品质的工匠之技，刻苦钻研、不断创新的工匠之风，敢于挑战、百折不挠的工匠之志等重点内容，进一步明白什么是工匠精神、为什么要弘扬工匠精神、怎样践行工匠精神等一系列理论问题。

2.组织观看"大国工匠"和"挑战不可能"两个栏目的有关内容，引导教育大家从众多生动、完美的典型人物和事例中汲取营养，领会专注细节、追求"零缺陷"的思想品质，树立心态平和、长期付出的事业理念，进一步明白重复工作是常态、是自然的道理，加深理解"做好每一件事、安全每一天、成就每个人"的誓词要求。

3.在学好理论、明白事理的基础上，公司党总支要适时组织机关和基层单位开展练兵比武活动。要以问题和风险为导向，查漏补缺，针对不同业务、不同岗位、不同人员，从基本知识学起、从基本技能练起、从基本流程做起、从基本行为抓起，把集中强化培训和日常训练有机结合起来，不断掀起全员"练兵比武"的热潮。

4.公司党总支要借助弘扬工匠精神爱岗敬业主题教育活动这一平台，大力开展争先创优活动，培育和树立一批立足岗位、精细工作、执着坚守、安全服务的先进典型，为广大员工树榜样、立标杆，大力营造学工匠、做工匠的良好氛围，进一步丰富主题教育的内涵，提升主题教育的水平。

方法步骤：

1.宣传发动阶段

公司党总支召开中层以上管理人员和机关全体人员参加的动员大会，对弘扬工匠精神爱岗敬业主题教育活动进行部署和安排。随后，以机关各大队为单位，集中全体员工搞好宣传发动和思想教育工作。重点要讲清三个方面内容：第一，时代呼唤工匠精神。工匠精神在时代需求下焕发新生，它不仅能够成就每个员工，也是企业持久发展的动力之源。第二，保安服务需要工匠精神。保安服务尤其是押运行业是一个特殊的社会服务群体,其服务的精细化和安全度直接关系到公司的生存与发展。目前在员工队伍中存在的思想浮躁、技能缺失、行为粗放、专注不一等问题,急需用工匠精神去填补、去解决,工匠精神是精英员工的行为准则。第三,提高认识、端正态度。每个员工都要积极参与到弘扬工匠精神爱岗敬业主题活动中来,不断提升自己、超越自己、创造自己、成就自己。

2. 学习阶段

组织员工观看"大国工匠",选看一些中央电视台"挑战不可能"栏目中的精彩内容,从中明白工匠精神就是追求卓越的创造精神,精益求精的品质精神,用户至上的服务精神;认清追求极致、打磨细节、专注主业、极度热情、坚持不懈是工匠精神的核心内涵;懂得高超的技能、精湛的技术、敬业的品德和灵巧的双手,是在平凡的岗位上做出不平凡的业绩的必备条件;坚定学工匠、做工匠、精细服务、确保安全的决心和信心。

3. 查摆整改阶段

组织员工从思想作风、业务技能、遵章守纪、操作流程、服务全面等方面,认真查找存在的主要问题和风险点,重点解决部分员工胸无大志、见异思迁、满足现状、得过且过、违规作业、不计后果、贪图省事、行为懒散等现象,按照工匠精神的要求,结合本行业、本岗位的实际,逐人逐单位制定整改措施,并付诸行动。

4. "练兵比武"阶段

这一阶段是知行合一的重要阶段,各部门、各单位要紧紧围绕弘扬工匠精神爱岗敬业主题教育活动要求,引导员工立足工作岗位练思想、练作风、练技能、知规章、懂流程、严行为,打造富有匠心、匠道、匠魂、匠艺、匠品的员工队伍。公司机关和基层单位要结合各自的实际,制订"练兵比武"的具体方案,用心、用力抓好落实。其间,要大力开展争优创优活动,尽可能多地培养一批小能人、小专家、小工匠,引领和带动其他员工弘扬工匠精神,铸造精细极致品质,提升安全服务水平。公司党总支要组织开展一次较大规模的"练兵比武"竞赛,隆重表彰一批先进单位和先进个人,检验和巩固"练兵比武"的成果。

5. 总结提高阶段

采取自下至上的方法,对弘扬工匠精神爱岗敬业主题教育活动进行一次全面回顾和总结,查漏补缺,建立弘扬工匠精神的长效机制。

互动实践三

活动名称: 模拟场景开展工匠精神主题活动

活动背景: 当前中国正在由"制造大国"向"制造强国"迈进,这对企业生存发展而言,提出了更高的要求。因此,当今企业界,不仅需要大批技术过硬的工匠和技术工人,而且需要努力培育工匠精神。目前公司人力成本不断攀升,经济大环境日益严峻,我们有必要通过推行做事严谨的工匠精神来提高产品质量、提高收益,令公司实现可持续发展。

活动目的: 提高广大工程人员对工匠精神的认识,从而在企业内部达成以下目标:

1. 在企业内部形成尊重知识、尊重人才的气氛/土壤。
2. 形成企业内部学习型组织。
3. 让更多的工程人员能专注于某一范畴深耕细作、做到极致。

活动内容:

1. 开展工匠精神理论培训活动。人力资源及行政部通过全员培训的方式向全体人员做活动动员,让工程人员了解工匠精神主题活动内容及相关的活动安排,启动本次主题教育活动。同时利用内部网络、宣传栏形式,宣传工匠精神提出的背景及内涵等,营造活动气氛。

2. 开展工匠精神视频教育活动。体会一种能够数十年如一日地追求着职业技能的机制化,靠着传承和钻研,凭着专注和坚守,缔造了一个又一个的"中国制造"神话故事的执着精神。

3. 开展工匠精神大讨论活动。人力资源及行政部将召集相关部门集中开展工匠精神大讨论,让工程人员明确工匠精神的实质内涵,通过增强对工匠精神的认识,立足于本岗树立严谨、精益求精、追求极致的精神和信念。

4. 开展工匠精神征文大赛活动。通过大赛,增强对自身责任和使命的认识,让工匠精神在全公司形成一种共识,使其成为公司制造过程的内在支撑。

第二章 规制与礼法

　　社会习俗是民俗的重要组成部分,主要指在家族基础上衍生的社会关系、行为规范和以婚丧、节序等生活礼仪为重点的礼俗习惯。它们典型地展现了鲜明的中国文化色彩,能够集中反映中华民族的文化心理。

　　中国古代一整套制度仪礼,是建立在农耕文明基础上的,而农耕文明的智慧源头,则是天文历法。古人是重视纪年的。纪年就是讲历史上用什么方法来记载年代。我国古代历史从西周到汉景帝都只用天干地支纪年,从汉武帝开始,纪年就用皇帝的年号了。讲年代一定要结合历法(历法是推算时日的方法)。我国历法和纪年方法的多次变化,以及干支前后的重复,给后人带来困难。

　　古人的称谓,即古人的姓、字、名、号,讲究颇多,如果不清楚几千年来传下来的姓氏命名规律,就很容易张冠李戴。对称谓的看重,反映出古人对伦理道德的重视,由此延伸出对复杂社会关系的厘清与规范——特别是儒家的"礼"的观念。

　　礼仪是中华民族的表征,是社会文明的标尺。随着时间推移、时代变迁,在不同的历史阶段形成了带有相应社会特征和时代色彩的礼仪。中国华夏自古便是礼仪之邦,中华民族自古以来都是讲究文明礼仪、个人修养的民族。礼仪的源起、内容、功能和发展历程等基本知识也是每个中国人应当知晓的。

　　家是传统中国社会的基本组织形式。经由家族长时间沉淀而形成的家风家训,不仅是家族文化的外在显现,更是家族成员日常生活的行动指南。家风家训作为家族道德伦理的起点,不仅是家族长期发展过程中的精神纽带,更是社会风气的重要组成部分。家风的好坏足以影响社会乃至国家的发展。作为中国传统道德文化重要组成部分的家风家训,大多以儒家伦理观念为核心,在家族文化发展和社会治理等诸多方面具有重要的文化功能。

第一节　中国古代历法

中国土地广袤、四季分明、气候多样,是最古老的农耕文明发祥地,这样的生产生活环境中,产生一整套春耕夏种、秋收冬藏的精密历法是历史的必然。20世纪,英国剑桥大学李约瑟博士在《中国科学技术史》中评价:"中国是文艺复兴以前,所有文明中对天象观察最系统、最精密的国家。"在2019年亚洲文明对话大会上,习近平将天文历法和四大发明等并列,将其作为中华民族对人类文明发展进程的重大贡献。

古老的中国天文学是我国先民的智慧结晶,它从萌芽至今已有五千多年的历史,留下了世界上最早的太阳黑子记录①、最早的日月食记录②、最系统的彗星记录等,并在历法上取得了诸多令世人瞩目的辉煌成就。我国古代典籍,如《诗经》《尚书》《礼记》《淮南子》及历代史书等,都是今天我们研究古天文历法极为珍贵的史料。

历法的历,最早写作"曆",可以看得出和太阳有关。"先求日至以定曆元,履端于始也。参以昏星,举正于中也。察日与天会、月与日会之盈虚,齐以闰、归余于终也。"(明·张自烈《正字通》)

历法,就是对照日、月及星辰等天体运行景象,推算和划分年、月、日、时,确定通用时间序列的法则,是广域空间内统一的时间标志。按照对应不同天体的区别,古今历法大致可分成以下几种:

1. 太阴历

太阴历是完全根据月亮的盈亏周期制定的历法。月亮盈亏周期(朔望月,也叫太阴月)大约是29天半,大月30天、小月29天,1年12个月就是354天,这就是太阴历。太阴历曾被许多古老民族所使用,现仅在伊斯兰国家和区域内使用。

太阴历在指导农业耕种上,有些许不足。它比太阳年(回归年,约365天),整整差了11天。如果按太阳年划分季节,同时实行太阴历,久了就会冬天变夏天,该收获时还没播种。

2. 太阳历

完全根据太阳的光影回归原点(视觉上太阳循环一周,即一个回归年)所制定的历法,就是太阳历。太阳历的1年12个月,共365天,闰年366天。太阳历先在欧洲信奉基督教的国家和地区启用,所以称为西历,也就是现在世界通行的公历,在中国也被称为阳历。

---

①《汉书·五行志》:"河平元年,三月乙未,日出黄,有黑气大如钱,居日中央。"河平元年,即公元前28年这是世界上对太阳黑子最早的明确记载。

②《尚书·胤征》:"惟仲康肇位四海……乃季秋月朔,辰弗集于房,瞽奏鼓,啬夫驰,庶人走。"《书经》所载的此次日食,历代均有推算,按今学者陈遵妫先生推定为公元前2137年10月22日(见陈遵妫《中国天史》),是目前人类最早的日食记录。《殷虚文字乙编》3317:"六日(甲)午夕,月㞢食。"据《殷虚卜辞综述》推算,这次月食在公元前1229年12月17日乙末晨前0.4时初亏。

3. 阴阳合历

阴阳合历是指阴历和阳历有机统一，是兼顾太阳、月亮与地球关系的历法。朔望月是月亮围绕地球的运转周期，而回归年则是地球围绕太阳的运转周期，由于两者相差 10 日 21 时，所以需要同时设置闰月来调整二者的周期差。中国几千年来所使用的，便是将日、月、星辰运转轨迹互为计时参照体系的历法，是一种阴阳合历。

中国传统历法，按月亮盈亏纪月，大月 30 天，小月 29 天，一个月亮年 354 天，再用 19 年加 7 个 30 天闰月的方法，来与 365 天的太阳年找齐。同时，将太阳视运动周期的天黄道、地球赤道投影在天穹上的天赤道、月亮视运动周期的天白道，包含在一个 360°的大天圆中；将 28 组星座（古称二十八宿）和另 12 组星团（古称十二次）分布于天圆的四周；北极星和北斗七星则位于大天圆的中央，共同标志出按圆周等分的四季八节、二十四节气。

这里介绍传统历法相关的一些概念：干支纪年、生肖纪年、纪时制度、二十四节气和星象。

一、干支纪年

古人以干支纪年。河南省安阳市的殷墟遗址中，出土了大量的甲骨卜辞，其中就使用了纪日的干支，这说明干支的产生不晚于殷商。

十天干：甲、乙、丙、丁、戊、己、庚、辛、壬、癸。

十二地支：子、丑、寅、卯、辰、巳、午、未、申、酉、戌、亥。

天干排列在前，从甲起；地支在后，由子起；阳干对阳支，阴干对阴支，这样不重复的组合共有六十对。之后再从头循环，我们用这种方法来纪年，得到了以六十年为一个周期的纪年法，称为"六十甲子"或"六十花甲子"，又称干支纪年法。

古人也用干支来纪月、纪日、纪时，此不详述。

二、生肖纪年

肖，像也。生肖，即属相。生肖的出现便于人们记忆出生年份。由出土的湖北云梦睡虎地和甘肃天水放马滩出土的秦简可知，先秦时期已有比较完整的生肖系统存在。而与今天十二生肖排列顺序相同的最早文献，见王充《论衡·物势》的"寅，木也，其禽虎也。戌，土也，其禽犬也"及《言毒篇》的"辰为龙，巳为蛇"。这是早期古文献中关于十二生肖的最完备记载，将十二地支和动物结合起来，形成了子鼠、丑牛、寅虎、卯兔、辰龙、巳蛇、午马、未羊、申猴、酉鸡、戌狗、亥猪。

三、纪时制度

纪时制度是以某一时刻为起点，将一个昼夜划分为多少段的方法。最为人们所熟悉的古代纪时制度是十二时辰制、漏刻制和五更制。

十二是天之大数。除太阴历中一年十二个月之外,古人经过天文观测发现岁星(木星)每隔十二年运行一圈(《史记·天官书》:"岁行三十度十六分度之七,率日行十二分度之一,十二岁而周天。"),故而根据岁星的运行方向,由西到东,将黄道带划分为十二个等分区间,每个区间称为一个星次,共十二星次,总为一纪。岁星每年运行经过一个星次,以此来纪年,就是岁星纪年法。这也是十二地支的起源。

一岁之中,日月十二次会于东方,称为十二辰。而古人也采用十二时辰来划分一个昼夜。这十二个时辰排序为子、丑、寅、卯、辰、巳、午、未、申、酉、戌、亥。其中,子时对应我们现在时刻表上的23:00-01:00(次日),丑时对应01:00-03:00,之后以此类推。

四、二十四节气

在漫长的农耕社会,为了记忆二十四节气的顺序,人们自每个节气各取一字,缀联而成二十四节气歌诀:

春雨惊春清谷天,
夏满芒夏暑相连。
秋处露秋寒霜降,
冬雪雪冬小大寒。

二十四节气,即立春、雨水、惊蛰、春分、清明、谷雨、立夏、小满、芒种、夏至、小暑、大暑、立秋、处暑、白露、秋分、寒露、霜降、立冬、小雪、大雪、冬至、小寒、大寒。

这二十四节气按顺序逢单的均为"节气",通常简称为"节";逢双的则为"中气",简称为"气",简而合称为"节气"。换句话说,阴历每月两气,月初的是节气,月中以后的是中气,如立春是正月的节气,雨水为正月的中气。

二十四节气是根据地球绕太阳运行的360°轨道(黄道),以春分点为0°起点,以15°为间隔二十四等分,含有气候变化、表征农事等意义。(《淮南子·天文训》:"日行一度,十五日为一节,以生二十四时之变。斗指子,则冬至,音比黄钟。加十五日指癸,则小寒,音比应钟……")我们按照二十四节气的名称可以将其分为四类:第一类是表征四季变化的,有立春、春分、立夏、夏至、立秋、秋分、立冬、冬至;第二类是表征冷暖程度的,有小暑、大暑、处暑、小寒、大寒;第三类是表征降雨量多少的,有雨水、谷雨、白露、寒露、霜降、小雪、大雪;第四类是表征农事的,有惊蛰、清明、小满、芒种。节气虽属阳历范畴,但是它与阴历系统中的朔望月配用,体现了中国阴阳合历的特点。

我国最早,在民间流行的历法叫"夏历"。《礼记》里记载了夏朝的天文历法。其中,《夏小正》篇被誉为中国现存最早的农事历法书。夏历以北斗星斗柄指向正东偏北"建寅"之月为岁首,一年十二个月,分别记载每个月星象、气象、物候以及因时制宜的农事及政事。

五、星象：时间与方位

日月运行是最明显的天文现象。而当古人发现，满天的繁星也会随着季节的变化而出没的时候，就逐渐意识到除了日月外，星辰对于确定时间和季节也具有重要的定位作用。随着他们将观测星星的结果应用于生产与祭祀，天文学这门古老学科便诞生了。那么，古人是怎样认识星象的呢？

（一）三垣二十八星宿

人们为了便于观察星象，逐步将天上的恒星分为若干组，每组恒星称为"星官"。三垣二十八星宿就是其中比较重要的星官，也是古代的星空区划系统。

三垣是指环绕北天极的天空星象，分紫微垣、太微垣和天市垣三个星空区。"垣"就是墙垣的意思，把三个天区范围明显地划分出来。在古人的想象中，紫微垣相当于天上的中枢，群星皆围绕其运行。次之则是太微垣，象征天帝的诸侯、大臣。天市垣则是天上的街市。

紫微垣居于北天的正中央，又被称为中宫或紫微宫。紫微垣共有三十七个星官，另有两个附座。对应现在的星座，紫微垣包括了天龙、猎犬、牧夫、小熊、大熊、武仙、仙王、仙后、英仙、鹿豹等星座。古代认为紫微宫是天神的正殿，是天帝居住和上朝的宫殿，故常常出现在文人的作品中。在《西游记》中孙悟空大闹的天宫就是紫微宫。

太微垣是三垣中的上垣，位于紫微垣的东北方，北斗的南方。它包含二十个星官，大体上相当于室女、狮子和后发等星座的一部分。"太微"是政府的意思，所以其中的星官也多以官名命名，如左执法即廷尉，右执法即御史大夫。

天市垣是三垣中的下垣，位于紫微垣的东南方。它有十九个星官，以二十二星组成。"天市"即天上的集贸市场。所以其中一些星名用货物、器具及市场来命名。

和三垣的情况不同，二十八宿主要是为了区划星官的归属。二十八星宿，又名二十八舍、二十八次或二十八星，"星"指星座或星官，而"宿""舍""次"则含有留宿的意思。它把南中天的恒星分为二十八个天区，在古人看来，这些天区也正如驿站一样。为什么是二十八星宿呢？

古人难以做到直接测定太阳在天空中的位置，而星象在四季中出没时刻的变化呈现出一定规律。古人又发现满月时，太阳与月亮的位置相差180°，而在朔日时，日月位置则恰好重合，所以古人想先测定星象的位置，再依此确定月亮的位置，进而确定太阳的位置：即每当新月出现时，先找准它相对于某些星象的位置，然后再根据日月关系，推算出朔日时太阳在星空中的位置。由于月亮27.33天绕地球一周（一个恒星月），而月亮大体上是沿着黄道运行的，所以古人就沿黄道、赤道自西向东，把周天划分成28个大小不等的区域，每一区称为一宿，共二十八宿。而月亮正好每晚停留后，又回到初始的地方，所以又被称为二十八舍或直接叫作月站。

最初创设二十八宿，是为了判断季节。随着天文学的发展，它在编制历法、划分二十四节气，乃至测算太阳、月亮、行星、流星的位置等方面，都起到了极其重要的作用。

(二)四象

二十八星宿将沿黄道所分布的一圈星宿划分为四组,又称为四象、四兽、四维、四方神,每组各有七个星宿,从角宿开始,自西向东排列:

东方青龙七宿:角、亢、氐、房、心、尾、箕;
北方玄武七宿:斗、牛、女、虚、危、室、壁;
西方白虎七宿:奎、娄、胃、昴、毕、觜、参;
南方朱雀七宿:井、鬼、柳、星、张、翼、轸。

每个七宿联系起来很像一种动物。如,把东方七宿连起来,像一条腾空飞跃的龙,因此古人称东方为"青龙";南方七宿连起来像一只展翅飞翔的鸟,因此称南方为"朱雀";而北方七宿,像一只缓缓而行的龟蛇,因将北方称之为"玄武";西方七宿,像一只跃步上前的老虎,被称之为"白虎"。这四种动物的形象,统称为"四象",又称"四灵",分别代表东南西北四个方向。不限于天宇,在古人的城市规划上,也使用四象来体现地理方位。

六、天文历法与民俗文化

殷墟考古中的大量甲骨卜辞,证明在殷商时期,十九年七闰、干支纪历的天文历法已有实行。20世纪出土的青铜器"利簋",其金文铭文记载武王在甲子日早晨、岁星(木星)处在中天①时,率军攻打商纣王,天黑时就已占领了商都。按照现代天文科学方法验证,铭文记载时间准确无疑。这篇青铜器铭文,既有干支纪日文字,又有行星和恒星的星象对照,正是商朝实行天文历法的又一佐证。

天文历法经年累月、潜移默化地存在于中国人的生活中,在我们的民俗文化里留下了许多痕迹。如人们口头上依然常说,老天爷、过日子、坐月子、享天年、天遂人愿、天作之合、天公作美,盼星星盼月亮、岁月不饶人、老天不开眼、天打五雷劈等,都是岁时天象在人们心中崇高地位的体现。

再如中国传统节庆日,在阴历上从正月开始,便有一月一,即中国新年;正月十五,元宵节;二月二,龙抬头,过青龙节或叫春耕节;三月三,上巳节,也是壮族、瑶族、苗族的会歌节;五月五,过端午节;六月六,洗晒节或晒秋节;七月七,七夕情人节;八月十五,中秋节;九月九,重阳节……再从阳历的二十四节气看,立春,才是真正的中国传统春节;清明,回乡祭祖;夏至,麦收节……这些中国节日全都源自阴阳历法,足见中国古代历法深深影响了中华文明的进程,渗入到社会各个阶层的物质生产生活、精神娱乐和创造中,是中华优秀传统文化的重要组成部分。

---

① 黄怀信.关于《利簋铭文》的注释//杨燕起,张家璠,李家发.中国历史文选教学研究:第3集.兰州:甘肃文化出版社,1998.

第二节 中国古代姓氏

一、上古时期的人名

先秦时的中国人，其名字结构有什么特点呢？就贵族而言，有姓、氏，有名、字，有的有爵号，死后还有谥号，与后世的称谓大为不同。姓、氏在当时的社会非常重要，是代表个人及其家族的一种符号，由太史专门管理①。

二、姓的概念与起源

所谓姓氏，在先秦是姓与氏的合称，它们既有关联又有区别。姓表示宗族的起源、出处，是原有的大宗的称号；氏是后起的、分支的、小宗的族号。宋代吕祖谦《左氏博议》："姓者，统其祖考之所自出者也……氏者，别其子孙之所自分者也。"简单来说，姓是用来标志祖先的来源的，是百世不变的；而氏，则标志了后来子孙分支的社会等级，是数世而一变的。

姓是如何产生的呢？姓起源于人类早期的原始部落。许慎《说文解字》："姓，人所生也……因生以为姓，从姓生。"人都是母亲生的，故姓字为女旁。中国早期的许多姓，如姬、姒、姜、嬴等，都带有"女"字。在史料所记载的三皇五帝以前，中国人就有了姓，那是原始社会母系氏族制的初期。

姓是氏族的特定徽识符号，是作为共同血缘关系的标志而产生的。班固《白虎通·姓名》称："人所以为姓者何？所以崇恩爱，厚亲亲，远禽兽，别婚姻也。故纪世别类，使生相爱，死相哀，同姓不得相娶者，皆为重人伦也。"《通志·氏族略序》说："姓所以别婚，故有同姓、异姓之别；氏同姓不同者，婚姻可通，姓同氏不同者，婚姻不可通。"姓和婚姻有密切关系，同姓不婚是很重要的原则。姓是世代不变的，夏王朝为姒姓，商王朝为子姓，周王朝为姬姓。而上古时期的姓是很有限的。

1. 姓氏始祖——黄帝

古籍中所提及的中华姓氏之源，主要是追溯父系社会的祖先，其中最重要的有三位：伏羲、炎帝和黄帝。伏羲风姓、炎帝姜姓与黄帝姬姓，成为中华姓氏起源的三大系统②。

很多人尊黄帝为始祖，认为中华民族皆出自黄帝。"这种观点，除血缘的传承外，主要

---

① 《国语》卷十五《晋语九》："太史掌氏姓。"北京：商务印书馆，1958：179。
② 《左传昭公十七年》："太皞氏以龙纪，故为龙师而龙名。"杜预注："太皞伏羲氏，风姓之祖也。"《国语·晋语四》："昔少典娶于有蟜氏，生黄帝、炎帝。黄帝以姬水成，炎帝以姜水成。成而异德，故黄帝为姬，炎帝为姜。"

是文化上的认同。"①如《史记·匈奴列传》："匈奴,其先祖夏后氏之苗裔也。"夏禹也是黄帝后人,故匈奴人也是黄帝后人。《魏书·序纪》说："昔黄帝有子二十五人,或内列诸华,或外分荒服。昌意少子受封北土,国有大鲜卑山,因以为号。其后世为君长,统幽都之北广漠之野。"可见,除汉族外,许多少数民族也自认为属黄帝后裔。

2. 同姓不婚

《左传》中记载晋公子重耳(后来的晋文公)逃亡至郑国,"郑文公亦不礼焉"。叔詹劝说郑文公要善待重耳,言其"天之所启",说重耳是上天注定要成就的人,"人弗及也"。其中最重要的理由便是："男女同姓,其生不蕃。晋公子,姬出也,而至于今,一也。"古人认为同姓男女所生的后代会又少又弱,故往往同姓不婚,反映出当时婚姻制度中朴素的优生优育和伦理道德观念。

三、氏的概念与起源

先秦标志部族、宗族的徽号,除了姓之外,还有氏的称谓。氏,是姓衍生出来的产物,即姓的分支。这里要特别注意一点,我们现代人不太熟悉的氏,在先秦时期承载着非常重要的社会功能:给一个人的社会属性贴上鲜明的等级标签。它的出现与父系社会和私有制后贫富分化的发展息息相关,是用来区别社会等级的。《通志·氏族略序》说："氏所以别贵贱,贵者有氏,贱者有名无氏。"

氏是如何出现的呢?文献典籍中,从大的同姓族群中分裂出的新群体,被称作"族",也有的文献典籍"氏""族"并用。"氏""族"形成的基本原因是地域的区分,即"胙土命氏"②,天子封侯根据其出生血统赐予姓,分封土地并且根据封地命名氏。"氏"成为占有土地、区分地域的重要标志,这也是氏原始的基本功能。

此外,氏的另一重要来源是社会分工和职业世袭。伴随父系社会逐渐取代母系社会,大家族的杰出男性成为社会主流的支配力量。传说中父系社会英雄人物的称号,均加"氏"以尊称,如炎帝神农氏、黄帝轩辕氏、太昊伏羲氏、少昊金天氏等。所以说："尊者为氏。"除了首领,也有分管山林水泽、农牧渔猎、天文历法、军事刑法、礼仪教化、仓廪财物的各类机构官员,还有从事"百工技艺"的专业人才。不同阶层的人因所从事职业、技艺、身份不同,而形成不同的社会集团,获得了各种"氏"的称号。同时,百官的职能和技艺往往由家族世袭,代代相承,进而"氏"也就成为表明社会地位、身世贵贱的重要标志。

四、氏与宗法制

氏与宗法制关系紧密。伴随着父权制的确立和"氏"的形成,母系姓族解体,并逐渐被

---

①马世之.马世之学术文集.郑州:大象出版社,2017:377.

②胙土命氏,即命赐姓氏,见《左传》隐公八年(前715)众仲所言:"天子建德,因生以赐姓,胙之土而命之氏。诸侯以字为谥,因以为族。官有世功,则有官族,邑亦如之。"

父系氏族所取代，所有的血缘关系，均由父系确认，这就发生了姓的衰落和氏的兴起。宗法制由父系氏族社会的家长制演变而来，经夏、商发展，到西周初年基本确立。其主要特点是以"嫡长子继承权"为核心，确立大宗、小宗。其政权形式则是"宗君合一，家国同构"。其原则是"别子为祖，继别为宗"，也就是后世"祖""宗"二字的内涵。

宗法制的核心是嫡长子继承制。嫡长子，即正妻所生的长子。嫡长子继承制，即"立嫡以长不以贤，立子以贵不以长"。如《史记·殷本纪》："帝乙长子曰微子启，启母贱，不得嗣。少子辛，辛母正后，辛为嗣。帝乙崩，子辛立，是为帝辛，天下谓之纣。"商朝早期，既有父死子继，又有兄终弟及的继承制度，但从商纣王的践祚可见，商末嫡长子继承已最终确立下来。到了周朝，周之君主被视为上天的嫡长子（天子），故被称为周天子，上天赐给他土地和臣民，在名义上他便拥有分封土地、赏赐臣民的绝对权威，成为天下之共主。

在宗法制度下，天子等级最高，可用其王朝的称号为氏。如周天子及其嫡派子孙即以周为氏；而诸侯国则以其封国为氏，如晋、鲁、齐、燕、郑、吴等；卿大夫以封邑（所受封的城邑）为氏，如原氏、薛氏、杨氏等；效力于王室公族的职业技人等则以技艺为氏，如车氏、屠氏、陶氏等。由于"命氏"由上而下出自帝王、君侯所赐，能够"封土命氏"的，都是贵族诸侯；即使以职业技艺命氏的"百工"，也不是一般平民、贱奴，而是管理平民奴隶的"工长"、管事。普通庶民百姓既没有"姓"，也没有"氏"。

这样，通过"胙土命氏"的封建宗法制度，逐渐取代了氏族社会单纯的血缘氏族制度，标志着姓氏文化的萌芽和形成。

五、姓氏的使用、称谓与合流

前面讲过，姓是世代不变的，而氏则是会改变的。贵族的氏来自与自己血缘关系较亲近的先人，数代之后即发生变化。如孔子是商人后裔，故姓"子"，而他的氏是"孔"，源自他的祖先"孔父嘉"①。再如屈原，与楚同姓②，姓"芈"，其氏则得自其先祖屈瑕③。屈瑕因为受封于屈地，故其后代以屈为氏。

还需说明的是，古代社会中并不是人人都有姓氏，只有具备一定身份的人才有资格拥有。姓和氏都要经过官方命赐：赐姓与命氏都是天子的权力，而诸侯以下的官有功，诸侯也可以为之命氏。而贵族一旦变为奴隶，也会失去姓氏。《国语·周语下》："唯有嘉功，以命姓受祀，迄于天下。及其失之也，必有慆淫之心间之。故亡其氏姓，踣毙不振；绝后无主，湮替隶圉。"另外，在特殊情况下需要分家，则可以去太史那里去"别氏"，相当于官方认证登记，另立新支。如《国语·晋语九》记载晋卿智宣子将立智瑶为继承者，遭到智果的反对。智果认为智瑶最大的问题是"不仁"，如果立了智瑶，"智宗必灭"。智宣子没有听劝，于是"智果别族于太史，为辅氏"。后来韩、赵、魏三家果然灭掉了智族，"及智氏之亡也，唯辅果在"。另立为辅氏的智果这一家最后保全了下来。

---

① 孔父嘉，姓子，名嘉，字孔父。孔子的六世祖，官至大司马。其后以孔为氏。
② 《离骚》："帝高阳之苗裔兮。"
③ 屈瑕，"芈"姓，熊氏，名瑕，是楚武王熊通的儿子。

在姓氏的称谓上,男女有别。郑樵《通志·氏族略》:"三代(夏商周)以前,姓氏分而为二,男子称氏,妇人(女子)称姓。"先秦时期,女子往往称姓不称氏,因为姓主要用于别婚姻;男子称氏不称姓,因为氏主要用来别贵贱。另外,在称呼个人时,也不单称氏,在指称一位男性时,既要称氏,又要称名。因为单称氏,就无法区别父子兄弟,不能作为个人的标志。如称孔子不能只称孔氏,要称孔丘。

姓与氏又是何时合流呢?到了东周末年,由于奴隶制、宗法制崩溃,姓与氏已无什么区别,姓与氏开始混合使用。战国以后平民也有了姓,百姓遂成为民众的通称。姓氏制度的演化,反映了贵族的没落,平民地位的上升。《通志·氏族略》:"秦灭六国,姓氏之失,由此始。""三代(夏、商、周)之后,姓氏合而为一,皆所以别婚姻,而以地望(郡望)明贵贱。"汉以后,普遍使用合一的姓氏,如司马迁在《史记》中称秦始皇"姓赵氏",汉高祖则"姓刘氏"。

此后两千多年里,伴随着战乱、灾荒、迁移、赐姓、避讳避仇改姓、民族融合等,中国出现了大量新的姓氏,有单姓也有复姓。而目前的姓氏来源也十分复杂,同姓不一定同源,而异姓也可能同出一宗。今天为人熟知的,成文于宋代的《百家姓》收录了常见姓氏500多个。而在《中华姓氏源流大辞典》中,收录31 000多个姓氏,汉姓有10 000多个。可见,我国姓氏文化博大精深。

第三节　中国古代礼仪

一、礼的概念

中国历来被称为礼仪之邦。史书记载,3 000多年前,周公制礼作乐。后经过孔子、孟子、荀子等儒家先贤的提倡和完善,用礼乐治理天下成为儒家文化的核心,并在随后的几千年中深刻地影响了中国社会的发展进程。

在儒家的观念中,首先,礼是人区别于兽的标志。《礼记·冠义》:"凡人之所以为人者,礼义也。"《礼记·曲礼》:"鹦鹉能言,不离飞鸟。猩猩能言,不离禽兽。今人而无礼,虽能言,不亦禽兽之心乎?"……"是故圣人作,为礼以教人……知自别于禽兽。"

其次,礼是自然法则在人类社会中的体现。《左传》昭公二十五年:"夫礼,天之经也,地之义也,民之行也。"古人认为,礼是参照自然法则而制定的,"故能协于天地之性",所以"上下之纪,天地之经纬"。先秦文献中多有此类观点的记叙[①]。

再次,礼代表了阶层差等,形成了统治秩序。如周天子对各诸侯国,要定期进行视察,以便了解下情,称为"巡守礼"[②];诸侯则要定期朝见天子,朝觐之礼是要明君臣之义;诸侯之间,则要定期聘问,以联络感情。这些礼制在漫长的历史中维系着古代中国社会阶层之间的感情和严格的统治秩序。

最后,礼是社会活动的准则和人际交往的方式。周朝以来,既然礼是治国之本,举凡国家大事如祭祀、战争、治国、入朝、遣使,乃至个人的成年、结婚、生死丧葬等一切社会活动,都有对应的礼作为标准。《礼记·曲礼》:"道德仁义,非礼不成。教训正俗,非礼不备。分争辨讼,非礼不决。君臣、上下、父子、兄弟,非礼不定。宦学事师,非礼不亲。班朝治军,莅官行法,非礼威严不行。祷祠祭祀,供给鬼神,非礼不诚不庄。"礼渗透到古代中国人生活的方方面面,进而也形成了人们约定俗成的交往方式。对不同身份的人该如何称呼,如何迎来送往,在婚礼、丧礼等不同场合应遵循怎样的流程,都要符合礼仪规定。行为合于礼,是有教养的表现。

中国古有诗礼传家之说。陈亢问于伯鱼曰:"子亦有异闻乎?"对曰:"未也。尝独立,鲤趋而过庭,曰:'学《诗》乎?'对曰:'未也。''不学《诗》,无以言。'鲤退而学《诗》。他日又独立,鲤趋而过庭,曰:'学《礼》乎?'对曰:'未也。''不学《礼》,无以立。'鲤退而学《礼》。闻斯二者。"(《论语·季氏》)《论语》中记载的这段故事,是陈亢打听孔子对自己的儿子有没有特殊的教诲,孔鲤回答说没有,只是孔子曾经问及他是否学了《诗》与《礼》,并且教育他说:不学《诗》,言语表达会成问题;不学《礼》,就无法在社会上立足。孔子对孔鲤的"特殊"教育,形成了几千年来诗礼传家的美好家风。

[①]《礼记·乐记》:"礼者,天地之序也。"《左传》文公十五年,季文子云:"礼以顺天,天之道也。"《左传》成公十六年,申叔时云:"礼以顺时。"

[②]《礼记·王制》:"天子五年一巡守,岁二月,东巡守至于岱宗,柴而望祀山川……五月,南巡守,至于南岳,如东巡守之礼。八月,西巡守,至于西岳,如南巡守之礼。十有一月,北巡守,至于北岳,如西巡守之礼。"

二、礼的来源

"礼"字的最早形态是 ![img]、![img],形象地刻画出古人用礼器承托宝玉献祭鬼神,以求福祉的场景。汉代许慎的《说文解字》对"礼"的解释是:"履也,所以事神致福也。从示,从豊。"而《说文解字》中,豊字是"行礼器也,从豆,象形"。可见,最早期的礼与"事神"的活动有关。对各种神灵的崇拜和祭祀活动,逐渐形成了原始礼仪风俗,但早期的礼仪并没有形成一整套完备的制度。而且,在周朝以前,许多的祭祀仪式还处在野蛮而蒙昧的状态,如甲骨文记载,商朝杀人祭祀非常普遍。

"皇天无亲,惟德是辅。"①到了周朝,周人的天命观较前朝有了巨大的变化,天神成了有德行、讲仁慈的冥冥之主。《礼记表记》:"周人尊礼尚施,敬鬼神而远之。"周人对礼制十分用心,天子敬天礼地,诸侯祭五岳四渎,大夫五祀,士祀祖考,都各有典礼,可见对鬼神不薄,但用意更在阶层和等级的划分。

礼得之于天,效法于地,配合鬼神,贯彻到丧葬、祭祀、射箭、驾御、加冠、结婚、朝会、交聘等各种社会活动中。如《礼记礼运》所记载,孔子曰:"夫礼者,先王以承天之道,以治人之情,故失之者死,得之者生。诗曰:'相鼠有体,人而无礼。人而无礼,胡不遄死?'是故夫礼,必本于天,肴于地,列于鬼神,达于丧祭射御、冠昏朝聘。故圣人以礼示之,故天下国家可得而正也。"周人相信,只有遵循礼,才能治人,才能治理好天下国家。正所谓,"人命在天,国之命在礼"。②

同时,仁者爱人,人本主义思想的兴起,使得这一时期的礼法逐渐完备,一方面进一步驱逐原始礼仪的野蛮,另一方面充满了道德教化的意味和人情的温馨。如《孟子·梁惠王上》:"仲尼曰:'始作俑者,其无后乎。'为其象人而用之也。"到了孔孟的时代,杀人以殉已较少见,连用人俑作为陪葬之礼也是逆历史潮流。再如《礼记·檀弓》记载,春秋齐国大夫陈子车去世后,他的妻子和家宰大夫想用活人为他殉葬,被陈子车的弟弟陈子亢严肃否决:"以殉葬,非礼也。"③

儒家对礼更看重其教化的作用,在特殊的环境中使用不同的礼,而不是恪守僵化的"死"礼。如《礼记·檀弓》中记载鲁国少年汪踦英勇战死,而古代未成年死亡称为"殇",是不能行成人丧礼的。鲁人决定破格为之举丧,孔子十分赞成,说他"能执干戈以卫社稷",用成人之礼也"不亦可乎"④。

《毛诗序》:"发乎情,止乎礼义。"儒家制礼,意在使人的性情得其正。《礼记·檀弓下》

---

① 《尚书·蔡仲之命》
② 《荀子·强国》
③ 《礼记·檀弓》:陈子车死于卫,其妻与其家大夫谋以殉葬,定,而后陈子亢至,以告曰:"夫子疾,莫养于下,请以殉葬。"子亢曰:"以殉葬,非礼也;虽然,则彼疾当养者,孰若妻与宰?得已,则吾欲已;不得已,则吾欲以二子者之为之也。"于是弗果用。
④ 《礼记·檀弓下》:战于郎,公叔愚人遇负杖入保者息,曰:"使之虽病也,任之虽重也,君子不能为谋也,士弗能死也。不可!我则既言矣!"与其邻重汪踦往,皆死焉。鲁人欲勿殇重汪踦,问于仲尼。仲尼曰:"能执干戈以卫社稷,虽欲勿殇也,不亦可乎!"

记载,有子不理解儒家丧礼的礼义,认为"情在于斯,其是也夫",有真情流露就可以了,丧礼对"踊"的规定是多余的。子思认为礼有"微情者"和"以故兴物者"两种情况。贾公彦疏:"若贤者丧亲,必致灭性,故制使三日而食,哭踊有数,以杀其内情,使之俯就也。""若不肖之属,本无哀情,故为衰绖,使其睹服思哀,起情企及也。"可见,丧礼的用途,一方面是要减少贤者过分悲伤,让他们在礼法中节哀;另一方面,是要转变不肖者的无动于衷,身穿丧服,使之时时意识到失去亲人的哀痛。总之,是要使过与不及者都回到情感之"中"的位置,也就是"始者近情,终者近义"。

三、礼的分类

古代中国,礼深入到社会的每个层面。《中庸》有"礼仪三百,威仪三千"的记载,可见礼的名目众多。后来归总为五礼。《尚书·尧典》《尚书·皋陶谟》都提到了五礼。而《周礼·春官·大宗伯》将五礼定为吉礼、凶礼、军礼、宾礼、嘉礼,后世便一直延续这一说法。在漫长的封建社会,除了这些国家政治层面的礼仪制度之外,还有一些普通人常见的礼仪,如释奠礼、束脩礼等学校礼仪制度,以及社会交往、家庭生活中处处可见的礼貌(仪表)、礼节(举止)等日常礼仪规范。

(一)吉礼

吉礼,即祭祀之礼。古人认为天神、地只(祇 qí)、人鬼(祖先)关系到国运与宗族的兴衰,故列为五礼之首[1]。吉礼祭祀的对象较多,包含天地、社稷、五岳四渎、祖先等各级神祇。祭祀之礼等级森严,如祭天是最高规格的祭祀,只有天子才能祭天。

(二)凶礼

凶礼,即丧葬灾变之礼,是指邦国之间相互救患分灾的礼仪。《周礼·春官·大宗伯》:"以凶礼哀邦国之忧。"凶礼包括丧礼、荒礼、吊礼、襘(guì)礼、恤礼五种。这是诸侯国之间的礼仪,内容针对诸侯丧葬、饥荒水旱、内忧外患等,体现兄弟邦国的人道救助,以及在人情上和物质上的支援。

(三)军礼

军礼,是与军事相关的礼仪制度。国之大事,在祀与戎。祭祀和征伐是一个国家最重要的事情。《周礼·春官·大宗伯》提到的军礼,包括大师之礼、大均之礼、大田之礼、大役之礼、大封之礼五种。此不详述。

(四)宾礼

宾礼,主要是指周天子与诸侯之间往来的礼仪。周天子与诸侯之间,大多有亲戚关系,为了联络感情,相互亲附,需要有定期礼节性的会见,也就是朝聘之礼。《周礼·春官

---

[1]《周礼·春官·大宗伯》:"以吉礼祀邦国之鬼、神、示。"

·大宗伯》:"以宾礼亲邦国。"其内容分为朝、宗、觐、遇、会、同、问、视八类。前四类是不同季节诸侯朝见天子时的有关礼仪。春天朝见为"朝",夏天朝见为"宗",秋天朝见为"觐",冬天朝见为"遇"。此外,各诸侯国之间交往的聘礼也属于宾礼。

(五)嘉礼

嘉礼,是喜庆欢会中的礼仪。《周礼·春官·大宗伯》:"以嘉礼亲万民。"其分为六类:饮食礼,即各级贵族及庶民的饮酒礼和进食礼;婚冠礼,包括公冠礼、士冠礼及婚娶之礼;宾射礼,即举行射箭活动的礼仪;飨燕礼,即筵宴之礼;脤膰(shèn fán)礼①,是举行祀典后将祭肉分赐给助祭者的礼仪;贺庆礼,是遇到喜庆之事进行祝贺的礼仪。

(六)释奠礼

释奠,即陈设酒食用以祭奠先师先圣。《礼记·文王世子》:"凡始立学者,必释奠于先师先圣。"唐以前,孔子与周公分别尊为先师、先圣;宋元以后,孔子成为祭奠的主要对象。凡学校初建落成,必须举行释奠礼,每年春、秋两季或春、夏、秋、冬四季还要举行此礼。行释奠礼的场所,后代多建孔庙(也称文庙、夫子庙),立孔子像,置放礼器、乐器,每年定期在此举行祭孔礼。

四、礼的要素

(一)礼乐

古代儒家文化的圣人孔子,其心目中还有一位尊崇的"圣人",那就是周公。周公"制礼作乐",开创了礼乐文化的新时代。

《论语·泰伯》:"兴于诗,立于礼,成于乐。"在儒家的礼仪文化中,礼与乐相辅相成:礼乐是宇宙万物的和谐所在,是安邦治乱的纲纪与根本,也是个体道德修养的至高境界。儒家甚至将礼乐和天地万物联系在一起,如《礼记·乐记》:"乐由天作,礼以地制。""乐者,天地之和也;礼者,天地之序也。和故百物皆化;序故群物皆别。""乐者为同,礼者为异……礼仪立,则贵贱等矣;乐文同,则上下和也。"礼乐结合就是天地万物一切秩序的体现。

概念延伸

礼崩乐坏

《论语·八佾》:"孔子谓季氏:'八佾舞于庭,是可忍也,孰不可忍也?'"说的是孔子对季氏在自家厅堂上演八佾(佾就是一列,八人为一列)的舞蹈十分愤怒。因为按照周礼,天子才能用八佾,诸侯六佾,季氏作为鲁国大夫,只能享用四佾,居然僭越使用天子的规格。

---

①脤膰,祭肉。《春秋穀梁传》曰:"生曰脤,熟曰膰。"

从中，可以看到孔子对"克己复礼""非礼勿视，非礼勿听，非礼勿言，非礼勿动"的坚持，也可以看到春秋战国时期，纲纪松弛，由礼乐所维系的等级制度开始动摇，社会秩序逐渐瓦解，走向礼崩乐坏了。

(二)礼器与礼服

古人说"藏礼于器"。礼器是指行礼的器物。当古代帝王、贵族在进行祭祀、朝聘、宴享、征伐、丧葬等礼仪活动时，所陈设和使用的器皿就是礼器，又被称为彝器。礼器的陈列和组合，都传达着礼仪的信息，也就成了衡量等级尊卑的标准和象征。

例如，鼎在古代的礼器中最为特别，是统治权力的象征。按照《周礼》的规定，天子列九鼎，以九鼎代表九州，以示驾驭、治理天下；诸侯七鼎；卿、上大夫五鼎；元士三鼎。鼎数量的多少，表现了统治集团等级的高下。如不按照这个规定列鼎，就是僭越，违反了礼制，是大逆不道的。

故事链接

问鼎中原

《左传》记载，春秋"五霸"之一的楚庄王，见到周天子的大臣王孙满，便有意问起天子九鼎的大小、轻重，表现出他想和天子一样，立九鼎于天下的野心。对此，王孙满十分严厉地给予了回绝，他说真正政权的确立，"在德不在鼎"，周朝的统治虽衰，"天命未改，鼎之轻重，未可问也"①。

除陈设礼器外，古人在举行礼仪活动时，还需穿着礼服。不同的礼仪场景，需穿着不同的礼服。如祭祀时着祭服，朝会时着朝服，行军礼时着戎服，婚嫁时着婚礼服，凶丧时着丧服，从而与礼仪制度相配合形成了一套服饰制度。《周礼·春官·司服》："司服掌王之吉凶衣服，辨其名物与其用事。"历朝历代都设有"司服"的官职，按照礼仪制度的规定，向皇帝、后妃等提供相应的服饰。

(三)礼仪与礼俗

礼，包括一系列的制度和规定，既是人与人之间相互交往的准则，又作为一种社会的意识观念。仪，本指外表(仪容、仪表)、举动，进而指法度、法制。如果说，礼是仪的标准，仪则是礼的具体表现形式(仪式)。古人把礼、仪合称，视之为一种行为规范和道德标准，共同遵守，并世代相袭。同时，统治者利用礼仪来维护自己的特权和地位，礼仪中也体现出尊卑贵贱的等级观念。

---

①《左传·宣公三年》：楚子伐陆浑之戎，遂至于雒，观兵于周疆。定王使王孙满劳楚子。楚子问鼎之大小轻重焉。对曰："在德不在鼎。昔夏之方有德也，远方图物，贡金九牧，铸鼎象物，百物而为之备，使民知神奸。故民入川泽山林，不逢不若。螭魅罔两，莫能逢之。用能协于上下，以承天休。桀有昏德，鼎迁于商，载祀六百。商纣暴虐，鼎迁于周。德之休明，虽小，重也。其奸回昏乱，虽大，轻也。天祚明德，有所厎止。成王定鼎于郏鄏，卜世三十，卜年七百，天所命也。周德虽衰，天命未改。鼎之轻重，未可问也。"

礼俗，礼与俗有所不同，所谓"礼不下庶人"，在等级森严的社会，礼往往通行于贵族之中，普通百姓只有"民俗"。然而"礼源于俗"，礼与俗的关系密不可分。《说文解字》："俗，习也。"俗，是指生活习惯。《周礼·地官·大司徒》郑玄注："俗谓土地所生习也。"早期社会，人们在各自特定的环境中生活，也就形成了各地特有的习俗。原始习俗在文明的进程中产生分化，有的被扬弃，有的保留下来。儒家提出"因俗制礼"，对习俗中的合理部分保留，并注入礼——新的人文精神，对人民进行教化，也就是移风易俗。如《仪礼》中的乡饮酒礼、乡射礼等，使人民在喜闻乐见的仪式中，接受礼的熏陶。"从俗到礼，是中国上古文明的一次重大飞跃，奠定了中华文明的底蕴，并赋予它鲜明的特色。"①

(四)礼法与礼义

礼法，是指行礼的章法、程式。儒家制礼是为万世作法式，是供千秋万代的人们使用的。因此，礼具有严格的操作程序，包括行礼的时间、场所、人选、服饰、站位、辞令、路线、礼器，以及行礼的顺序，等等。这就是礼法。关于礼法的代表著作，如《仪礼》一书，就是先秦各种礼仪的礼法汇编。

如果说礼法是礼的外在表现，是形式，那么礼义就是礼的内核，是内容。礼法的制定，仪式的执行，都是以人文精神作为依据的，而如果没有思想内涵，只有仪式的礼就成了没有灵魂的躯壳。《论语·阳货》中孔子发出了这样的疑问："礼云礼云，玉帛云乎哉？乐云乐云，钟鼓云乎哉？"礼就是仪式上看到的玉帛、听到的钟鼓吗？孔子其实是强调，这些外在形式只是表达礼义的工具，真正的礼是这些仪式和物质背后的义理。关于礼义的代表著作，如《礼记》一书，就是以推明《仪礼》的礼义为主旨，说解经义。

故事链接

宰我问三年之丧

《论语·阳货》中，宰我问："三年之丧，期已久矣！君子三年不为礼，礼必坏；三年不为乐，乐必崩。旧谷既没，新谷既升，钻燧改火，期可已矣。"子曰："食夫稻，衣夫锦，于女安乎？"曰："安！""女安则为之！夫君子之居丧，食旨不甘，闻乐不乐，居处不安，故不为也。今女安，则为之！"宰我出，子曰："予之不仁也！子生三年，然后免于父母之怀。夫三年之丧，天下之通丧也，予也有三年之爱于其父母乎。"

孔子的弟子宰我质疑，为父母守丧要守三年，这种居丧的礼仪太漫长，对人的生活发展不利，觉得守丧一年就可以了。孔子非常不满，认为宰我不仁，因为他看不到为父母守丧这种形式背后，体现出来的是君子对父母的深情厚爱。孔子认为，之所以天下人都要为父母守丧三年，是因为一个人从出生到脱离父母的怀抱和关爱，至少也有三年。无论从情感还是理性，父母对子女三年的无私养育，对应子女为父母守丧三年的哀伤，正是礼制中最基本的人情的体现、孝心的体现。

---

① 彭林.从俗到礼：中国上古文明的演进.寻根，1998(5)：26-28.

五、礼的书籍文献

我们今天所能见到的最早的三部礼书《周礼》《仪礼》《礼记》，成书于战国和西汉时期，详细记载了秦汉以前的礼仪。三礼是古代礼乐文化的理论形态，对礼法、礼义做了最为权威的记载和解释。

《周礼》不是记录某朝的典制，而是要为千秋万世立法则。它以天官、地官、春官、夏官、秋官、冬官六篇为间架。而天、地、春、夏、秋、冬即天地四方六合，就是古人所说的宇宙。透过此书可以看到古人对社会、对天人关系的哲学思考，是一部以人法天的理想国纲领。

《仪礼》也称《礼》，即儒家五部经典中的《礼》的本经。它反映了上古贵族生活的方方面面，从冠婚飨射到朝聘丧葬，是研究古代社会生活的重要史料之一。书中详尽记载了古代宫室、车旗、服饰、饮食、丧葬之制及各种礼乐器的形制等，为今天的考古学家研究上古遗址及出土器物，提供了有力的文献佐证。

《礼记》记载的多是礼义内涵、礼的灵魂，即西周以来的人本主义思想。唐宋之后，尤其是在朱熹将《礼记》中的《大学》《中庸》抽出，与《论语》《孟子》合称为"四书"后，其便成为历代知识分子必读之书。

互动实践活动一

活动名称："乞巧节"游园活动

要求：结合七夕古诗词、传统乞巧节民俗项目，为某社区七夕文创游园活动做一张策划海报。

互动实践活动二

活动名称：汉语角的端午节

要求：向留学生宣传中国端午节，可结合屈原的姓、氏、名、字，介绍中国战国历史和名人故事，并带领留学生完成端午节香包、粽子的制作。

实践活动三

活动名称："梦回汉唐"——文庙汉服节之"释奠礼"专题

要求：配合文庙游园活动，在文庙广场组织一次简单的汉代"释奠礼"基本礼仪流程展示。

第四节 中国古代家谱与家风家训

水有源,树有根,家谱与家风家训是我们追源溯本、明宗扬善的载体,它们就像春蚕作茧紧紧地包裹着我们。历来,中华民族对家谱与家风家训有着一种崇敬心理,因此,世世代代不断地修家谱、正家风、传家训。据统计,目前流传下来的各类家谱达 30 000 种,足见数量之多,影响之广。这些家谱所传承的家风、记载的家训也成为中华优秀传统文化的重要组成部分。正所谓天下之本在国,国之本在家。家风家训便是家的灵魂和灯塔。好的家风如化雨春风,跨越时空,无时无刻地护着家、护着国。正如习近平在 2015 年春节团拜会上所说:"不论时代发生多大变化,不论生活格局发生多大变化,我们都要重视家庭建设,注重家庭、注重家教、注重家风,紧密结合培育和弘扬社会主义核心价值观,发扬光大中华民族传统家庭美德,促进家庭和睦,促进亲人相亲相爱,促进下一代健康成长,促进老年人老有所养,使千千万万个家庭成为国家发展、民族进步、社会和谐的重要基点。"新时代下,振兴家风、传承家风是中华民族伟大复兴的重要内容。要谈家风家训,我们要从家谱谈起。

一、家谱

(一)什么是家谱?

家谱又叫宗谱、族谱、房谱、支谱、家乘、家牒、谱系、谱牒等。关于家谱的定义有很多,此处我们简要概述之。清人刘云端说:"谱者,世系之谓也。"家谱就是记述氏族或宗族世系的书,将宗族的世系人物一一列举出来。除了列世系人物,家谱还记述宗族世系的事迹,以扬善隐恶。总的来说,家谱如同家族的一部历史,这部家史可以帮宗族子孙扣好人生的第一粒扣子。据载,有文字可考的家谱可追溯到殷商时期的甲骨文家谱,所以家谱在中国至少有 3 000 年的历史了。

中国古代家谱名称众多,种类也很丰富。根据家谱传承、记载方式和材料的不同可分为结绳家谱、甲骨家谱、青铜家谱、碑谱、纸谱、布谱。根据家谱所记内容的侧重点不同又可分为玉牒、普通家谱、祠谱、坟谱、云和神轴。根据家谱所记载对象范围的大小不同,还可以分为房谱、支谱、家谱、族谱、宗谱、统谱。[1]

(二)家谱的特点

家谱作为中华民族几千年来独有的文化形态,具有宗族性、群体性、广泛性、典范性、传承性。

---

[1] 欧阳宗书.中国家谱.北京:新华出版社,1993:4-23.

1. 宗族性

家谱是记载世系的书,是宗法型社会的产物,呈现出宗族性的特点。家谱记载着家族的世系繁衍,以父系血缘为纽带,强调某一特定宗族的血缘亲情,尊祖敬宗。

2. 群体性

家谱是由宗族成员共同编纂、共同修订的,它需要宗族成员共同维护、共同遵守、共同传承。家谱中除世系外,所记载的族规、族训是宗族共有的精神信仰,具有群体性的特点。

3. 广泛性

家谱记载宗族各方面的内容。一本家谱记载了宗族成员的政治、经济、文化、教育、军事、宗教活动等,正如清人章学诚所说:"家乘谱牒,一家之史也。"[①]可以说家谱是一个宗族的"百科全书"。

4. 典范性

家谱在笔法上"扬其先祖之美""称美而不称恶",追求隐恶扬善,以展"孝子孝孙之心"[②]。家谱素以优秀祖先的典型事迹激励后世子孙,试图用模范人物的光辉事迹,为家族树立榜样,启迪子孙立志光宗耀祖。如泸州《颜氏族谱》中,有一定篇幅记载颜回、颜之推、颜师古、颜真卿的事迹,以此激励颜氏后代。再如四川合江《杜氏族谱》对杜甫事迹的记载,无不对杜氏子孙有着潜移默化的影响。

5. 传承性

传承性主要体现在宗族血脉和修谱上。宗族血脉的传承性主要体现在父系氏族的传承上。在中国,同一个祖先繁衍下来几十代、百代是比较常见的。如四川南充《熊氏宗谱续集》便记载了熊氏一族从始祖楚武王熊通以来的传承。四川泸州《颜氏族谱》记载了泸州颜氏一脉从始祖颜回到第七十四世孙颜兴达、颜兴邃。在清初由湖广填四川时徙川泸州的宗脉,从颜回开始,近百代了。修谱的传承性则表现为世系血缘的不断传承,家谱在不断丰富、延续,并在不断修谱的过程中壮大、延续。在家族世代传承的过程中,家谱的体例也在不断完善,人物事迹也更详尽。

(三)家谱的作用

正所谓"忠厚传家久,诗书继世长"。家谱历经几千年的发展沉淀,早已成为家族、民族、社会的记忆,对家族、社会、国家有着重要的作用。

1. 有利于巩固政治统治

在中国古代,上至君王、下至百姓都对修谱有着崇敬之情。从编纂者来看,家谱可以分为官修家谱和私修家谱。宋代以前的家谱绝大多数为官修家谱,即由朝廷设立专官负责所有贵族家谱的记载与管理。早在周代,就已经建立了一套相当完善的史官修谱制度。秦代在丞相之下设立宗正,掌管皇家谱牒的编修和保存工作。汉代是家谱发展的时代,设

---

① 章学诚. 文史通义全译. 严杰,武秀诚,译注. 贵阳:贵州人民出版社,1997:797.
② 李学勤. 礼记正义//十三经注疏. 北京:北京大学出版社,1999:1346.

宗正,整个制度趋向严谨和完善,出现了比较健全的谱牒,如《汉书·艺文志》中有《帝王诸侯世谱》二十卷,应劭写有《士族篇》。魏晋南北朝时期,九品中正制推行,家世成为人才的选拔标准,家谱成为考核的重要材料,这就促使谱牒在这一时期极为兴盛,出现了一大批谱牒著作:晋挚虞撰有《族姓昭穆记》十卷、宋刘湛撰有《百家谱》二卷、梁徐撰有《百家谱》等。据《隋书·经籍志》《新唐书·艺文志》记载,此时谱著作达一百多种。到了唐代,谱牒的发展迎来了第二个高潮。这一时期的谱牒编修权几乎被官府垄断,出现了大型谱牒著作。如唐太宗令高士廉、韦挺、岑文本、令狐德棻等撰写全国大型谱牒著作《氏族志》。全书历时七年,合二百九十三姓,一千六百五十一家,将全国的氏族家谱定为九等。

从周代到唐代,统治者为何如此热衷编谱?《国史经籍志》云:"诵诗、世系,以劝诫人君……宗庙之有昭穆,以世次之长幼,等胄之亲疏,若此者,凡教之世而为之昭明德,废幽昏,其意远矣。"①意思是统治阶级想借谱牒所彰显出的光明之德教化天下,充分体现了家谱的政治教化功能。宋代以后,统治者鼓励民间私家修谱,于是私修家谱取代官修家谱成为主流。他们认为修谱可以使宗族成员明宗明祖,能增强家族凝聚力。每一个家族团结齐心,社会便齐心,社会齐心,国家也就安定了,从而有利于巩固政治统治。所以,从周代到清代,不管是官修家谱,还是私修家谱,都是统治阶级十分重视的内容。

2. 有利于增强宗族的凝聚力

一部家谱完整、清晰地记录了家族的世系源流、宗族人员的迁徙情况。家谱可以告诉后代子孙:我是谁、我从哪里来、我的祖先是谁、我的兄弟姐妹是谁。家谱使宗族成员能心有所属,身有所系,以此形成宗族凝聚力。从家族的居住地来看,家族稳定地居住在某一地区的可能性是非常小的。随着政治、社会、经济、人口等的发展,家族在不断地变迁,同一家族成员也在不同规模地迁徙,家族成员大多散居在各地。而这种迁徙情况,如迁徙时间、迁徙人、迁徙规模、迁徙地点等内容被详细地记载在家谱里,所以读家谱、学家谱,可以帮助宗族寻根问源,敦亲睦族,增强宗族的凝聚力。

3. 有利于家族文化建设

家谱中记载了家族的家规家训、先人传记、艺文翰墨等,这些内容详细地记述了本族出现的名人,先祖的优良品德、详细事迹、贡献等。这些祖先的光辉事迹、优良品德是宗族子孙的精神源泉,激励着子孙后代奋力进取,继往开来,克绍箕裘,使得家族能够薪火相传。所以,家谱有利于家族文化建设,助力家族延绵不断。

4. 有利于国家长治久安

"天下之本在国,国之本在家。"家是国的基础,国是家的延续。中国人自古追求修身、齐家、治国、平天下,崇尚家国一体。为家之道,在家庭成员的修身之道。如何修身?家谱便是家庭成员修身的精神家园。习近平强调:"家庭是人生的第一个课堂,父母是孩子的第一任老师。"好的家风,可以教化子孙,让家族每一位子孙心有归宿、心有方向。有了归宿和方向,家就安定、和谐了。一家安,家家安,则天下安;天下安,国家必定长治久安。

---

① 焦竑.国史经籍志.北京:商务印书馆,1939.

二、家风家训

"忠厚传家远,诗书继世长。"家风是一个家族能否父慈子孝,能否薪火相传、连绵不断的关键所在。正如习近平所说:"家风是一个家庭的精神内核,也是一个社会的价值缩影。"这个精神内核的重要载体便是家训,家训犹如春风化雨浇灌着子孙后代。古代流传下来的家训有很多,有的直接以家训命名,如《颜氏家训》《朱子家训》《放翁家训》;有的直接在自己作品中给下一代提出谆谆教诲,如诸葛亮《诫子书》、苏洵《名二子说》、司马光《家范》、苏轼《与侄孙元老四首》、苏辙《藏书记》、陆游《冬夜读书示子聿》、范仲淹《告诸子及弟侄》等。中华民族流传下来的优秀家风家训,如兰之沁香浸润着中华大地,激励着无数中华儿女自强不息。我们试从中选出一部分典型简论之。

(一)夫义妇顺,同心同德

"婚姻之要,夫妇之要也。"夫妻关系是家庭关系的核心,是人伦之始。由夫妻关系衍生出父子、母子、父女、母女、兄弟等各种关系。所以,自古以来,家风建设中,夫妻关系是核心,一直受到人们的重视。男女婚姻关系的成立,需纳采、问名、纳吉、纳征、请期、亲迎等一套严密的礼仪,主人还需筵几于庙,拜迎于门外。建立起夫妻关系后,在生活中男女要同心同德。中国古代有许多展现夫妻同心同德的意象,如比翼鸟、并蒂莲、连理枝,这些都寄托着古人对和谐婚姻关系的向往。颜之推在《治家》篇中指出"夫不义则妇不顺"[1],强调"夫义妇顺"。"夫义"即丈夫要讲正义、道义,丈夫既要遵守天下大义,还要遵守夫妻间的礼义,重视夫妻间的情义,重视女性的家庭地位。"妇顺"是指妇女"顺"的品德,即要求妇女孝顺公婆,和顺家人。《礼记·昏义》云:"妇顺者,顺于舅姑,和于室人,而后当于夫,以成丝麻布帛之事,以审守委积盖藏。故妇顺备而后内和理,内和理而后家可长久也。"[2]

妇女"顺"的品格还有成全之义。三苏父子之所以能在唐宋八大家中占据三席,离不开三父子身边的"和顺"女子。司马光《武阳县君程氏墓志铭》中记载了这么一个故事,程夫人嫁给苏洵后,一直过着十分清贫的日子。有一天,有人对程夫人说:"父母非乏于财,以父母之爱,若求之,宜无不应者。何为甘此蔬粝,独不可以一发言乎?"程夫人说:"然。以我求于父母,诚无不可。万一使人谓吾夫为求于人以活其妻子者,将若之何?卒不求。"[3]程夫人从丈夫的角度思考问题,最终也没有向父母开口索要钱财。程夫人此举以丈夫为先,宁守清贫,只为全丈夫之义,是为顺。此外,二十七岁的苏洵曾对程夫人说:"吾自视,今犹可学。然家待我而生,学且废生,奈何?"程夫人说:"我欲言之久矣,恶使子为因

---

[1] 王利器.颜氏家训集解:增补本.北京:中华书局,2002:41.
[2] 李学勤.礼记正义//十三经注疏.北京:北京大学出版社,1999:1622.
[3] 司马光.司马温公集编年笺注.李之亮,笺注.成都:巴蜀书社,2008:533.

我而学者！子苟有志，以生累我可也。"①即罄出服玩鬻之以治生，不数年遂为富家。苏洵最终专心致志完成学业，最终成为一位学问渊博的人。这就是程夫人，用一生劳苦换丈夫之志。

诚如上所言，为人夫，守义；为人妇，守顺。夫妻之间以礼相待、相互尊重、相互成全、同心同德，方能和美家庭、和顺家族。

(二)父慈子孝，孝道为先

所谓"养不教，父之过"。父亲在孩子成长的过程中占据着重要的地位。在家庭生活中，父亲不仅是家庭的支柱，还是孩子明礼成人的向导，对孩子的教育有着不可替代的作用。父子关系如何相处？《礼记·大学》云："为人子，止于孝；为人父，止于慈。"②父慈子孝的父子伦理关系历来被称为典范，深入人心。所谓"父慈"，父亲不仅要爱子，为孩子提供生活的物质基础，更重要的是要育子，"爱子教之以义方，弗纳于邪"。③ 要做孩子的人生导师，正如司马光所说："自古知爱子不知教，使至于危辱乱之者，可胜数哉。夫爱之，当教之使成人，爱之而使陷入于危辱乱之，乌在其能爱子也。"④这就要求父慈要有方。一要严而有度。如颜之推在《教子》中说："父子之严，不可以狎；骨肉之爱，不可以简。简则慈孝不接，狎则怠慢生焉。"⑤这就是说，父亲对子女应当亲近又不失庄重，父子之间不能不拒礼节，没有原则地亲昵，简慢随便。简慢随便容易使孩子产生放肆不敬之心，因此父亲要慈爱有度，要保持父亲的威严，应做到"慈爱不至于姑息，严格不至于伤恩"。二要平等相待，不宜偏亲偏爱。《颜氏家训》曰："人之爱子，罕亦能均。自古及今，此弊多矣。贤俊者自可赏爱，顽鲁者亦当矜怜。有偏宠者，虽欲以厚之，更所以祸之。"⑥这就要求父亲在对待子女时要一视同仁，否则不利于家庭子女之间的和睦，更会引起祸端。三要言传身教。正所谓"正人者先正己"，父亲要做子女的标杆，首先要端正自己的言行。孔子说："其身正，不令而行；其身不正，虽令不行。"⑦父亲要以身作则，言传身教。想要子女成为什么样的人，自己先要成为什么样的人。四要理解与尊重孩子。这是父子关系中很重要的一个命题，也是充分发挥孩子天性，让孩子明道知义的关键环节。只有尊重孩子的个性发展规律，才能最大限度地调动孩子的潜能，最终实现孩子的人生价值。这一点，我们可以看看苏序对苏洵的教诲。苏洵年少的时候"喜奇迹，落拓鞍马间。纵目视天下，爱此宇宙宽。山川看不厌，浩然遂忘还"⑧，个性放荡不羁。这样的苏洵，自然会对烦琐的句读、声律之学没有足够的耐心。"知子莫若父"，所以苏序在教授苏洵的时候，并没有严格要求苏洵学声律和句读，而是充分尊重他的个性，任由他浪游山水，最终成就了一代古文大家。

---

① 司马光.司马温公集编年笺注.李之亮,笺注.成都:巴蜀书社,2008:533.
② 李学勤.礼记正义//十三经注疏.北京:北京大学出版社,1999:1594.
③ 司马光.家范.北京:中华书局,1993:33.
④ 司马光.家范.北京:中华书局,1993:33.
⑤ 王利器.颜氏家训集解:增补本.新编诸子集成.北京:中华书局,2002:15.
⑥ 王利器.颜氏家训集解:增补本.新编诸子集成.北京:中华书局,2002:19.
⑦ 李学勤.论语注疏//十三经注疏.北京:北京大学出版社,1999:173.
⑧ 苏洵.嘉祐集笺注.曾枣庄,金成礼,笺注.上海:上海古籍出版社,1993:452.

《论语》曰："孝悌也者，其为仁之本也。"①孝是仁的根本，是中国伦理道德的基础。《孝经》曰："夫孝，天之经也，地之义也，民之行也。天地之经，而民是则之。"②孝是永恒的规律，是不变的法则，是万民都要遵守的行为准则。这是因为父母不仅给予我们生命，还无私奉献、养育我们，为我们一生操劳，因此我们要孝顺父母、敬爱父母、感恩父母。具体而言，一要"以父母之乐为乐，以父母之忧为忧"③。二要对父母心怀恭敬之心。司马光在《家范》中说："养父母不恭敬，何异于养犬马。"④三侍奉父母要有耐心，如《礼》曰："为人子之礼，冬温而夏清，昏定而晨省，在丑夷不争。"⑤做到冬天为父母温暖被褥，夏天为父母扇凉卧席，晚上为父母安顿好床铺，早晨向父母问安。四要端碗先思父母饥饱。五要守丧尽孝。养老送终，是为人子女必须做的事情。六要光宗耀祖。《孝经》曰："立身行道，扬名于后世，以显父母，孝之终也。"⑥这就是说立身行道，扬名后代，光宗耀祖，是孝的最高表现。总之，一言一行，不忘父母，敬事孝道，乃人子之本分。

(三) 母仪敦厚，行教有方

唐人孟郊《游子吟》："慈母手中线，游子身上衣。临行密密缝，意恐迟迟归。谁言寸草心，报得三春晖。"⑦这首诗彰显了母爱的伟大和无私，千百年来传遍了大江南北。在家庭教育中，孩子的成长离不开慈母的言传身教，母亲对子女不仅有着生育之恩，还有着养育之恩和教育之恩，可以说母亲潜移默化地影响着孩子的价值取向和人生态度，母亲在家庭教育中的地位无可替代。一位温良敦厚的母亲，将对孩子的一生产生深远的影响。下面我们来看几则母教故事：

"孟母三迁""断织教子"的故事。孟子之所以能够成为著名的思想家，与其母早年的教育是分不开的。孟母的伟大不仅仅是含辛茹苦养大孟子，更重要的是，孟母在孟子的成长之路上充当着向导的角色。她"择邻而处"，精心选择对孩子成长有利的环境。她"断织教子"，劝勉孩子立志苦学。最终，孟子不负母教，成为我国著名的思想家，被尊奉为"亚圣"。

"陶母封鱼"的故事。陶侃是东晋时期著名的大司马，自小勤奋好学，立下赫赫战功，廉洁奉公，深受百姓爱戴。陶侃的成功与其母亲的严格教育密切相连。刘义庆《世说新语》里面记载了一个"陶母封鱼"教子的小故事，其云："陶公少时，作鱼梁吏，尝以坩鲊饷母。母封鲊付使，反书责侃曰：'汝为吏，以官物见饷，非唯不益，乃增吾忧。'"⑧这个故事说的是在陶侃年轻的时候，做过鱼梁官一职，曾经拿了一罐鱼托手下之人送给母亲。母亲在接到鱼之后，封好又还给了陶侃，并且回信责备陶侃说："你做了官，把公家的东西送给

---

① 李学勤.论语注疏//十三经注疏.北京:北京大学出版社,1999:3.
② 李学勤.孝经注疏//十三经注疏.北京:北京大学出版社,1999:19.
③ 家范//中国私家藏书.北京:中华书局,1993:59.
④ 王利器.颜氏家训集解:增补本//新编诸子集成.北京:中华书局,2002:59.
⑤ 李学勤.礼记正义//十三经注疏.北京:北京大学出版社,1999:24.
⑥ 李学勤.孝经注疏//十三经注疏.北京:北京大学出版社,1999:4.
⑦ 孟郊.孟郊集校注.韩泉欣,校注.杭州:浙江古籍出版社,1995:10.
⑧ 刘义庆.世说新语.杨牧之,胡友鸣,选译.杭州:浙江古籍出版社,1986:290.

我,不但没有什么益处,反而会增加我的忧愁!"陶侃之母通过封鱼的举动,教育儿子做官要廉洁奉公,不能占公家的便宜。陶侃看到母亲的回信后,听从了母亲的教训,从此克己奉公,时刻反省自己,最终成为一位道德高尚、受百姓爱戴的廉吏。

"画荻教子"的故事。欧阳修,字永叔,庐陵人,宋代著名的文学家、政治家,与韩愈、柳宗元和苏轼合称"千古文章四大家"。幼年丧父,幼时随母亲郑夫人寄居在叔父欧阳晔家,因举家清贫,请不起家庭教师,于是郑夫人在地上以荻管画地写字,教其识字、读书,给了年幼的欧阳修以良好的启蒙教育。正是因为母亲早年的悉心教导,再加上自己长期的苦学,欧阳修的文章超然独骛,众莫能及。

苏母教子的故事。一代文豪苏轼的成就也离不开母亲的教诲。苏轼在《记先夫人不发宿藏》《记先夫人不残鸟雀》两篇杂记中记载了母亲的谆谆教诲。在《记先夫人不发宿藏》中记载了这么一个故事:一天,苏家两位婢女在熨帛,脚不小心踩到一个坑,掉进去了。随后她们发现这个坑深数尺,有一瓮,上面盖着乌木板,以为里面有前人留下来的财物,想要取出来。程夫人则命人用土填之,非义不取,不动前人留下来的财物。这个事情给幼小的苏轼留下了深刻的记忆,乃至多年后,其官岐下,发现前人留下的丹药,想要取出时,突念起母亲当年非义不取的教诲,便停止了想法。母亲的这一份殷切叮咛,在苏轼宦海沉浮中一直影响着他,就算身处低谷,深陷艰难之地,他仍旧坚守着"苟非吾之所有,虽一毫而莫取"①的高尚情怀。在《记先夫人不残鸟雀》中,苏轼还记载了程夫人恶杀生的事情,并让家中儿童婢仆不得捕取鸟雀,充分展现出程夫人的仁爱之心。受母亲的影响,苏轼一生都秉持着仁爱之心,为国为民,报效家国。

关于母教的故事还有很多,如杨慎的母亲亲自教授杨慎习句读和唐绝句,又用笔管印纸作圈,让杨慎在圈中书写,杨慎自此奋志诵读,不出户外,最终造诣深厚,精通经史、诗文、书画,独步明代文坛。明末清初的启蒙思想家顾炎武,其母亲在他幼儿时期亲自教授《四书》,并注重分享古代民族英雄、忠烈志士的故事,给了顾炎武深刻的启蒙教育。

如上所言,断织之诫、画荻教子、仁爱之教等,无不彰显出贤母之德。母爱如山,"抚我畜我,长我育我"②。"凯风自南,吹彼棘心。棘心夭夭,母氏劬劳。"③无数辛劳,都化作浓浓的深情。值得注意的是,在中国古代传统社会中,女性一直处于弱势地位,在这样的情况下,她们母仪甚敦,不仅承担起管理家庭事务的重担,还承担起抚育孩子的任务。立志将子女抚养成人更是成为她们的精神支柱。她们用实际行动彰显出中国母亲的韧劲与伟大。这些贤良淑德的母亲用她们的智慧,教诲出无数中华好儿女,为后世家庭教育树立了标杆,也提供了无数学习典范。

(四)长惠幼顺,兄友弟恭

兄弟和睦对家庭的巩固有着巨大作用。《颜氏家训》曰:"兄弟者,方形连气之人

---

① 苏轼.苏轼文集.孔凡礼,点校.北京:中华书局,2011:5.
② 李学勤.毛诗正义//十三经注疏.北京:北京大学出版社,1999:776.
③ 李学勤.毛诗正义//十三经注疏.北京:北京大学出版社,1999:133.

也。"①司马光《家范》曰:"夫兄弟至亲,一体二分,同气异息。"②"方其幼也,父母左提右挈,前襟后裾,食则同案,衣则传服,学则连业,游则共方。"③兄弟间从小共同生活,培养了他们相互帮助、相互依赖的亲密情感,像手与足一样血肉相连。正如颜之推所说:"兄弟相顾,当如形之与影,声之与响。"④兄弟关系不和睦将会影响到整个家庭的稳定。"兄弟不睦,则子侄不爱;子侄不爱,则群从疏薄;群从疏薄,则僮仆为仇敌矣。"⑤因此,维持兄弟感情历来是家族成员十分重视的内容。如何维系兄弟关系,这就需要长惠幼顺,兄友弟恭。

所谓长惠幼顺,是说哥哥不仅要照顾弟弟,还要布施恩惠给弟弟;弟弟则要顺从哥哥。所谓兄友弟恭,是说哥哥友爱弟弟,弟弟恭敬哥哥。这八个字强调兄弟间要互爱互敬。如《荀子·君道》中说:"'请问为人兄?'曰:'慈爱而见友。''请问为人弟?'曰:'敬诎而不悖。'"⑥

中国历史上有许多关于兄友弟恭的故事,如孔融让梨的故事。孔融四岁,与兄长分食梨,孔融选小的。人们问其原因,孔融说:"小人,当取小的。"这个故事成为后世兄弟道德启蒙之典范。再如宋桓公有两个儿子,分别叫兹甫和目夷。兹甫是嫡子,目夷是长子。兹甫被立为太子,在宋桓公重病将死之际,兹甫却提出让自己的哥哥目夷继承王位,理由是目夷年长,并且仁义。宋桓公同意,但目夷坚辞不受,理由是弟弟能拱手让国,这才是最大的仁义。兄弟俩相互谦让,既是友爱的体现,更是两兄弟相知相惜的体现。

唐代文豪韩愈,三岁丧父。哥哥韩会亲自抚养幼弟,并成为弟弟的人生导师。韩愈深受兄长教诲,从小学习刻苦,七岁读"四书五经",十三岁能作文,后成为"唐宋八大家之一",成为唐代著名的文学家、哲学家、思想家。韩愈在哥哥韩会去世后,不忘教诲侄孙读书求功名。

宋代的大文豪苏轼和苏辙的兄弟之情深更是把兄友弟恭、尊兄敬长表现得淋漓尽致,令无数人赞叹和传颂。苏辙说:"抚我则兄,诲我则师。"⑦苏轼说:"岂独为吾弟,要是贤友生。"⑧二人亦师亦友,亦兄亦弟,在漫漫人生路上,相互扶持、患难与共,既是手足,也是师生,亦是朋友。他们将手足情、师生情、朋友情化作一篇篇感人肺腑的诗篇,"与君世世为兄弟,更结来生未了因""手足之爱,平生一人""但愿人长久,千里共婵娟",无数动人的语句,早已成为历史长河中璀璨夺目的记忆。苏轼、苏辙兄弟的手足深情早已成为家庭教育中兄友弟恭的典范,为后世家庭教育提供了源源不断的动力和方向。

由此看来,长惠幼顺、兄友弟恭的手足关系,可以让家庭变得温暖,让家族成员变得更有温情,这种温情会成为家族长盛不衰的动力,成为家族绵绵不断的纽带,促进家族的发展,让家族走得更远。

---

① 王利器.颜氏家训集解:增补本//新编诸子集成.北京:中华书局,2002:23.
② 家范//中国私家藏书.北京:中华书局,1993:123.
③ 王利器.颜氏家训集解:增补本//新编诸子集成.北京:中华书局,2002:23.
④ 王利器.颜氏家训集解:增补本//新编诸子集成.北京:中华书局,2002:26.
⑤ 王利器.颜氏家训集解:增补本//新编诸子集成.北京:中华书局,2002:27.
⑥ 荀况.王天海校释.上海:上海古籍出版社,2016:532.
⑦ 苏轼.苏轼诗集.孔凡礼,点校.北京:中华书局,1982:757.
⑧ 苏辙.栾城集.曾枣庄、马德福,点校.上海:上海古籍出版社,1987:1383.

(五)志存高远,自强不息

心有梦想,便有远方。"三军可夺帅也,匹夫不可夺志也。"(《论语·子罕》)"人无远虑,必有近忧。"(《论语·卫灵公》)人必须要有远大的志向、明确的目标,才能找到前进的方向和动力。少年立志,是成才的基础。是否立志,如何立志,关乎一个人的一生,关乎一个家庭的发展,关乎一个家族的未来。因此,每一个家庭成员,尤其是青年一代,要志存高远,并为之而奋斗,自强不息。

从古至今,有很多志存高远、自强不息的人。孔子"十有五而志于学",十五岁的孔子便立下致力于天下的大道之学,追求"仁人君子"的理想人格和治国平天下的宏志伟业。正是这个志向的勉励,孔子从自我修身做起,言传身教,教授并影响学生,最终成为万世师表,影响千秋万代。诸葛亮在临终前勉励儿子要"静以修身,俭以养德"①,希望诸葛瞻静心、立志、勤学、广才,字里行间流露着深沉的父爱,蕴藏着父亲对儿子的殷殷教诲和无尽期盼。作为一个历经沧桑的伟大政治家,诸葛亮对外甥亦是用心良苦,在《诫外生书》中,诸葛亮勉励外甥"夫志当存高远,慕先贤,绝情欲,弃凝滞,使庶几之志,揭然有所存",希望外甥能树立远大理想,锤炼心智,自强不息,成为一个有所作为的贤能之士。

唐代诗人孟浩然得知外甥投笔从戎,在《送莫甥兼诸昆弟从韩司马入西军》中勉励外甥:"壮志吞鸿鹄,遥心伴鹡鸰。"希望外甥胸怀杀敌报国的大志。苏轼晚年在黄州,给千乘的书信中,感叹"家门凋落,逝者不可復"②,勉励侄子立志奋起,光耀门庭。唐人卢肇在给儿子的诗中云:"贪生只爱眼前珍,不觉风光度月频。昨日见来骑竹马,今朝早是有年人。"(《嘲小儿》)殷切地告诫儿子要早立志向,珍惜时光,切勿虚度光阴。四川新都杨慎家族数百年间"一门七进士,科第甲四川",在历史上赫赫有名,这与杨氏立志的优良家风是分不开的,杨氏强调"家人重执业"的家训,要求家族里的每个人必须要有自己的事业,强调个人立业,自力更生,开创事业。

如上所言,志存高远、自强不息的优良传统在中国文化中源远流长,是中国家庭教育、勉励子弟的重要精神力量。立志,方能心有所向,脚步坚毅;立志高远,方能"千磨万击还坚劲",跨山海、历风雨,成就大事业。自强不息,则是实现自我、实现高远志向必须坚守的精神信念。所以,在家庭家风建设的过程中我们要鼓励子弟胸怀大志,并为这个"志"而奋斗,做到自强不息。

(六)勤学读书,诗书传家

在中国古代,十分注重修身、齐家、治国、平天下的修身传统。如何修身?勤学是基础,正所谓"玉不琢,不成器;人不学,不知道"(《三字经》)。如何为学?初唐诗人王梵志说:"世间何物贵?无价是诗书。"(《王梵志诗校注》)所以,如何为学,诗书是宝藏,加之中国古代"学而优则仕"的观念深入人心,因此,中国古人十分重视诗书传家,不断勉励子弟勤学读书,这在中国的家训家风中蔚然成风。

---

①诸葛亮.诸葛亮文集译注.罗志霖,译注.成都:巴蜀书社,2011:166.
②苏轼.苏轼文集.孔凡礼,点校.北京:中华书局,2011:1839.

韩愈说："人之能为人，由腹有诗书。诗书勤乃有，不勤腹空虚。"(《符读书城南》)所以韩愈在《示儿》中，率意自述，用自身经历勉励儿子用功读书，从而考取功名、荣耀门庭。他还在《进学解》一文中，告诫学生"业精于勤，荒于嬉，行成于思，毁于随"。勤奋学习才能在学问上有所精进，嬉戏玩乐定会荒废学业。这一点上，杜甫对下一代也有同样的教诲。杜甫出生在一个累世为官的儒学世家，被汉学家宇文所安称为最伟大的中国诗人之一。杜甫在诗歌领域之所以取得如此辉煌的成就，离不开祖父杜审言的影响。杜审言是初唐时期"文章四友"之一，也是唐代近代诗的奠基人，尤善律诗。杜甫曾说"吾祖诗冠古"，对祖父杜审言充满崇敬之情。杜氏的诗学传统在杜甫手中发展到顶峰，杜甫也成为杜氏后代子孙的楷模。王安石说"世间好语言，皆被老杜道尽"，是对杜甫锤炼字句、语不惊人死不休的创作态度的高度肯定。正因杜甫深受祖父的教诲，所以，十分关注对下一代的教育，希望杜氏诗学传统得以延续。杜甫在宗武生日时，便殷切叮咛儿子："诗是吾家事，人传世上情。"(《宗武生日》)希望儿子能承父志，传家学。杜甫还指导儿子读《文选》，并告诫儿子要勤学苦读，切莫嬉戏到老。大历三年(768)，杜甫在夔州，仍旧不忘叮咛儿子宗武"十五男儿志""应须饱经术"，又欣慰于儿子能"觅句新知律，摊书解满床"(《又示宗武》)。可见杜甫即使在颠沛流离时，对儿子为学的教诲也始终未曾松懈。司马光从小聪颖好学，进入仕途后，仍潜心学习，博古通今，他曾说："日力不足，继之以夜。"(《进资治通鉴表》)正是靠着这种勤学的态度，历时十九年完成了巨著《资治通鉴》。

古人在勉励子弟孜孜不倦、勤学的同时，尤为注重史学的教育。如大智大悟后的苏轼在离开黄州时，得知侄子千之秋闱失利，勉励侄子不气馁，"益务积学""不计得失"[①]，坚持"万事委命，直道而行"，还要"勤学自爱""可读史书，为益不少"[②]。苏轼一生之所以取得如此高的成就，离不开他从小读史的经历，所以苏轼在对下一辈的教诲中十分重视史学教育。除了勉励千之读史外，苏轼给侄孙苏元老的信中不仅关心苏元老的学习情况，还特别鼓励他熟读《汉书》《后汉书》及韩、柳文，并告诫他"务令文字华实相副，期于适用乃佳"。可见苏轼对史学育人的重视。史学育人也成为苏氏家风的重要内容。

此外，爱国诗人陆游也留下教子名训，他在《冬夜读书示子聿》一诗中，告诫小儿子陆聿："古人学问无遗力，少壮工夫老始成。纸上得来终觉浅，绝知此事要躬行。"希望儿子在勤奋用功、扎实基础的基础上，更要注重躬行实践，既要有理论知识，也要有实践经验。《荀子·劝学》言："不登高山，不知天之高也；不临深谿，不知地之厚也。"读万卷书，需行万里路。实践出真知，实践是学习的标尺。

欧阳修《诲学说》云："不学则舍君子而为小人。"成为一个君子，我想这是每一位青年人为学的目标，也是每一个家庭育子的方向。如上所述，勤学读书，诗书传家，早已流淌在中华民族的血液中，跨越时空，成就了无数的学者，无数的家族。未来的家风建设中，诗书传家的优良传统也必将会助力每一个家庭的子女寻找到人生的方向，实现人生价值，从而光耀门庭。

[①]苏轼.苏轼文集.孔凡礼,点校.北京：中华书局，2011：1839.
[②]苏轼.苏轼文集.孔凡礼,点校.北京：中华书局，2011：1840.

(七)忠效国家,兼济天下

儒家强调"己欲立而立人,己欲达而达人"①的兼济天下的人格范式,这种人格范式是中国士人的人生目标。孟子曰:"天下之本在国,国之本在家。"②自古家国一体,家是基础,国是延续。为人为子,要忠孝家族,更要忠效国家,兼济天下。中国古代的家族教育历来重视培养忠君爱国思想,这是儒家积极入世伦理范式的体现,也是中国人以天下为己任的伟大信仰。

立身为国,尽忠尽责。颜之推在《颜氏家训》中对子弟忠效家国有明确的训诫,其云:"士君子之处世,贵能有益于物耳,不徒高谈虚论,左琴右书,以费人君禄位也。"③这句话的意思是作为一名士大夫,处身立世,贵在能够做一些有益于社会和国家的事,不能只高谈虚论、研习琴书,要对得起君主给的俸禄和官位。诚如颜之推所言,为人臣,尽职尽责当为首;其次,处身立世,要做有利于社会、国家的事业。在这一点上,欧阳修有同样的教诲。他在《与十二侄》中勉励侄儿欧阳通理,皇帝"如有差使",应"尽心向前,不得避事""至于临难死节,亦是汝荣事"。除了尽心国事外,在个人利益与国家利益面前,欧阳修告诫侄子要舍身事国、杀身成仁,并将此作为人生奋斗的目标。晚唐诗人杜牧从小博览群书,家世显赫,一生关心时政,立志匡世济民,却生不逢时,远大政治理想未能实现,所以他对子弟寄予厚望,希望小侄能"致君作尧汤"④,辅佐君王,以延续自己兼济天下的志向。孔子说:"君子喻于义,小人喻于利。"⑤这个"义"便是天下大义,是以天下为己任的大义。要成为君子,"义"是其中的重要内容。

关心国家命运,关注国家时局。李白一生不慕权贵,潇洒不羁,立志"愿为辅弼,使寰区大定,海县青一"(《代寿山答孟少府移文书》),面对安史叛军的残暴和血腥,他"中夜四五叹,常为大国忧",欲与叛军决斗,"誓欲清幽燕"(《经乱离后天恩流夜郎忆旧游书怀赠江夏韦太守良宰》),展现出强烈的爱国情怀。李白的爱国情怀还影响着他的弟侄。他在送族弟李绾从军之际,勉励李绾"尔随汉将出门去,剪虏若草收奇功"(《送族弟绾从军安西》)。在送外甥郑灌从军之时,勉励外甥"丈夫赌命报天子,当斩胡头衣锦回""斩胡血变黄河水,枭首当悬白鹊旗"(《送外甥郑灌从军三首》),希望外甥热血从军,勇猛杀敌,忠效国家。字里行间,流露出李白对弟侄的忠义教诲。这一份热血情怀,在诗圣杜甫的笔下尤为深情。杜甫出生于世代为官的官僚家庭,其深受十三世祖杜预深沉、执着的家国情怀的影响。杜预是晋代名将,对儒家经典《左传》有深刻的见解,著有《春秋左传集解》,被奉为儒家经典作品。杜预在唐代也被尊奉为儒家先贤,享受祭祀。杜预取得如此辉煌的成就,对杜氏子孙来说起到了一个典范的作用,所以杜甫思想中的忠君爱国、忧国忧民思想便来自杜预,也是儒家忠君、忠效国家的体现。细细品读杜甫作品:"乾坤含疮痍,忧虞何时毕?"(《北征》)"国破山河在,城春草木深。感时花溅泪,恨别鸟惊心。"(《春望》)"不眠忧战

---

① 李学勤.论语注疏//十三经注疏.北京:北京大学出版社,1999:83.
② 李学勤.孟子注疏//十三经注疏.北京:北京大学出版社,1999:192-193.
③ 王利器.颜氏家训集解:增补本//新编诸子集成.北京:中华书局,2002:315.
④ 杜牧.樊川诗集注.冯集梧,注.上海:上海古籍出版社,1978:58.
⑤ 李学勤.论语注疏//十三经注疏.北京:北京大学出版社,1999:51.

伐，无力正乾坤！"(《宿江边阁》)"戎马关山北，凭轩涕泗流。"(《登岳阳楼》)无不表现出他对国家命运的关注和对国事的深思苦虑。而这些满怀深情的作品也成就了杜甫，无论山海如何变迁，他一直活在人们的心间。

"苟利国家生死以，岂因祸福避趋之"(《赴戍登程口占示家人二首》)，这是中华民族深入骨髓的信仰，具有巨大的精神感召力。作为一名奋发有为的青年，立身应以国为重，"在家为孝子，入朝做忠臣"，行效家国，方能成就璀璨的人生。

综上所述，从古至今无数先贤的成长经历彰显了中国古代优良的家风家训文化对个人的深远影响及对家族传承的重要意义。这些优良的家风凸显了儒家思想，是中华优秀传统文化的重要组成部分。继承和发扬这些优良家风，有利于家族文化建设，使"千千万万个家庭成为国家发展、民族进步、社会和谐的重要基点，成为人们梦想启航的地方"。正所谓"家是最小国，国是千万家"，家庭梦的实现可以助力中华民族伟大复兴的中国梦。让我们心怀希望，勇往直前，为中华民族伟大复兴而奋斗！为璀璨的未来而奋斗！

课后思考

❶ 请结合实际谈谈优良的家风文化。
❷ 论述家庭文明建设和实现中华民族伟大复兴的关系。

> **互动实践**
> 1. 分组调研、制作家谱并讲解。
> 2. 分组调研历法或节气并讲解。

第三章
文学与艺术

　　文学艺术,是人类情感、思想和创意的一种表达方式和结晶,是人类共同创造的精神享受和美的象征。蕴藉隽永的文字,雄奇飘逸的书法,栩栩如生的画卷,晶莹剔透的瓷器,恢宏壮丽的建筑,精巧奇特的雕塑……中国古代的文学、书法、绘画、瓷器、建筑、雕塑,无不焕发出独特的艺术魅力。

　　文学是语言艺术。中国古代文学的艺术性,在于奇伟瑰丽的辞藻,丰富奔放的想象,空灵蕴藉的意境,丰沛饱满的情感,深邃宏阔的思想。它是《诗经》的比兴,楚辞的浪漫,是辩丽横肆的先秦散文,铺扬巨丽的汉代辞赋,是骨气端翔、兴象超妙的唐诗,婉约柔丽、情韵兼胜的宋词,是曲尽人情、字字本色的元曲,是波澜起伏、曲折动人的明清小说。千古江山,文学可观山河,它再现了大海"日月之行,若出其中,星汉灿烂,若出其里"①的苍茫浩渺,山林"空山新雨后,天气晚来秋。明月松间照,清泉石上流"②的澄淡幽静,边塞"大漠孤烟直,长河落日圆"③的壮丽雄奇,月夜"江流宛转绕芳甸,月照花林皆似霰"④的曼妙唯美。俱怀逸兴,文学又可抒情志,它展现了"长风破浪会有时,直挂云帆济沧海"⑤的自信乐观,"回首向来萧瑟处,归去,也无风雨也无晴"⑥的宠辱不惊,"路曼曼其修远兮,吾将上下而求索"⑦的矢志不悔,"安得广厦千万间,大庇天下寒士俱欢颜"⑧的崇高理想。

　　书法和绘画是视觉艺术。中国古代书画的艺术性,在于线条美、墨色美、形体美、气韵美。线条是书画的重要元素,书法线条的质感之美,或粗涩凝重,或细润华滋;力度之美,或重若崩云,或轻如蝉翼;动态之美,或白鸟飞动,或流星滑落。书画同源,中国画的线条是有"书意"的线条,笔法如屋漏痕,如锥画沙,如折钗股,如虫蚀木,墨线则回旋曲折,纵横交错,顺逆顿挫,驰骋飞舞。书画的墨色有深浅、浓淡、枯润,浓墨款款而凝重,具有庄重之

---

① 曹操《观沧海》
② 王维《山居秋暝》
③ 王维《使至塞上》
④ 张若虚《春江花月夜》
⑤ 李白《行路难·其一》
⑥ 苏轼《定风波·莫听穿林打叶声》
⑦ 屈原《离骚》
⑧ 杜甫《茅屋为秋风所破歌》

美;淡墨空灵而意远,具有淡雅之美;枯墨气势沉着痛快,具有苍劲之美;而润墨外柔内刚,具有丰腴圆满之美。书法形体千姿百态,修长的形体给人以清丽俊俏感,扁平的形体给人以敦厚稳重感,宽绰的形体有坦达阔博感,紧结的形体有谨严机敏感,规正的形体有庄重感,奇特的形体有天真感。气韵是书画的灵魂,气韵生动、形神兼备是书画的至高境界。书法气韵,如钟繇书云鹄游天、群鸿戏海;王羲之书龙跳天门、虎卧凤阙;韦诞书龙威虎振、剑拔弩张;孔琳之书散花空中、流徽自得。中国画气韵,如顾恺之《洛神赋图》"翩若惊鸿,婉若游龙""髣髴兮若轻云之蔽月,飘飖兮若流风之回雪"①之意,王摩诘《辋川图》"诗中有画,画中有诗"②的悠然超尘绝俗之境,黄公望《富春山居图》江水浩渺、云山烟树的"清水出芙蓉,天然去雕饰"③之妙。

　　瓷器、建筑和雕塑是造型艺术。中国瓷器的艺术,在于造型、纹饰、胎釉和款识之美,在于青如天、明如镜的"瓷之色",薄如纸、声如磐的"瓷之釉",滋润细媚有细纹的"瓷之纹"。"九秋风露越窑开,夺得千峰翠色来"④"巧剜明月染春水,轻旋薄冰盛绿云"⑤,瓷器百转千回的美,美得流光溢彩,美得淋漓尽致。中国传统建筑的艺术性,在于群体的和谐性、组合的内向性、阴阳的融合性。群体的和谐性如故宫,严谨纵直的"中轴"理念,使建筑布局折射出井井有条的秩序感和对称均齐的协调性,从而呈现出一种和谐融合之美。组合的内向性如四合院,以内向的房屋围合成封闭的院落,形制独立于外部世界,内部自成系统,建构的是以家庭为单位的伦理和空间秩序,在人文意蕴上折射出民族心理的内敛性和向心力。阴阳的融合性如斗拱飞檐结构,坚实的立柱刚直有力,呈阳刚之美,斗拱向上、向外卷起的飞檐翘角,则呈飞动、轻巧、跳跃的阴柔美,阴阳融合、刚柔相济,可谓匠心独具。中国古代雕塑的艺术性,在于自然美、含蓄美、写意传神美。取材于自然,蕴含着自然美,如传世精品《马踏飞燕》,骏马凌空奔腾,一足踏飞燕,造型矫健精美,气势一往无前,是自然与人类的完美结合。注重写意空间,具有含蓄美,如盛唐时期的舞俑,宽大的蝴蝶型翅膀的衣袖,轻薄绚丽如霓虹一般的裙裾。衣袖翻飞舒展,裙裾旋转摇曳,恍若舞者在眼前翩翩起舞。又如秦始皇陵兵马俑,秦俑神态丰富各异,写意传神,仿佛千军万马奔袭而来,展现出威武雄壮、气势磅礴的意境。

　　文学艺术,是增添人们内涵的营养品,是丰富人们思想的精神食粮。让我们享文学艺术之美,悟传统文化之慧,承中华文明之根。

---

①曹植《洛神赋》
②苏轼《东坡题跋·书摩诘〈蓝田烟雨图〉》
③李白《经乱离后天恩流夜郎忆旧游书怀赠江夏韦太守良宰》
④陆龟蒙《秘色越器》
⑤徐夤《贡馀秘色茶盏》

第一节　中国语言文字

语言文字是人类社会交际和思想交流的主要工具,二者既是独特的文化事项,又是文化的载体,对人类经验的传承和文明的发展至关重要。汉语、汉字作为中国文化传承、发展、繁荣的载体,在中华民族连贯发展至今的文明进程中发挥着极大作用,是我们独特的精神标识和文化印记,在承载历史、凝聚人心、传承民族精神等方面做出了重要贡献。

一、汉语

中国是一个多民族、多语言的国家。汉语是主要语言,也是国际通用语言之一,在语言分类上,一般认为属汉藏语系。作为世界上使用人口最多的一种语言,其语法简洁,音韵和美,词汇的衍生与兼容性强,语言形式简洁,但语言逻辑严密。经过上古、中古、近古、现代四个阶段,汉语有一个渐变的过程,语言三要素——语音、词汇、语法,处于不断发展变化中。其中,语法相对稳定,语音次之,词汇变化最大。

(一)语音

汉语音节的结构古今基本一致,即每个音节都由声母、韵母和声调三个部分组成。声母是一个音节打头的音,一般由辅音充当(元音打头或只有元音的音节看作零声母音节),其余部分是韵母,声调是整个音节的音高。语音的发展演变既纷繁复杂,又表现出很强的系统性。从上古音到中古音,再到近、现代音,声、韵、调整体上呈现出由繁至简的发展规律。声母系统从上古到现代呈现出简化的趋向。上古声母系统的主要特点是古无轻唇音和古无舌上音。古无轻唇音是说上古时期的唇音声母只有"帮"组重唇音声母,没有"非"组轻唇音声母,即只有双唇音声母"帮滂并明",没有唇齿音声母"非敷奉微"。古无舌上音指在上古声母系统中只有"端透定泥"这组舌头音声母,没有"知彻澄娘"这组舌上音声母。中古声母系统中《广韵》的实际声母是 35 个,此时还没有分化出轻唇音"非敷奉微",齿音有三套声母。元周德清的《中原音韵》有 25 个声母,反映了近代汉语声母系统的特点:

(1)全浊声母清化。发音时声带不颤动的称为清音,声带颤动的称为浊音。中古全浊声母平声字变为"次清",即送气的清塞音、清塞擦音;全浊声母仄声字变为"全清",即不送气的清塞音、清塞擦音。

(2)轻唇送气清声母"敷"与不送气清声母"非"合二为一。

(3)鼻音声母趋于简化。到了近代后期,鼻音声母只剩"明""泥"二母了。

现代汉语的声母(包括零声母)共 22 个,变化主要表现在:

(1)唇音:"微"母消失,原读"微"母的字,在现代汉语普通话里,一部分读为"非"母,一部分读为零声母。

(2)舌面音 j、q、x 产生。

(3)零声母字大量增加。

汉语音节中的韵母一般是由韵头、韵腹、韵尾三部分构成的。韵母系统也发生了很大变化。《广韵》95 韵部,206 韵,141 个韵母,到《平水韵》106 韵,再到《中原音韵》19 个韵部,46 个韵母,至现代汉语韵母只有 39 个。总的发展趋势是整个韵部系统大大简化:

(1)鼻音韵尾简化和闭口韵消失。鼻音韵尾在中古时期有[-m]、[-n]、[-ŋ]三种类型,现代汉语普通话里[-m]已经消失,只剩下后面两种。[-m]一类的"闭口韵",完全并入[-n]中。

(2)塞音韵尾失落和开音节字增多。原带有辅音韵尾的字,有很多由于韵尾辅音的失落,或者转化,而由闭音节转化为以元音收尾的开音节字。

(3)韵母中元音混同化和呼等简化。元音的混同化造成呼等的简化,由开口四等、合口四等,并成开、合共四呼,韵母的种类也随之减少。

(4)音节里元音逐渐占优势和音节结构单纯化。音节结构当中,辅音成分逐渐减退,元音成分逐渐占优势。在拼音的规则上,元音也逐渐成为音节结构里拼音的决定成分。音素的种类趋于减少,拼音本身的规则也趋于单纯了。这些现象,都是由于元音的性质决定了拼音的规则,从而使得音节结构趋于单纯化。

声调指每个音节所具有的音高和音长的不同表现形式,是汉语语音的重要特征之一。调值指声调的实际读音的高低、升降、曲直、长短,即声调的实际念法;调类指声调的类别,把调值相同的归为一类而得到的类别就是调类。古汉语中有"平声、上声、去声、入声"四声,简称"平、上、去、入"。现代汉语的四声是指"阴平、阳平、上声、去声",简称"阴、阳、上、去"。其发展演变有三大规律:浊上变去、平分阴阳、入派三声。浊上变去指古全浊声母上声字变成去声。平分阴阳指平声分化成阴平和阳平。分化的条件是声母的清浊,古清声母平声字变为阴平(第一声),浊声母平声字变为阳平(第二声)。入派三声指入声消失,分别归入平声(阴平、阳平)、上声和去声。

由繁至简,是语音发展的一般趋势。但是,汉语语音简单化并不意味着汉语的损失,它在别的方面产生了新的因素。特别是发展到现在,轻音的不断产生,使汉语语音增加了新的色彩,同时使新的语法因素从语音上表现出来。复音词的大量产生使汉语有可能不再依靠复杂的语音系统来辨别词义。这种简化是有利于语音发展的。

(二)词汇

词汇对社会的变化极为敏感。生产的发展,新事物的出现,制度的因革,风习的改变,无一不在词汇中迅速反映出来。即使社会事物没有大的变动,词汇本身也会产生新陈代谢的变化。新词不断产生,汉语词汇越来越丰富、纷繁,词义越来越复杂、精密,这是词汇总的变化趋势。

汉语词汇兼容性极强,它可以吸收外来的新鲜词语以丰富自身,使汉语的表现力大大增强。汉语中的外来词多种多样,有来自西域各族语言的,主要是在汉代输入,如"箜篌、琵琶、蒲桃(葡萄)、苜蓿、石榴、狮子"等借词,还有在汉语原有的名词上面加个"胡"字,如"胡麻、胡瓜、胡桃、胡琴"之类的译词;还有来自印度古语(梵语)的,主要是在佛教传入之后,如"佛、菩萨、罗汉、世界、地狱、罪孽、因果、庄严、法宝、圆满、浮屠"等;还有来自西洋语言的。鸦片战争以后,西洋的文化、科学、技术传入中国,产生了大量的新词,如"火轮舟(轮船)、火轮车(火车)、铁辙(铁轨)、辙路(铁路)、银馆(银行)、量天尺(寒暑表)、千里镜(望远镜)、自来火(火柴)、千斤秤(起重机)"等。

　　汉语词汇的发展倾向于从单音节向复音节运动,而复音词又以双音为主。汉语是单音节的语言,音节是最小的意义单位。上古汉语,单音词占优势,而语音的简化,导致同音词增加,大量同音词产生的多义性,有碍于语言交际。复音节词则具有分化同音词、克服语义混乱的作用,有利于增强语言的严密性,提高表达的准确性。从结构上看,复音词可分为单纯复音词、重言词、合成词三类。单纯复音词主要为联绵词,合二字之音,以成一字之意,由两个音节构成一个语素,一般不能拆开来解释,有双声叠韵和非双声叠韵两类。双声联绵词是两个声母相同的音节所构造出来的双音节词,如"鸳鸯、玲珑、参差、坎坷、流连、崎岖、慷慨、仿佛、恍惚、陆离、零落、犹豫、踌躇"等。叠韵联绵词是两个韵母相同的音节所构造出来的双音节词,如"仓皇、逍遥、从容、混沌、须臾、徜徉、伶仃、窈窕、绸缪、侏儒、贪婪、苍莽、泛滥"等。双声叠韵联绵词有"辗转、缱绻、优游"等。非双声叠韵联绵词有"梧桐、蝌蚪、芙蓉、逶迤、滂沱"等。重言词是由两个相同的音节构成的复音词,有两字重言不能分开的,如"关关、夭夭"等。有单字和重字都用的,其意义相同,用重言描写性更强,如"皎/皎皎、黄/黄黄"。有重言带词尾,或形容词带重言的,如"侃侃如、郁郁乎、杳冥冥、芳菲菲、纷总总"等。合成词由两个或两个以上语素合成,包括派生词和复合词两类。派生词常见词头"有",如"有夏、有殷、有众",常见词尾"然、如、尔、若、焉、乎",如"勃然、禽如、莞尔、沃若、忽焉、可乎"等。复合词的联合式分同义语素构成,如"财贿、庖厨、供给、休息、便利、和睦";不同义语素构成,如"社稷、干戈、威武、刻薄、衰老";反义语素构成,如"得失、俯仰、依违"。偏正式如"后生、九天、四海、骨节、晨风、黄金、飞蓬、布衣、东风";支配式如"屏风、将军、司南、折中";陈述式如"耳鸣、屋漏、肢解"。

　　词义的引申变化是汉语词汇丰富发展的重要方面。长期历史发展变化的结果使汉语词义具有很大的灵活性和复杂性。它的一般趋势是由单纯到复杂,由具体到抽象,主要有扩大、缩小和转移三种演变方式。词义的扩大即概念外延的扩大,换句话说就是缩小了特征,扩大了应用范围。例如,"江""河"本是专有名词,分别专指长江和黄河,今义则变成了河流的通称。"房",《说文》:"房,室在旁也。"本义是正室两边的房间,后用来指一般房子。"睡",《说文》:"睡,坐寐也。"本指打瞌睡,后来泛指睡眠。词义的缩小即概念外延的缩小,换句话说,就是扩大特征,缩小应用范围。例如,"丈人"原指年老的男子,唐代以后称妻父为"丈人","丈人"变成了专用的称呼;"妻子"包括"妻"与"子",现在专指妻,把全名作为偏名来用,缩小了意义;"舅姑"在上古时期有两个主要意义,"舅"指母亲的兄弟和夫之父,"姑"指父亲的姊妹和夫之母,后来"舅"字夫之父的意义和"姑"字夫之母的意义在口语中消失了。"穀",《说文》:"穀,百穀之总名。"古代的"穀"字是百谷的总名,应用范围广,现代南方方言所谓"谷",指的是稻子的果实,北方方言所谓"谷子",指的是粟的果实(小米),应用范围小得多了。词义的转移,即一个词语在古时特指一层含义,今义则指向另一层含义,在意义联系上,指向对象没有概念外延的大小,还是一对一的关系。例如:"兵"原指"兵器",后来称执兵器以冲锋陷阵的战士为"兵";"文章"原来是"文采"的意思,后来把文辞称为"文章";"闻",耳朵听到叫"闻",现在则说"听",不说"闻",而用鼻子分辨气味叫

"闻",原义已经改变了;"脚"原来指脚胫,也就是"小腿",现在我们说"脚",指脚趾到脚跟部分,即"脚丫子"。词义由好变坏,由坏变好,或由强变弱,由弱变强,也是词义的转移。褒贬易位,如:"爪牙",古义指君王的得力武将,今义成了帮主子做坏事的人;"谤",古义为中性词,指公开的议论,后成了贬义词,指诽谤。轻重变化,如:"诛",古义是指言语谴责,今义是杀戮,这是词义的加重;"怨"古义是仇恨,今义是责怪,这是词义的减轻。

(三)语法

相对于语音、词汇的发展而言,语法是比较稳定的。这种稳定性决定了古今汉语的继承性和一致性。语序的固定是汉语语法稳定性的主要表现,主语在谓语前,修饰语在被修饰语前,动词在宾语前,虽然与上古不完全相同,但也可以说没有发生大的变化。虚词也有相当大的稳定性,"之、于、与、以、而、则、虽、若、如"等词直到今天还在书面语言中应用着。汉语不是综合语(屈折语),没有表示语法关系的形态变化,句子的组织主要依靠语序和虚词,二者变化甚微,说明了汉语语法的稳定性。当然,所谓稳定性不等于不变。

语言是变化发展的,语法也在逐渐改进与完善。由繁到简是语法的发展趋势之一。繁杂无用的词逐渐归并,趋于简单,如古代表示死亡意义的词有"崩、薨、卒、终、夭、殇、丧、亡、不禄、就木、殂落、仙逝"等,到了现代汉语里,一般常用"死"来表示,虽也有"牺牲、逝世、去世、走了"等说法,但和古代相比少得多了。凡是没什么意义和作用的助词也日渐减少,趋于淘汰,如"夫、惟、盖"等。还有一些句式的表现形式简单化了,如被动句式与判断句式。语法还呈现出由粗疏到精密的趋势,主要表现在:古代汉语的代词少分单复,到现在分得很详细;古代汉语中代词表领属时很少用结构助词,到现代汉语中常加结构助词"的"表示;古代汉语中结构助词的用法没有严格的界限,现代汉语中定语的标志为"的",状语的标志为"地",补语的标志为"得";古代汉语中省略现象十分普遍,现代汉语则不同,除主语承上启下省略之外,谓语、宾语、介词结构中的介词很少有省略的情况。此外,动词情貌的产生,处置式、使成式、兼语式的出现,长句、补语的发展等无不体现了语法渐趋完善精密的特点。

从历时语言发展看,汉语在语音、词汇、语法上都发生了不同程度的变化,体现了汉语逐渐严密、精确完善的过程,这是社会文化发展、人类思维能力提高的重要表现。

二、汉字

汉字是记录汉语的书写符号,是形音义的结合体。作为中华文明的重要标志之一,汉字具有强大的生命力和无比深厚的文化意蕴。它和埃及圣书字、苏美尔文字、埃兰文和克里特文字等,同是世界上古老的文字。与其他丧失了生命力的古老文字不同,汉字经久不衰,至今仍被广泛使用,是延续下来的历史最悠久的表意文字之一。

(一)汉字的起源

关于汉字的产生,有以下几种说法:

1. 八卦说

许慎《说文解字·叙》中说："古者庖羲氏之王天下也，仰则观象于天，俯则观法于地，视鸟兽之文与地之宜，近取诸身，远取诸物，于是始作易八卦，以垂宪象。"八卦源于"数卜"，是古代用数字的奇偶所做的占卜，目的是卜吉凶。卦爻与数有关，但只是奇偶数的排列符号，而非记录语言的文字。虽然汉字中有个别文字采用了原始八卦符号作为构字偏旁，但绝不能因此认为汉字起源于八卦，二者是两种性质完全不同的符号系统。

2. 结绳说

《周易·系辞》载："上古结绳而治，后世圣人易之以书契。"《九家易》说："古者无文字，其为约誓之事，事大大其绳，事小小其绳。结之多少随物众寡，各执以相考，亦足以相治也。"在文字产生之前，原始先民靠结绳来记事，后来有人把汉字起源附会于结绳。结绳只能起到帮助记忆的作用，它本身还不可能独立完整地记录事情，更不可能表示语言中的读音。因此，结绳法只能算是原始的记事法，而不具备文字的性质。

3. 刻契说

《释名·释书契》中道："契，刻也，刻识其数也。"和结绳相近的是刻契，一般在木板、竹片或骨片上刻一些符号来传递信息，可以记数字，也可作为契约凭证，由契约双方各执一半，以备日后合契。结绳和刻契都是帮助记忆、辅助交际的方式，而不是文字的源头。不过，刻契的这种形式，却很可能是最早的文字书写形式之一。古人利用这种形式把一些数字符号或象形符号刻画在陶器或竹木片上，用以传递某种信息，就又可能逐渐演化成类似青铜器上的族徽文字或是竹简木牍一类文书，从而逐渐形成文字和文献。从这点说，刻契比八卦和结绳都更具有促进文字产生的条件。

4. 仓颉造字说

《荀子·解蔽》曰："好书者众矣，而仓颉独传者，壹也。"《吕氏春秋·君守》有云："奚仲作车，仓颉作书。"传说仓颉是黄帝的史官。史官是从事执笔、记事、撰写等工作和掌管典策之人，需要直接使用大量文字。然而造字工程艰难浩大，一人之力恐难成就。现代学者普遍认为，形成系统的文字工具不可能完全由一个人创造出来，仓颉如果确有其人，应该是文字整理者或颁布者。他在人民群众创造、使用、约定俗成的基础上做系统分析和研究，并加工整理和推广运用，被后人尊为"造字圣人"。

(二) 汉字构造的六书理论

六书是关于汉字构造的系统理论，产生于春秋战国时期，在两汉时期成熟。东汉许慎在《说文解字·叙》中对六书做了详细的分析。其中，象形、指事、会意、形声是造字的方法，转注和假借则是用字的方法。

1. 象形

"象形者，画成其物，随体诘诎，日、月是也。"这是许慎的定义。"画成其物"，就是将字形画成它所代表物体的模样；"随体诘诎"，就是让字的笔画随着物体的形状而折屈。这是根据文字所要记录的词义，以直观构图或图形象征的手段构成文字的一种造字方法。比如"日"是圆的，就画一个圆圈去表示它；"月"经常是缺的，就画一个半月形去记录它。由此可见，象形造字是直观、简单易行的。当然，文字书写的目的首先在于记录语言，它不能像作画那样精描细绘，往往只需抓住事物最具特征的部分，用线条将其表现出来。

2. 指事

"指事者，视而可识，察而见意，上、下是也。"这是许慎的定义。所谓"指事"，就是乍一看似曾相识，但却需要仔细察看体会，才能了解它表达的含意。它是在象形符号的基础上，加上简单的指示性符号构成新字。如"上""下"二字，以一横为标准线，加一点在上面，表明是"上"的意思；加一点在下面，表明是"下"的意思。又如，"刃"在刀上加一点表示刀锋的位置，"木"下加横成为"本"，表示树木的根部。

3. 会意

"会意者，比类合谊，以见指撝，武、信是也。"这是许慎的定义。所谓会意，是指合并两类以上事物的意义来表示一种新的意义。比如，"戈"是武器，在它下面加一个表示有行动意向的"止"，构成"武"字，有征伐用武之意。制止战争才是真正的"武"，即"止戈为武"。"信"由"人"和"言"构成，就是说人讲的话应该有信用，即"言而有信"。

4. 形声

"形声者，以事为名，取譬相成，江、河是也。"这是许慎的定义。事，事类，事物的类别。名，古称字为名，此指形声字的意符（或叫形符、形旁）。譬，譬近之义，此指和被造字读音相同或相近的字，也即形声字的声符（或叫声旁）。所谓形声，即由表示读音的声符和表示字义的形符组成新字。例如，"江"与"河"都是水名（"江"本指长江，"河"本指黄河），所以用"水"作形旁；"江"音如"工"，便以"工"字相配，"河"音如"可"，便以"可"字配成。形声造字法不仅可造性强，而且有义符可以帮助人们认识字义，有声符可以帮助人们了解字音，具有极大的优越性。所以，形声造字法出现以后，不仅新造的字大部分是形声字，而且旧有的一些象形字、指事字、会意字，也出现了改变为形声字的趋向。

5. 转注

"转注者，建类一首，同意相受，考、老是也。"这是许慎的定义。"建"，造。"类"，字类。"一首"，相同的部首。"建类一首"指这两个字为同一个部首。"同意相受"指两个字意义相近，可以互相解释。如"考""老"两字在《说文》中同属"老"部，《说文》的解释是"老，也""考，老也"。"考""老"是同部首，又是同义词，所以可以互训。转注并没有产生新字，因而它只是一种用字的方法。

6. 假借

"假借者，本无其字，依声托事，令、长是也。"这是许慎的定义。"本无其字"是指语言中已有这个词，但书写时没有这个字。"依声托事"是说依照这个无字之词的声音，去借另外一个与该词读音相同或相近的已有的字，来寄托该词的意思。比如，"令"本是发号令的"令"，引申作县令的"令"。"长"本是年长的"长"，引申作县长的"长"。这种以不造字为造字，借用已有的同音字来记新出现的词的方法叫作"假借"。

(三)汉字形体的演变

汉字的形体演变可划分为两大阶段,即古文字阶段和今文字阶段。前一阶段起自商代,终于秦代,主要包括甲骨文、金文、小篆等。后一阶段起自汉代,一直延续到现代,主要包括隶变后的隶书、楷书、行书、草书。现代汉字在形制上也属于今汉字。古今汉字的重要区别是书写单位笔画的形成。在古文字阶段,汉字的书写单位是各种各样的线条,这些线条是"随体诘诎"而形成的。由这些线条构成的汉字,带有较明显的图形性。而今文字的书写单位,则是各种类型的笔画。这些笔画经过自然发展和人为规范,逐渐变得样式固定、数量有限、写法规范,由这些笔画构成的汉字,原始的图形性已淡化了。

甲骨文,以刻、写在龟甲或兽骨上而得名,也叫"契文""卜辞""殷墟文字",通行于殷商时期,是现存最早且有着比较严密体系的汉字。目前汇集出土甲骨片最精、最全的,是中国科学院考古研究所编的《甲骨文合集》,共计收单字 4 672 个。从构形的角度看,甲骨文已形成了相当成熟的文字体系。传统六书中的象形、指事、会意、形声等四种造字方法,在甲骨文中都已具备。但是,甲骨文毕竟还处在汉字发展的初级阶段,在有些方面还较原始,带有明显的早期汉字的特点。甲骨文象形成分仍相当重,会意字主要是靠部件间的图画式组合来表意的,偏旁观念还比较薄弱。构字方式多样,字形结构不固定,异构字较多。书写形式自由,有反书,如"臣""好"二字,有倒书,如"帝""侯"二字。"合文"(两个或两个以上的字合写在一起)的现象也经常出现。

金文是"吉金文字"的简称,也叫"钟鼎文""铭文"等,是铸、刻在青铜器上的文字。西周的《毛公鼎》共铸有 497 字,是现知最长的一篇金文,具有极高的史料价值。与殷商甲骨文相比,西周金文有了明显的进步。由于书写材料不同,西周金文在笔画上一改甲骨文瘦削方折的特点,变得肥厚粗壮、圆浑丰润。字体庄重美观,大小渐趋一致。行款多为直书左行,排列也越来越整齐。图画成分逐渐减弱,方块结构趋于稳定,偏旁意识日益增强。异构字、合文、反书、倒书相对减少,构字方式日趋统一,字形日益固定。新的象形字很少出现,而形声字却大大增加,这是汉字构形系统走向成熟的一个重要标志。

春秋战国时期的文字,除了继续铸、刻于铜器上的金文之外,尚有书于竹简与缣帛上的简帛文、刻于玉石上面的石刻文,以及钤印在陶坯上的陶文、钱币上面的货币文、印章上面的玺印文等。《说文解字》所收的籀文,大抵属春秋时的秦系文字,与秦的石鼓文有颇多相似;所收的古文,则系战国时的六国系文字,与战国简帛文多见相同。这一时期,文字异形现象非常突出,表现在诸侯割据造成的地区间的文字异形、写刻材料与用途品类繁多造成的文字异形、简化方式不同造成的文字异形、饰笔造成的文字异形。此外,还有因讹变、组合形符的增减变换造成的异体。

小篆是秦始皇统一中国后实行"书同文"所采用的标准字体。它是以春秋战国时期的秦系文字为基础,吸收各国文字的优点整理而成的,在保存汉字构形理据的基础上,使汉字构形进一步简明化、系统化。小篆已形成一个相当严密的构形系统,象形字在参与构字时大部分已经义化,形声字的表义部件的类化过程也已基本完成,代表同类事物的形声字多数采用了同一表义部件。"随体诘诎"的象形符号完全线条化,变成全由圆转均衡、粗细如一的线条组成的文字符号。例如,"马"字已看不出眼睛和鬃毛,"臣"字已不像竖写的眼睛，"角"字也不像牛角之形了。小篆与秦国原先的文字如石鼓文、籀文等相比，大大地削减了繁复的部分，结构简单明了。总之，小篆是汉字发展史上第一次大规模的文字规范化运动的成果，作为古文字阶段的最后一站，对古文字形体进行了整理和规范，为汉字顺利过渡到今文字奠定了坚实的基础。

隶书有秦隶、汉隶之分。秦隶又叫古隶，汉隶又叫今隶。秦隶实际上是篆书的较草率的速写体，它只是在笔形和态势上改变了篆书的面貌，在结构上并没有太大的区别。汉隶直接承秦隶而来，在东汉时期逐渐形成了自己独特的风格。笔势发扬舒展，笔画蚕头雁尾，有波势挑法；字体扁方平整，布局稳重匀称。汉隶这种独特风格的形成，标志着隶书已经走向成熟。成熟的隶书在结构和态势上已与篆书有了很大的不同。它变篆书的圆转线条为方折笔画，字形变得方正平直，象形意味丧失殆尽，使汉字实现了笔画化、符号化。省并、简化了繁复字的笔画乃至部件，部分偏旁因位置的不同而发生变形，分化为若干不同的形体，这使得篆书原有的表意特征变得十分模糊。从篆书到隶书的转变，是汉字史上的一大飞跃，从此，汉字完全失去了古文字阶段的象形意味，摆脱了古文字蜿曲线条的束缚，开始步入今文字阶段，文字学上称"隶变"。

楷书即今天通行的正体字，因其结构严谨，堪为楷模，故定名为楷书。其萌芽于东汉，流行于魏晋南北朝，完全成熟于隋唐，一直沿用至今。在结构上，楷书与汉隶基本相同，只是稍有简省。二者的区别主要表现在笔法和字体的态势上。楷书变隶书的扁方字体为正方，显得刚正典雅，端庄大方。楷书的笔画与汉隶有明显的不同：横笔改为收锋，不再上挑；撇改为尖斜向下；钩是硬钩，不用慢弯；另外，还增加了斜钩、挑、折等基本笔。这样，书写今文字所需要的各种点画已全部形成。所以说，虽然"隶变"已实现了汉字的彻底笔画化，但基本笔画的标准样式到楷书阶段才算最后定型。汉字进入楷书阶段之后，字形还在继续简化，字体就没有大的变化了。

草书包括章草和今草，章草是隶书的快写，今草则是楷书的草写。草书的特点主要表现在用笔的"连"和结体的"简"两个方面。为赴速急就，笔画连带是它的重要特征，为了方便连笔，改变笔顺、笔画形态以至笔画的部位都是常用的办法。结体的"简"，其方法也是多样的，主要包括笔画借用、笔画简省、偏旁简省，以及一旁多用。

行书是楷书的快写。它的取名，当从"民间最为流行的书体"而来。它产生的年代，当与楷书同时。行书是介乎楷书与草书之间的一种书体，一方面，它克服了草书过于放肆而难于辨认的缺点而采取了楷书的形体，另一方面，又接受了草书书写快捷的优点，去弥补楷书过于拘谨的缺陷，既易识易认，又简易快捷，所以，在实用方面，市场最大。行书除了笔画连带以及加进一些草书字形外，从结体到用笔，都与楷书无本质区别。

汉字演变为楷书之后，字形仍在不断简化。中华人民共和国成立以来，语言文字工作者所做的异体字规范和简化汉字工作，使汉字在数量上得到大大的精简，减少了汉字使用上的混乱，方便了人们的学习和书写，对文字功能的充分发挥大有好处。从总的方向看，是符合汉字历史发展趋势的，因此，它才能为广大汉字的使用者所接受，收到最大限度的社会流通效果。

课后思考

❶ 简述汉语语音、词汇、语法的发展特点。
❷ 为什么说汉字是表意文字？
❸ 汉字形体演变的趋势是什么？
❹ 简述汉语汉字对中国文化发展与传播的作用。

第二节 中国古代文学

中国古代文学源远流长,如浩瀚长江九曲多姿。从《诗经》、楚辞、汉赋,到唐诗、宋词、元曲、明清小说,历代精英辈出,灿若群星,旷世之作纷呈,熠熠生华。诗歌、散文、戏曲、小说,辉映寰宇,或寄寓深远,或启迪哲理,典雅精粹,蕴藉隽永,充分展现了古代中国人文精神的独特内涵与文化魅力,是中华传统文化的精华和文艺精品。

一、中国古代诗歌

诗歌是最古老的文学形式之一。中国最初的诗歌是和音乐、舞蹈结合在一起的。诗、乐、舞三者紧密结合,是中国诗歌发生时期的一个重要特征。约在春秋以后,诗歌从中逐渐分化并独立出来,向文学意义和节奏韵律方向发展。

《诗经》是我国第一部诗歌总集,原名"诗",或称"诗三百",共有305篇,另有6篇笙诗,有目无辞。全书主要收集了周初至春秋中叶五百多年间的作品。《诗经》按照音乐的不同,分为风、雅、颂三类。"风"即音乐曲调,"国风"指各地区的乐调。"雅"即正,指朝廷正乐,分大雅和小雅。"颂"是宗庙祭祀之乐。赋、比、兴既是《诗经》艺术特征的重要标志,也是我国古代诗歌创作的基本手法。赋就是铺陈直叙,比就是比方,以彼物比此物,兴就是触物兴词。语言上,大量运用双声叠韵的联绵词和叠音词,具有音韵之美。结构上,重章复沓,回环往复,一唱三叹,递进式地加深内容和强化情感。《诗经》表现出的关注现实的热情、强烈的政治和道德意识、真诚积极的人生态度,被后人概括为"风雅"精神,是现实主义诗歌的源头。

战国时期出现的楚辞,则是浪漫主义诗歌的源头。"楚辞"是指以具有楚国地方特色的乐调、语言、名物而创作的诗赋。楚辞体的主要特点在于铺陈夸饰,想象丰富;篇幅宏大,句式长短不齐,参差错落;多用楚语楚声,楚地方言词语大量涌现。楚辞大家屈原是中国文学史上一位伟大的诗人,其作品有《离骚》、《九歌》(11篇)、《天问》、《招魂》、《九章》(9篇)等。屈赋以参差错落的句式,奇伟瑰丽的辞藻,丰富奔放的想象,"香草美人"的象征手法,表现了屈原美好的政治理想和高尚的人格情操。司马迁对其做了崇高的评价:"其文约,其辞微,其志洁,其行廉……推此志也,虽与日月争光可也。"(《史记·屈原贾生列传》)

继《诗经》《楚辞》之后,两汉乐府诗成为中国古代诗歌史上又一壮丽的景观。新的诗歌样式——五言诗产生,长诗《孔雀东南飞》是叙事诗的高峰,《古诗十九首》则是五言抒情诗的典范,代表了文人五言诗的最高成就。

魏晋南北朝是文学自觉的时代,文学创作趋于个性化。建安时期,文人政治热情高扬,诗歌"雅好慷慨""志深笔长""梗概多气"(《文心雕龙·时序》),展现出慷慨悲凉的"建安风骨"。"三曹""七子"并世而出。曹操诗古直悲凉,气韵沉雄。曹丕诗便娟婉约,有文士气,其《燕歌行》是我国现存第一首成熟的七言诗。曹植"骨气奇高,词采华茂,情兼雅怨，体被文质"（钟嵘《诗品》），风骨与文采完美结合，成为当时诗坛最杰出的代表，有"建安之杰"之称。以曹氏父子为中心，"七子"竞逐才藻，各造新诗，都有鲜明的文学个性。其中王粲成就最突出，刘勰许之"七子之冠冕"（《文心雕龙·才略》）。

正始时期的诗人，政治理想落潮，普遍出现危机感和幻灭感。此时的诗歌也与建安诗坛风貌迥异，反映民生疾苦和抒发豪情壮志的作品减少了，抒写个人忧愤的诗歌增多了，故阮籍诗"颇多感慨之词"（钟嵘《诗品》）和"忧生之嗟"（李善《文选注》），嵇康诗亦"多抒感愤"（陈祚明《采菽堂古诗选》卷八）。由于正始玄风的影响，诗歌逐渐与玄理结合，诗风由建安时的慷慨悲壮变为词旨渊永、寄托遥深。

两晋诗坛上承建安、正始，下启南朝，呈现出一种过渡的状态。西晋诗坛以陆机、潘岳为代表，讲究形式，描写繁复，辞采华丽，诗风繁缛。左思的《咏史》诗，喊出了寒士的不平，在当时独树一帜。郭璞的《游仙诗》借游仙写其坎壈之怀，文采富绝。东晋诗人陶渊明，开创了"田园诗"这一诗歌体式。其诗情、景、事、理浑融，"质而实绮，癯而实腴"（苏轼《与苏辙书》），平淡中见警策，朴素中见绮丽，自然真淳。其人清高耿介、洒脱恬淡、质朴真率、淳厚善良，钟嵘称他为"古今隐逸诗人之宗"（《诗品》）。

南北朝时期，诗歌又呈现出不同的情调与风格。南朝民歌清丽缠绵，北朝民歌粗犷豪放，抒情长诗《西洲曲》和叙事长诗《木兰诗》，分别代表了南北朝民歌的最高成就。谢灵运所开创的山水诗，把自然界的美景引入诗中，使山水成为独立的审美对象，与陶渊明合称"陶谢"。鲍照的乐府诗，唱出了广大寒士的心声，艺术风格俊逸豪放，奇矫凌厉。永明体的代表诗人谢朓，是齐梁时期最为杰出的诗人，他继承了谢灵运山水诗细致、清新的特点，又避免了大谢诗的晦涩、平板之弊，清新流丽。

唐代是我国古典诗歌发展的全盛时期，是中国古典诗歌的高峰。唐代诗歌体裁多样，风格各异，作品之多、题材之广、内容之丰、技巧之精，可谓空前绝后。

初唐——唐诗繁荣的准备时期，重要诗人有被称为"初唐四杰"的王勃、杨炯、卢照邻和骆宾王。他们反对纤巧绮靡，提倡刚健骨气，重视抒发一己情怀，作不平之鸣。王、杨的五律，充满雄杰之气和慷慨情怀，卢、骆的七言歌行，气势宏大，视野开阔，跌宕流畅，神采飞扬。陈子昂复归风雅，提倡风骨和兴寄，他的诗一扫齐梁及初唐宫廷诗人的颓靡之音，风格高昂清峻、雄浑苍凉，语言清新质朴而明朗，大有"汉魏风骨"，被誉为"诗骨"。张若虚与贺知章、张旭、包融齐名，并称"吴中四士"，其长篇歌行《春江花月夜》，将真切的生命体验融入美的景象，情思氛围浓烈，诗境空明纯美，诗情与画意完美结合，被闻一多誉为"诗中的诗，顶峰上的顶峰"（《宫体诗的自赎》）。

盛唐——唐诗的黄金时代，诗歌全面繁荣，名家大量出现。他们的作品雄健清新、骨气端翔、兴象超妙，"神来、气来、情来"（殷璠《河岳英灵集叙》），达到了声律风骨兼备的完美境界。山水田园诗人王维、孟浩然把山水田园静谧明秀的美表现得让人心驰神往。空明境界和宁静之美，是王维山水田园诗艺术的结晶。王维精通音乐，又擅长绘画，创造出"诗中有画，画中有诗"（苏轼《东坡题跋·书摩诘〈蓝田烟雨图〉》）的诗境。自然平淡是孟浩然山水诗的风格特点，其诗自然纯净而采秀内映，比王维的诗更显淳朴，接近陶渊明诗豪华落尽显真淳的境界。边塞诗人高适、岑参、王昌龄、王之涣等，把边塞生活写得瑰奇壮伟、豪情慷慨。他们的诗歌创作，具有豪爽俊丽而风骨凛然的共同风貌，创造出了清刚劲健之美。高适追求不朽功名的高昂意气,与冷峻直面现实的悲慨相结合,使他的诗有一种慷慨悲壮之美。岑参的边塞诗,意奇、语奇、调奇,将西北荒漠的奇异风光与风物人情,用慷慨豪迈的语调和奇特的艺术手法生动表现出来,别有一种奇伟壮丽之美。"七绝圣手"王昌龄,其诗格调或高昂开朗,或清刚苍凉,或雄浑跌宕,总有一种刚健之美。王之涣的边塞诗,于壮观中寓苍凉,慷慨雄放,而气骨内敛,深情蕴藉,意沉调响。

"李杜文章在,光焰万丈长。"(韩愈的《调张籍》)李白、杜甫是中国诗坛最为光彩夺目的"双子星"。"诗仙"李白是浪漫主义的高峰,其非凡的自负和自信,狂傲的独立人格,豪放洒脱的气度和自由创造的浪漫情怀,充分体现了盛唐士人的时代性格和精神风貌。他的诗歌创作,充满了发兴无端的澎湃激情和神奇想象,既有气势浩瀚、变幻莫测的壮观奇景,又有标举丰神情韵而自然天成的明丽意境,美不胜收。"诗圣"杜甫则是现实主义的巅峰,他的诗,以深广生动、血肉饱满的形象,展现了广阔的历史画面,被后人称为"诗史"。沉郁顿挫,是杜诗的主要风格。沉郁,是感情的悲慨壮大深厚;顿挫,是感情表达的波浪起伏、反复低回。作为一位忧国忧民的诗人,动乱的时代,个人的坎坷遭遇,使他的诗有一种深沉的忧思,无论是写生民疾苦、怀友思乡,还是写自己的穷困潦倒,感情上都悲慨满怀、深沉阔大。

中唐——盛唐的延续,诗坛出现了革新的风气。韩愈、孟郊、李贺等人,受到杜甫奇崛、散文化、炼字的影响,诗风以怪、奇为主,崇尚雄奇怪异之美,形成了韩孟诗派。他们主张"不平则鸣",注重诗歌的抒情功能,提倡"笔补造化"。韩愈诗词语险怪,造境奇特,以俗为美,以丑为美,雄奇险怪,粗猛豪横。孟郊作诗以苦吟著称,意象幽僻、清冷、苦涩,诗境仄狭,风格冷峭枯寂,怪奇诗风向幽僻冷涩发展,即苏轼所谓"郊寒岛瘦"(《祭柳子玉文》)之"寒"。"诗鬼"李贺,诗风凄艳诡激,造语奇特,想象怪异,诗境幽奇冷艳,充满浓郁的伤感意绪。刘禹锡和柳宗元也是中唐诗坛的重要诗人,二者诗风迥异:刘诗昂扬,柳诗沉重;刘诗外扩,柳诗内敛;刘诗气雄,柳诗骨峭;刘诗风情朗丽,柳诗淡泊简古。以白居易、元稹为代表的元白诗派发起新乐府运动,主张"文章合为时而著,歌诗合为事而作"(白居易《与元九书》),重写实、尚通俗。白居易的讽喻诗和闲适诗,都有尚实、尚俗、务尽的特点,讽喻诗在"兼济",与社会政治紧密关联,多写得意激气烈;闲适诗则意在"独善",情调淡泊平和、闲逸悠然。

晚唐——唐诗从盛转衰,诗人们大都忧时嗟生、消极悲观,关注对象从社会转入自身情感,吟诵男女之情蔚成风气。艺术格调上,一方面继承中唐精工雕琢的"人工之美"诗风,另一方面也推崇天真隽永、平淡的诗风。依风格可大致分为:以杜牧为代表的清丽感伤风格,追求语言典丽、空灵飘逸的感伤诗风;以李商隐、温庭筠为代表的深婉绮艳风格,李深婉蕴藉,是晚唐最有成就的诗人,而温则开绮艳一派,诗风华美秾丽;以贾岛、姚合为代表的苦吟诗风,贾幽冷奇峭,姚平淡含蓄;以韦庄、皮日休等人为代表的乱世悲慨与怨刺诗风。

"唐诗以韵胜,故浑雅,而贵蕴藉空灵;宋诗以意胜,故精能,而贵深折透辟。唐诗之美在情辞,故丰腴;宋诗之美在气骨,故瘦劲。"(缪钺《诗词散论》)又有:"唐诗多以丰神情韵见长,宋诗多以筋骨思理见胜。"(钱锺书《谈艺录》)唐宋诗在美学风格上,既各树一帜,又互相补充。宋诗以议论为诗,以才学为诗,呈现出议论化、散文化、以平淡为美的特点。北宋初始的诗坛,人们着意仿效唐诗的"白居易体""西昆体""晚唐体"。欧阳修、梅尧臣、苏舜钦对宋初诗风进一步革新。欧阳修提出"诗穷而后工"(《梅圣俞诗集序》)的诗歌理论,诗风平易疏荡,但含意深婉、脉络细密。梅尧臣论诗,推崇平淡之美,风格闲淡、用思深远。苏舜钦诗直率自然,意境开阔,以雄豪奔放的风格见长。苏轼是宋诗最高成就的代表。他主张兼收并蓄,审美情趣多元化,重视两种互相对立风格的融合,提出了"清远雄丽""清雄绝俗"等术语。许多佳作刚柔相济,呈现出"清雄"风格,基本避免了宋诗尖新生硬和枯燥乏味这两个主要缺点。黄庭坚与苏轼齐名,并称"苏黄",他强调"无一字无来处"(黄庭坚《答洪驹父书》),诗风奇崛瘦硬,为江西诗派开创者。陈师道与黄庭坚并称"黄陈",亦为"江西诗派之宗",其诗句简语拙而味永,真醇无华,有一种朴拙之美。"中兴四大诗人"之一的陆游,是南宋爱国诗人的杰出代表,他大声疾呼抗敌复国,倾诉爱国将士的满腔悲愤,自抒报国壮志和忧国深思,诗风宏肆奔放,境界壮阔,雄浑豪健。杨万里创"诚斋体",诗风活泼自然,饶有谐趣,自成一家。范成大的田园诗写景新巧,画面明朗,风格清新婉丽,是古代田园诗的集大成者。

在中国诗歌史上,唯一堪与唐诗相媲美的是宋词。宋词作为一代文学之胜,在词史上占有无与伦比的巅峰地位。词是一种格律化的新诗体,隋至晚唐以前,词主要以民间流传为主,其间李白、白居易、刘禹锡等诗人的实践,开创了文人作词的先声。晚唐至五代,词体经"花间鼻祖"温庭筠的创造和南唐词人冯延巳、李煜的强化,进一步确立了以小令为主的文本体式、以柔情为主的题材取向和以柔软婉丽为美的审美规范。北宋前期词坛,既有因袭继承晚唐五代词风的一面,也有开拓求新的一面。晏殊、欧阳修继承五代词风,在继承中又革新求变。晏殊词的情感基调雍容和缓,语言一洗五代花间词的脂粉气和浓艳色彩,清丽淡雅,温润秀洁。欧阳修作词,扩大了词的抒情功能,改变了词的审美趣味,词朝着通俗化的方向发展,清新明畅。范仲淹则对词境进一步开拓,词风苍凉愁情,一改词坛华丽、温婉、缠绵悱恻的习气,风格明朗,柔中带刚。沉郁苍凉的风格,则成为后来豪放词的滥觞。词至柳永,体制始备。作为第一位对宋词进行全面革新的大词人,柳永对后来词人影响甚大。他大力创作慢词,从根本上改变了唐以来词坛上小令一统天下的格局,使慢词与小令两种体式平分秋色,齐头并进。此外,他从创作方向上改变了词的审美内涵和审美趣味,即变"雅"为"俗",朝通俗化的方向发展。

北宋中后期,词坛多种风格情调并存,名家辈出。在两宋词风转变过程中,苏轼是关键人物。苏轼继柳永之后,对词体进行了全面改革,扩大了词的意境,"凡赋诗缀词,必写其所怀"(杨湜《古今词话》),让昂扬进取的志士仁人走入词的世界,打破了词以婉约情调为主的格局,开拓了豪迈奔放、跌宕磊落的风格。此外,他以诗为词,将诗歌的表现手法融入词作,让词无事不可写、无意不可入,扩大了词的表现功能,丰富了词的情感内涵,拓展了词的时空场景,提高了词的艺术品位,使词从"小道"上升为与诗具有同等地位的抒情文体,极大提高了词的文学地位,从根本上改变了词史的发展方向。晏几道承传五代"花间"的传统,继续用小令开创出独特的艺术世界,词作语淡情深,艳而不俗。秦观采小令之法入慢词,"将身世之感,打并入艳情",情韵兼胜,和婉醇正,典型地体现出婉约词的艺术特征。周邦彦在音律、句法和章法上建立起了严整的艺术规范,词风浑厚、典丽、缜密,是婉约词之集大成者。

南渡词坛，巾帼词人李清照横空出世。她善于选取日常生活中的起居、环境、行动、细节展现内心世界，还善用最平常简练的生活化语言，表现复杂微妙的心理和多变的情感流程。此外，将口语和书面语提炼熔铸，别开生面，精妙清亮，风韵天然，呈现出淡雅清疏的审美境界。在理论上，她提出词"别是一家"（李清照《词论》）之说，从词的本体论出发进一步确立了词体独立的文学地位，有"千古第一才女"之称。

南宋词坛，以辛弃疾、陆游、姜夔等"中兴"词人为主将。辛弃疾是豪放词派的杰出代表，与苏轼并称"苏辛"。他的词多以国家、民族的现实问题为题材，抒发慷慨激昂的爱国之情，基调昂扬奔放，语言雄健刚劲，意象雄奇飞动，境界雄伟壮阔。他也有描写农村景物和反映农家生活的词作，极富生活气息，给人以清新之感。又有抒情小词，含蓄蕴藉，言短意长。陆游词主要抒发壮志未酬的幽愤，理想化成梦境，与现实的悲凉构成强烈对比。姜夔移诗法入词，使词的语言风格雅化和刚化，创造出一种清刚淳雅的审美风格。

宋以后的诗歌，虽然也有发展，但大体上没能超越唐宋的风格范围。元好问是金代最重要的诗人，也是杰出的诗论家。"国家不幸诗家幸，赋到沧桑句便工"（赵翼《题遗山诗》），他的"纪乱诗"雄浑悲壮，情感悲凉而骨力苍劲。元明清的诗坛，虽有大量作品和流派出现，成就远不能望"诗骚"和唐宋诗的项背。清代中后叶的诗人龚自珍，首开近代新诗风，风格奔放奇纵，不为格律所缚。他既是封建时代诗坛的最后一颗明星，又是近代诗歌史的第一位大诗人。

二、中国古代散文

散文是中国古代文学中涵盖面最广的文体。所谓散文，是指与韵文相对的一大类，句式灵活，不求韵律。从广义上来说的，主要包括骈体和散体两大类。散体文最主要的特征是散行单句，不拘格式；骈体文的最主要特征则是骈句。实际上骈文发展到成熟期时，除骈句外还有丽藻、用典声韵等特点。

我国散文的最早源头，可以追溯到甲骨卜辞，这是我国最早的记事文字。先秦时期的散文，主要包括《左传》等叙事散文和《孟子》等说理散文。《尚书》和《春秋》提供了记言记事文的不同体例。《尚书》是商周记言史料的汇编，包括《虞书》《夏书》《商书》《周书》四部分，文字古典奥雅，文诰单独成篇，有完整的结构，对先秦历史叙事散文的成熟有直接的影响。《春秋》本是周王朝和各诸侯国历史的通称，后特指经过孔子修订的鲁国的编年史。它以一字寓褒贬，在谨严的措辞中表现出作者的爱憎，这种在史著中灌注强烈感情色彩的做法，为后代史传文学所继承。《左传》《国语》《战国策》等历史散文的出现，标志着叙事文的成熟，开启了我国叙事文学的传统。《左传》是《春秋左氏传》的简称，又名《左氏春秋》。它发展了《春秋》的笔法，不再以事件的简略排比或个别字的褒贬来体现作者的思想倾向，而主要通过对事件过程的生动叙述，人物言行举止的展开描写，来体现其道德评价。同时，把《春秋》中的简短记事发展成为完整的叙事散文，为先秦散文"叙事之最"（刘知幾《史通》），标志着我国叙事散文的成熟。《国语》是一部国别史，全书二十一卷，分别记载周、鲁、齐、晋、郑、楚、吴、越八国事，是各国史料的汇编。以记言为主，所记多为朝聘、飨宴、讽谏、辩诘、应对之辞。记言文字思维缜密，通俗而口语化，生动活泼，富于形象。《战国策》

凡三十二卷,杂记东周、西周、秦、齐、楚、赵、魏、韩、燕、宋、卫、中山诸国军政大事,由西汉刘向编校整理成书。鲜明生动的人物形象,辩丽横肆的语言艺术,标志着先秦叙事散文语言运用的新水平。

先秦说理散文是我国散文创作的典范,它以深邃的思想内涵,深厚的文化意蕴,成熟的说理文体制,形象化的说理方式,丰富多彩的创作风格和语言艺术,成为中国古代文学的基石之一。语录体是《论语》文体的基本特征,言近旨远的说理,形象隽永的语言,使它成为先秦说理文主要的形态。《老子》集中反映了老子的哲学思想,词约义丰,思想弘深,富于哲理性,属于格言体诸子散文。《孟子》是对话式的论辩体,缜密纯熟的论辩技巧,气势浩然的文风,明白晓畅、平实浅近的语言是《孟子》散文的特征。《庄子》以行云流水的语言,丰富奇特的寓言,意出尘外、怪生笔端的想象和虚构,"寓言""重言""卮言"等创造性文学手法,构成了瑰玮奇诡的艺术境界,具有散文诗般的艺术效果。《荀子》以说理的清晰、论辩的透辟、逻辑的周密,在先秦诸子说理文中别具一格,其总体风格,郭沫若以"浑厚"二字概括之。《韩非子》文风峻峭犀利,锋芒毕露,咄咄逼人,入木三分,淋漓酣畅。数量居先秦散文之首的寓言故事,题材平实,构思精巧,语言幽默,于平实中见奇妙,具有耐人寻味、警策世人的艺术效果。

秦汉是中国古代散文诸体渐趋完备的时期。秦代可称述者,以秦相吕不韦召集门客编成的《吕氏春秋》和李斯的《谏逐客书》为代表,前者文风畅达,后者辞采华美。汉代散文丰富多彩,重要作家、作品迭出。汉代贾谊的政论文古今融合,朴实峻拔,议论酣畅,鲁迅称之为"西汉鸿文"。晁错是贾谊之后影响较大的政论散文家,代表作有《论贵粟疏》,文风简洁明快,有商鞅、韩非的遗风。《淮南子》以历史、神话、传说来明事说理,铺张扬厉,极富浪漫色彩。董仲舒的策对和刘向的奏议叙录雍容典重,宏博深奥,形成汉代议论文的主导风格。在政论散文得到长足发展的同时,历史散文也出现了里程碑式的杰作,这就是司马迁的《史记》。《史记》是以人物为中心的纪传体散文,其人物传记画面宏廓,意蕴深邃,感情激切,深广宏富,醇厚典雅,代表了古代历史散文的最高成就,鲁迅称之为"史家之绝唱,无韵之离骚"(《汉文学史纲要》)。东汉散文在西汉的基础上又有新的发展。史传散文中,班固的《汉书》和赵晔的《吴越春秋》都有很高的文学价值。《汉书》继承《史记》的体例,并且使之更为完善。作为我国第一部纪传体断代史,行文谨严,笔法严密,是继《史记》以后出现的又一史传文学典范之作。《吴越春秋》则进一步强化史传文学的文学性,是历史演义小说的滥觞。政论散文则相继出现了以王充《论衡》为代表的一批积极参与现实的作品。

赋是汉代文学最具代表性的文学样式,它介于诗歌和散文之间,韵散兼行,可以说是诗的散文化、散文的诗化。汉赋有骚体赋、汉大赋和抒情小赋之分。汉初以骚体赋为主,贾谊是骚体赋的代表作家,是汉赋发展的先声,以《吊屈原赋》和《鹏鸟赋》最为著名。枚乘的《七发》鸿篇巨制,韵散结合,辞藻繁复,标志着汉大赋体制的形成。司马相如是汉赋创作成就最高的作家,有"汉赋第一大家"之誉,《子虚赋》和《上林赋》是其代表作,也是汉赋中最优秀、影响最深远、具有典范意义的作品,具有一种浪漫的巨丽之美。赋坛巨匠扬雄的代表作有《甘泉赋》《河东赋》《羽猎赋》《长杨赋》,史称"四大赋",他的赋词语蕴藉,铺排夸饰,驰骋想象,典丽深湛。班固的《两都赋》、张衡的《二京赋》,是东汉辞赋的两篇力作。

同时，张衡的《归田赋》突破旧的传统，开创了抒情小赋的先河。

唐初近百年间，骈体占主要地位。至韩愈、柳宗元出，提出文以明道，把文体文风改革与政治革新联系在一起，成为儒学复兴思潮的一部分，散体取代骈文，占据文坛，后人把它称为"古文运动"。"古文"是对骈文而言的，先秦和汉朝的散文，特点是质朴自由，以散行单句为主，不受格式拘束，有利于反映现实生活、表达思想。"骈文"是指六朝以来讲究排偶、辞藻、音律、典故的文体。韩愈、柳宗元在散文文体文风改革上的成功，一是文以致用，从空言明道走向参与政治、参与现实生活，为散文的表现领域开出一片广阔天地；二是它虽言复古而实为创新，不仅吸收秦汉各家散体文之所长，而且充分吸收六朝骈文的成就，寓骈于散，方散方骈。作为唐代"古文运动"的领导者，韩文如长江大河，澎湃流转，感怀言志，不平则鸣；柳文则如崇山峻岭，简古峭拔，立意精警。韩愈的论说文重在反映现实，揭露矛盾，抒发愤慨，作不平之鸣，大气磅礴，笔力雄健，排宕顿挫，感情激烈，以《师说》为代表。韩愈杂文中最可瞩目的是嘲讽现实、议论犀利的精悍短文，如《杂说》等，形式活泼，不拘一格，构思精巧，寄慨遥深。柳宗元的杂文闪耀着思想火花而又意味隽永，主要有两个显著特征：一是正话反说，借问答体抒发被贬幽愤，如《愚溪对》；二是巧借形似之物，抨击政敌和现实。柳宗元的寓言文善用拟人化的各种动物形象寄寓哲理或表达政见，嬉笑怒骂，因物肖形，推陈出新，造意奇特，表现了高度的幽默讽刺艺术，代表作为《黔之驴》等。山水游记则是柳宗元散文中的精品，以"永州八记"最为脍炙人口。作品中既有借美好景物寄寓的自身遭遇和怨愤，也有幽静心境的描写，表现出他在极度苦闷中转而追求精神的寄托。至于直接刻画山水景色，则或峭拔峻洁，或深邃奇丽，以精巧的语言再现自然美，形成了柳氏山水游记"凄神寒骨"之美的特色。

宋代散文沿着唐代散文的道路发展，最终的成就却超过了唐文。宋代散文将议论、叙事、抒情融为一体，使散文的使用价值和审美价值更好地结合，风格趋于平易畅达、简洁明快，朝着更加自然、更加贴近生活的方向发展。在宋代文学史上最早开创一代文风的文坛领袖是欧阳修。欧阳修文道并重，散文内容充实，形式多样，无论是议论还是叙事，都是有为而作、有感而发。语言简洁流畅，文气纡徐委婉，平易自然，代表作有《醉翁亭记》等。比欧阳修稍晚，活跃于文坛的散文作家有王安石、曾巩和苏洵、苏轼、苏辙，他们连同欧阳修，与唐代的韩愈、柳宗元齐名，被后人合称为"唐宋八大家"。王安石以重道崇经为指导思想，更重视文学的史记功用，散文大多为政治服务，其短文直抒己见，不枝不蔓，简洁峻切，短小精悍。曾巩之文长于议论，其议论委曲周详，文字简练平正，结构严谨舒缓，文风平正古雅。苏轼的文学思想是文、道并重，其文行云流水，文理自然，姿态横生，呈现出多姿多彩的艺术风格。苏文气势雄放，语言却平易自然。由于苏轼作文以"辞达"为准则，所以当行则行，当止即止。如《记承天寺夜游》，全文仅八十余字，但意境超然，韵味隽永，为宋代小品文中的妙品。他的辞赋融入古文的疏宕萧散之气，吸收诗歌的抒情意味，有《赤壁赋》《后赤壁赋》等名篇。

明代文学集团林立，流派纷呈。明代初年，宋濂、刘基是较有影响力的作家，他们的人物传记、寓言散文及记事写景之作成就突出，尤以宋濂的《送东阳马生序》为代表。明永乐至成化年间，以"三杨"（杨士奇、杨溥、杨荣）等创作的"台阁体"统治文坛。他们的作品"颂圣德，歌太平"，内容比较贫乏，艺术上追求平正典丽。成化、弘治年间，对文坛有重要影响的是茶陵派,以李东阳为领袖,对台阁文学发起了冲击。明代中期,文学复古思潮日趋活跃,以李梦阳、何景明为代表的"前七子",李攀龙、王世贞为代表的"后七子",王慎中、唐顺之、茅坤、归有光为代表的唐宋派相继而起。在复古的旗帜下,前后七子重构文学的主情理论,注意文学艺术体制的建设,努力为文学寻求一席独立的地位,但过分注重法度格调,未能摆脱拟古窠臼。唐宋派提倡唐宋文风,强调文以明道,以归有光的《项脊轩志》为代表作。晚明时期,散文创作成就较高的是李贽,主张文学创作要保持"童心",存真去假。以"三袁"(袁宗道、袁宏道、袁中道)为代表的公安派,提出以"性灵说"为内核的文学主张,推崇"独抒性灵,不拘格套",反对拟古蹈袭,代表作有袁宏道的写景抒情散文《满井游记》。竟陵派是继公安派而起的一个散文流派,以钟惺、谭元春为代表,受公安派影响,重视作家个人情性的流露,但他们"幽深孤峭"的创作风格也使创作走上僻狭之路。

明末清初的散文创作,表现出强烈的民族意识。顾炎武、黄宗羲、王夫之是影响较大的思想家、学者,他们提倡作经世致用的散文。写作文学散文的有被称为"清初三大家"的侯方域、魏禧、汪琬,魏以观点卓越、析理透辟见长,汪写文状物笔墨生动,侯文则流畅恣肆、委曲详尽。清代影响最大的散文流派是以方苞、刘大櫆、姚鼐为代表的桐城派。他们以"义法"为中心,"义"即言有物,"法"即言有序,即形式与内容统一,发展成具有严密体系的古文理论,切合古代散文发展的格局,形成纵横清代文坛的蔚蔚大派。以张惠言、恽敬为代表的"阳湖派"是桐城派的分支,他们专志以治古文,以博雅放纵取胜。桐城派余脉是曾国藩领导的湘乡派和曾门弟子,声威重振,逞一时之盛,但已是回光返照末势。到"桐城嫡派"的严复、林纾,仍未能挽救桐城派古文的颓势,在"五四"新文化运动的浪潮里结束了该派的历史命运。

三、中国古代戏曲

戏曲是一门综合性的集体艺术,不仅将文学、音乐、舞蹈、绘画、雕塑、建筑等融为一体,而且具有一套独特的唱、念、做、打等完整的表演艺术手段。我国的戏曲,其起源、形成经历了漫长的时间。从先秦歌舞、汉魏百戏、隋唐戏弄,发展到宋代杂剧、金代院本,表演要素日臻成熟。如果说,宋杂剧与金院本拉开了完整形态的中国戏曲的序幕,那么,元代戏曲则是中国戏曲进入鼎盛期的标志。

元代戏曲有杂剧和南戏两种类型,剧本主要包括曲词、宾白、科(介)三个部分,但体制不同。杂剧风行于大江南北,一般由四折组成一个剧本,角色可分末、旦、净三类。在音乐上,一折只采用一个宫调,不相重复。全剧只能由正末或正旦一人主唱,正末主唱的称为"末本",正旦主唱的称为"旦本"。

关汉卿是元代剧坛最杰出的代表之一。他一生创作的杂剧多达67种,今存18种,代表作有悲剧《窦娥冤》、喜剧《救风尘》、历史剧《单刀会》等。他的如椽大笔,是推动元杂剧脱离宋金杂剧的"母体"走向成熟的杠杆,是标志戏剧创作走上艺术高峰的旗帜。他的剧作深刻揭露了元代社会的腐败与黑暗,深切同情受迫害者的痛苦经历,热情颂扬抗击罪恶、见义勇为的意识行动,"一空依榜,自铸伟词","曲尽人情,字字本色"(《王国维戏曲论文集》),如"琼筵醉客",汪洋恣肆,慷慨淋漓,具有震撼人心的力度。王实甫的杂剧《西厢记》是元代剧坛的又一树奇葩。全剧叙写了书生张生与相国小姐崔莺莺在侍女红娘的帮助下,冲破重重阻挠,终成眷属的故事。该剧歌颂了青年男女对爱情、对自由的渴望与追求,表达了"愿天下有情的都成了眷属"的爱情观,这是对封建礼教和封建婚姻制度的大胆挑战。如果说,关汉卿的剧作以酣畅豪雄的笔墨横扫千军,那么,王实甫所写的具有惊世骇俗思想内容的《西厢记》,则表现出了"花间美人"般光彩照人的格调。作为剧本,《西厢记》杂剧表现出的舞台艺术完整性,达到了元代戏曲创作的最高水平,被誉为"天下夺魁"之作。

在关汉卿、王实甫双峰并峙的元代剧坛上,能够在艺术上别树一帜的剧作家,还有白朴和马致远。关、王、马、白被誉为元剧的"四大家"(另有"关、郑、白、马"之说)。白朴现存剧作有《梧桐雨》和《墙头马上》两部。《梧桐雨》是描写杨玉环、李隆基爱情生活和政治遭遇的历史剧,戏剧冲突生动跌宕,笔墨酣畅优美,意境深沉含蓄,具有浓重的抒情性以及醇厚的诗味。马致远在元代梨园声名显赫,有"曲状元"之称,所作杂剧15种,现存7种,以《汉宫秋》为代表作。剧本以历史上的昭君出塞故事为题材,以"秋"之意境作为背景,环绕汉元帝、王昭君的形象,表现对历史、人生的体悟,抒发自己无法主宰命运,只能任由拨弄的悲哀,气氛萧瑟悲凉、灰暗孤寂,表达出作者对时代的体验和认识。此外,可称道的元代杂剧还有杨显之的《潇湘雨》、纪君祥的《赵氏孤儿》、尚仲贤的《柳毅传书》、郑光祖的《倩女离魂》、秦简夫的《东堂老》、乔吉的《两世姻缘》等,可谓是人才辈出、名作如林。

南戏,又称戏文、南曲戏文、温州杂剧、永嘉杂剧等,流行于东南沿海。剧本由若干"出"组成。曲词的宫调没有规定。角色分为生、旦、净、末、丑等各类,均可歌唱。歌唱形式多样,有独唱、对唱、合唱、轮唱。在元代南戏中,成就最高的是高明的《琵琶记》,被誉为戏文绝唱。它的前身是宋代戏文《赵贞女蔡二郎》,通过描写"全忠全孝"的书生蔡伯喈与"有贞有烈"的赵五娘的悲剧命运,揭示封建伦理本身存在的矛盾,展示由于封建伦理而产生的社会悲剧,具有深刻性和普遍性。《琵琶记》以其耀眼的光辉,不仅影照着当时的剧坛,而且笼罩着整部戏曲的历史。在元代,其是戏曲创作的殿军;对明清两代而言,它是传奇之先声,被后人称为"词曲之祖"。元代南戏较著名的作品还有《荆钗记》《白兔记》《拜月亭记》《杀狗记》等,被后人称为"四大南戏",在明清时期传演甚广,影响深远。

明代戏曲的主流是传奇。明传奇发源于宋元南戏,有昆山、弋阳、海盐、余姚四大声腔,体制庞大,结构完整,人物生动丰富,画面瑰丽多彩,与元杂剧前后辉映,各领风骚。与元代剧坛上诸家并立、各有千秋的创作局面不同,明代剧坛总体上呈现一峰独秀、群山环拱的气象。"一峰"乃明代成就最高、影响最大的剧作家汤显祖,其"临川四梦"(《紫钗记》《牡丹亭》《南柯记》《邯郸记》)达到了同时代戏剧创作的高峰,其中又以《牡丹亭》最负盛名。《牡丹亭》写杜丽娘为情而死,揭露了在明代封建专制主义的重压下,青年女性被摧残的事实;为情而生,则表达了青年要求个性解放、争取爱情自由和婚姻自主的强烈呼声。奇幻与现实的紧密结合,强烈的主观精神追求,浓郁的抒情场面,典雅绚丽的铺排,体现出《牡丹亭》典型的浪漫主义风格和多重艺术魅力。《牡丹亭》也成为古代爱情戏中继《西厢记》以来影响最大、艺术成就最高的杰作。杜丽娘则成为人们心中青春与美艳的化身、至情与纯情的代表。在明代戏剧史上占据重要位置的还有李开先的《宝剑记》、梁辰鱼的《浣纱记》,以及相传为王世贞或其门人所作的《鸣凤记》。这三部作品均取材于现实生活和重大历史事件,具有强烈的针砭时政的社会价值。高濂的《玉簪记》、周朝俊的《红梅记》,以及吴炳的《绿牡丹》等亦深受人们的喜爱,后世长盛长新、久演不衰。

清代戏曲以前期为盛,是明代戏曲的延续。在昆曲的发祥地苏州,出现了一批优秀的戏曲作家,其中李玉最为著名。早期的剧作以《一捧雪》《人兽关》《永团圆》《占花魁》为最为著名,后期又以《千钟禄》《清忠谱》享誉戏苑。以戏曲理论著称的李渔所创作的《笠翁十种曲》、著名诗人吴伟业创作的《秣陵春》亦是优秀剧作的代表。世人公认的清代传奇压卷之作为洪昇的《长生殿》和孔尚任的《桃花扇》,它们代表着清代戏曲的最高成就。《长生殿》演的是唐明皇和杨贵妃的历史故事,被称为"天宝遗事"。前一部分写实,是爱情的悲剧,后一部分写幻,是鼓吹真情,表现对至真之情的崇尚,结构细密,叙事简洁,写景如画,声情兼备,将传奇剧的创作推向了艺术的新高度。《桃花扇》是一部最接近历史真实的历史剧,全剧以清流文人侯方域和秦淮名妓李香君的离合之情为线索,展现弘光小王朝兴亡的历史面目,歌颂对国家忠贞不渝的民族英雄和底层百姓,是思想和艺术达到完美结合的杰出作品。清中期以后,随着"雅部"(指昆曲)的逐渐衰退,"花部"(指各种地方戏曲)日渐兴盛,京剧产生并逐渐成为流行全国的剧种。京剧将民间艺术精神与宫廷典雅趣味有机融合,在南北艺术的交汇、雅俗情趣的兼备中迅速发展并走向成熟。

四、中国古代小说

中国的小说在其历史的发展过程中有着不同的名称,比如魏晋的"志怪"、唐代的"传奇"、宋元的"话本"等。追溯中国小说的起源,首先是神话传说,如《山海经》,我们可从中看到故事情节和人物性格这两种重要的小说因素;其次是寓言故事,如《孟子》《庄子》《韩非子》《战国策》等书中都有不少人物性格鲜明的寓言故事,它们已经带有小说的意味;再次是史传,如《左传》《战国策》《史记》《三国志》,描写人物性格,叙述故事情节,或为小说提供了素材,或为小说积累了叙事的经验。

魏晋南北朝时期只有文言小说,篇幅短小,主要记叙社会上流传的奇异故事、人物的逸闻轶事或其只言片语,可分为志怪小说和志人小说两类。志怪小说主要记叙神仙方术、鬼魅妖怪、殊方异物、佛法灵异,按内容可分为三类:(1)地理博物,如托名东方朔的《神异经》、张华的《博物志》;(2)鬼神怪异,如曹丕的《列异传》、干宝的《搜神记》、托名陶潜的《搜神后记》、王嘉的《拾遗记》、吴均的《续齐谐记》;(3)佛法灵异,如王琰的《冥祥记》、颜之推的《冤魂志》。其中当以《搜神记》影响最大。志人小说今传较少,主要表现现实世界人的精神和行为,按其内容也可分为三类:(1)笑话,如邯郸淳的《笑林》;(2)野史,如刘歆所作、葛洪辑抄的《西京杂记》;(3)逸闻轶事,如裴启的《语林》、郭澄之的《郭子》、沈约的《俗说》、殷芸的《小说》等。成就和影响最大的一部则是刘义庆的《世说新语》。这时的小说,在故事情节的叙述、人物性格的描写等方面都已初具规模,但就作者的主观意图而言,还只是当成真实的事情来写,而缺少艺术的虚构,它们还不是小说的成熟形态。中国文言小说成熟的形态是唐传奇,白话小说成熟的形态是宋元话本。

唐代小说亦称"传奇",属文言小说的范畴,作者大多以史家笔法,传奇闻逸事。唐传奇的发展大致经历了三个时期。初、盛唐为发轫期,现存的主要作品有王度的《古镜记》、无名氏的《补江总白猿传》、张鷟的《游仙窟》。中唐是兴盛期，名家名作蔚起。所存完整作品约四十种，题材多取自现实生活，涉及爱情、历史、政治、豪侠、梦幻、神仙等诸多方面，其中以爱情小说的成就最为突出，如陈玄祐的《离魂记》、沈既济的《任氏传》、李朝威的《柳毅传》、白行简的《李娃传》、元稹的《莺莺传》、蒋防的《霍小玉传》等。除了以爱情为题材的作品外，还有借寓言、梦幻以讽刺社会的佳作，其中沈既济的《枕中记》和李公佐的《南柯太守记》最具代表性。此期还有不少以历史故事为题材的传奇作品，如《长恨歌传》《开元升平源》《东城老父传》《高力士外传》《上清传》《安禄山事迹》等，其中以陈鸿的《长恨歌传》较为突出。晚唐传奇由盛转衰，但亦有自己的特色，一批写豪侠之士及其侠义行为的传奇作品涌现，如袁郊的《红线传》、裴铏的《聂隐娘》、杜光庭的《虬髯客传》等。唐传奇的艺术成就斐然可观，诗歌的抒情写意、散文的叙事状物、辞赋的虚构铺排等艺术技巧在传奇作品中屡见不鲜，而诗歌向传奇的渗入尤为明显，使得诸多传奇作品都具有诗意化的特点。

话本是宋代兴起的白话小说，用通俗文字写成，多以历史故事和当时社会生活为题材，是宋元民间艺人说唱的底本。大体而言，传世宋元话本可分为三类：一是叙事粗略、文字粗糙的说话艺人的底本，如《三国志平话》等；二是以说话艺人口述故事为主要内容的记录整理本，文字通顺，描写细致，叙事周详，可能出自当时的读书人或书会先生之手，如《错斩崔宁》《碾玉观音》等；三是文人依据史书、野史笔记、文言小说等改编而成的通俗故事读本，如《宣和遗事》等。这是我国小说发展史上一个重要的转折阶段，它为后世白话通俗小说繁荣时代的到来奠定了基础。作者对于所选取的题材，无论是历史的还是现实的，都能站在市民的角度，用市民的道德观念去审视。在故事的叙述上，都注意到情节的波澜起伏、曲折动人与结构的严谨细密、回环照应。语言上，大部分是白话，但不时夹杂一些易懂的书面雅语，形成文白混一的特色。这些，无疑都成了明清通俗小说家效法的模范。

明清是中国古典小说的繁荣期，其特征主要表现为：一是改变了历来轻视小说的传统观念，开始重视小说的文学价值；二是小说体制由短篇发展为长篇，涌现出大批鸿篇巨制的章回小说；三是小说语言从文言到半文半白以至纯熟流利的白话。

按题材分类，明清小说可分为历史演义、英雄传奇、神魔小说、世情小说、讽刺谴责、公案侠义、话本小说、文言笔记小说八大类。

历史演义小说，即用通俗的语言，将争战兴废、朝代更替等为基干的历史题材，组织成完整的故事，并以此表明一定的政治思想、道德观念和美学理想，主要作品有《三国演义》《隋唐演义》《东周列国志》等。罗贯中的《三国演义》是我国第一部长篇章回小说，也是历史演义小说的开山之作。作者以非凡的叙事才能、全景式的战争描写、虚与实的巧妙结合、特征化性格的艺术典型，"文不甚深，言不甚俗"（庸愚子《三国志通俗演义序》）的历史演义体寓言，描绘了一幅波澜壮阔、气势恢宏的历史画卷，表现了对导致天下大乱的昏君贼臣的痛恨，以及对创造清平世界的明君良臣的渴慕。

英雄传奇小说以塑造传奇式的英雄人物为重点，显示他们的武勇和力量，反映特定时期的社会生活，寄托作者的情志。施耐庵的《水浒传》是英雄传奇的典范之作，作者以连环钩锁、百川入海的结构，将传奇性与现实性相结合，塑造不同的英雄群像，谱写了一曲忠义的悲歌。继《水浒传》之后，英雄传奇小说还有《杨家府演义》《大宋中兴通俗演义》《英烈传》《说岳全传》《说唐全传》《荡寇志》等。

神魔小说尚"奇"贵"幻",以神魔怪异影射世情,最具代表性的是吴承恩的《西游记》。该书以诡异的想象、极度的夸张,突破时空,突破生死,突破神、人、物的界限,创造了一个光怪陆离、神异奇幻的境界,展现神幻世界的奇幻美和诙谐美,通过对孙悟空形象的塑造,呼唤有个性、有理想、有能力的人性美,表达对人性自由的向往和自我价值的肯定,是寓有人生哲理的"游戏之作"。除《西游记》外,《封神演义》《续西游记》《三宝太监西洋记通俗演义》《三遂平妖传》《后西游记》《镜花缘》《绿野仙踪》《女仙外史》等亦是明清神魔小说的代表。

世情小说,即"极摹人情世态之歧,备写悲欢离合之致"(笑花主人《今古奇观序》)的一类小说。兰陵笑笑生的《金瓶梅》是世情小说的开山之作,亦是中国第一部文人独立创作的白话长篇小说,其寄意于时俗,以口语化、俚俗化的语言,多色调、立体化地刻画人物性格,揭露封建政治之黑暗、经济之腐败、人心之险恶、道德之沦丧,达到了鲁迅所说的"著此一家,即骂尽诸色"(《中国小说史略》)的境地。世情小说的顶峰之作则是曹雪芹的《红楼梦》,它亦是举世公认的中国古典小说巅峰之作,中国封建社会的百科全书,传统文化的集大成者,被列为四大名著之首。作者以浑然一体的网状结构,多角度的叙事视角,多面性的人物塑造,展现多重层次又互相融合的悲剧世界:宝黛钗的爱情婚姻悲剧;"千红一哭""万艳同悲"的"女儿国"悲剧;封建大家族没落的悲剧。其将写实与诗化完美融合,唱出了美被毁灭的悲歌。

讽刺谴责小说针砭时弊,有士大夫之气。其中,讽刺小说以吴敬梓的《儒林外史》最为闻名,以高超的讽刺手法,成为中国古典讽刺文学的高峰,为后来讽刺小说的涌现与艺术的发展开拓了道路。被鲁迅称为"谴责小说"的四大名著是李宝嘉的《官场现形记》、吴趼人的《二十年目睹之怪现状》、刘鹗的《老残游记》、曾朴的《孽海花》,此四人也称"晚清四大小说家"。

公案侠义小说有《包公案》《狄公案》《彭公案》《施公案》和堪称中国武侠小说开山鼻祖的《三侠五义》等。

话本小说的代表,当推冯梦龙的"三言"(《喻世明言》《警世通言》《醒世恒言》)以及凌濛初的"二拍"(《初刻拍案惊奇》《二刻拍案惊奇》)。

此外还有文言笔记小说。这等小说比较传统,佳作有蒲松龄的《聊斋志异》、袁枚的《子不语》、纪昀的《阅微草堂笔记》等。

课后思考

❶ 简述诗经的艺术成就及其在诗史上的地位。
❷ 简述先秦散文的发展概况和深远影响。
❸ 试论唐诗兴盛繁荣的原因。
❹ 试论元代戏曲的体制特点。
❺ 简述明清小说的分类及其代表作家与作品。

第三节　中国古代书法与绘画

书法和绘画是我国文化艺术宝库中的两大瑰宝，笔墨丹青，一撇一捺，一山一水，挥洒出多种神采，变幻出万千气象，给人们传递的不仅是视觉上的美感，还有精神上的滋养。二者以鲜明的风格和独特的艺术魅力，展现着东方文化的意韵之美和富有"中国气派"的民族精神，在世界艺术之林中独树一帜、溢光流彩。

一、中国古代书法

中国书法是表现汉字形体美韵的书写艺术，也是中华文化的重要精粹。它有实用和艺术双重特性，以笔法、字法、构法、章法、墨法、笔势等内容，展现着汉字的线条美、墨色美、形体美、气韵美、意境美。秦汉古拙，魏晋风韵，隋唐法度，宋元意态，明清朴趣，历代书法姿彩纷呈，蔚为大观，展示着书家高度个性化的艺术趣味和潇洒灵动的自由精神。书体不断沿革流变，最后形成篆书、隶书、草书、行书、楷书五大类型，它们各有千秋，如群峰并峙，体现着书法艺术的不同审美特征。

1. 篆书

篆书分为大篆、小篆两类。大篆主要以甲骨文、金文的形式呈现，也有少量墨书和刻石。小篆也称"秦篆"，是秦始皇实施"书同文"所采用的字体。其笔画纵势伸引，俯仰向背，婉转流动，线条匀称，粗细划一，结构平衡对称，体式圆浑，字形修长，上部紧密，下部舒展，给人以刚柔相济、爽朗俊健之感。

篆书书体艺术的历史流变，以秦篆、唐篆、清篆为三大阶段。秦篆有圆笔、方笔之别，圆笔秦篆貌似婉转圆润，内藏遒劲浑厚，结构章法整肃静穆，而笔姿流畅贯通，静中寓动。方笔秦篆以折笔、断笔法，保留了一些波动的笔痕，章法错落保留了早期金文的布局特色，字形大小随形而变，带有率意的动感。石刻之祖《石鼓文》点画圆转凝练，结构方正中和，章法匀称清朗，具有雄劲浑厚、朴茂端庄的艺术感，被康有为推为"书家第一法则"。李斯的《泰山刻石》《琅邪刻石》，点画遒逸雄劲、茂密浑厚，于圆转的行笔书写之迹中，隐隐露出一种飞流直下的动势之力，故唐人张怀瓘《书断》称他的书法"画如铁石，字若飞动"，又赞"骨气丰匀，方圆绝妙"，被世人尊为小篆之祖。唐篆，因李阳冰出而复苏。他追踪秦篆，自比李斯，以更圆转瘦劲的笔姿写小篆，画如铁线，自成体格，如《三坟记》等，后人学篆多宗之，影响颇广。篆书在清代又呈现繁荣之态，书家崇古的劲头十足，以邓石如为代表。他由小篆溯源大篆，又参用隶书的折笔方势，把篆书写得既厚重又舒展，于平正中见欹侧，紧密中见疏放，每个字都各有姿态，开一代篆书新风。

2. 隶书

隶书又称"隶字""佐书"，起源于秦朝，相传是秦时程邈所造，在东汉时期达到顶峰，对后世书法有不可小觑的影响,在书法界有"汉隶唐楷"之称。卫恒将隶书的显著特征,概括为"栉比铖裂""砥平绳直""规旋矩折""纤波浓点"(《四体书势》)。隶书竖画短促或收缩,横画长而紧叠,仿佛"崇台重宇,层云冠山",因此结体整饬,庄重大方。长横波拂飞扬,撇画与捺画左右分张,有起伏的变化,具有流动的韵律。字形多呈宽扁,讲究"蚕头尾""一波三折"。

隶体的历史演变,一般按时间分为秦隶、汉隶两种。另一种按隶体的典型化程度来分,把波挑不鲜明的秦隶和西汉时期的一部分隶书称为古隶;把波挑鲜明的两汉隶书,特别是东汉隶书,称为汉隶或八分。汉隶有两大存在形态,一为简牍,一为石刻。汉简隶书笔画变化多端,有的瘦劲妍美,有的质厚。字形结构或长或方或扁,结字紧凑。如《居延汉简》中的隶书体貌斑杂,或粗俗草率,或笔精体密。《甘谷汉简》书风飘逸秀丽,摇曳多姿,用笔时带折笔,波挑出锋尖利而势长,掠笔也时时不做回锋,瘦硬劲健。《仪礼简》书风凝沉质实,在秀劲的横画、掠笔中伴有强烈顿挫的、厚实的波画和竖画,透过表面的凝沉可细察到其点画之间的跌宕,寓动于静。

汉碑种类多而书风各异,可谓一碑有一碑的风格。大体可分两大类型:一类是字形比较方整,而法度严谨,波磔分明;另一类则书写得比较随意自然,法度不十分森严,有放纵不羁的意趣。第一类又可分为两种,一种是倾向端庄秀丽的风格,另一种则倾向古朴雄强的风格。整体上呈现出端正庄严、稳重精丽、华美飞动的特点。最有名的隶书碑刻要属被推崇为汉碑"三杰"的《礼器碑》《乙瑛碑》《史晨碑》。《礼器碑》,清王澍《虚舟题跋》评云:"隶法以汉为极,每碑各出一奇,莫有同者;而此碑尤为奇绝,瘦劲如铁,变化若龙,一字一奇,不可端倪。"又说:"唯《韩敕》无美不备,以为清超却又遒劲,以为遒劲却又肃括,自有分隶以来,莫有超妙如此碑者。"其乃汉碑中的佼佼者,兼具了汉碑结体美、书势美、章法美、书意美等诸多优点,备受历代书家推崇。《乙瑛碑》结体方整,骨肉停匀,法度严谨,用笔方圆兼备,平正中有秀逸之气,是汉隶成熟的标志碑之一。《史晨碑》隶法纯正,刚柔相济,舒展优雅,将端庄工整、雍容典雅、肃穆秀逸集于一身,俨然有君子之风。东汉大书家蔡邕的《熹平石经》,又称《太学石经》,是中国历史上最早的官定儒家经本,便是用隶书写成,字体方平正直、中规入矩,极为有名,故也被称为"一字石经"。他自创的"飞白"书体,笔画中丝丝露白,似用枯笔写成,张怀瓘《书断》评:"妙有绝伦,动合神功",对后世影响甚大。

3. 草书

草书形成于汉代,是为了书写简便而在隶书基础上演变而来的。"易而速"是草书的实用功能,也是草书得以迅速流传的优势。笔画连属、省并点画是草书的显著特点,动势仿佛人的奔跑状,把"笔势"的动感、韵律和节奏的美感彰显得淋漓尽致。草书的发展演变,先后出现章草、今草、狂草三种体式。西汉史游作《急就章》,世称"章草",又称"独草",因其各字不相连属得名。章草带有隶书的波脚,字与字之间的笔画不相连,条理性很强,草法比较严格。今草的结构是在章草的基础上形成的,草法更为简易,没有隶书的波磔,笔势流贯纵引,笔意连绵,也称"连绵草"。狂草又称"大草",由今草演变而成,奔放狂肆,气脉贯通,流畅自然。笔势疾走,结体省减,章法讲究通篇一气,字体大小随意,是草书中最自由随意的。

草书大家首推"草圣"张芝,他专精书艺,"衣帛先书而后练""池水尽墨""匆匆不暇草书"(卫恒《四体书势》),改造了章草体法,开创了今草体势。其运笔下行,一笔而书,血脉相通,笔贯势连,隔行似断而不断,被称为"一笔书"。庾肩吾《书品》评其"工夫第一,天然次之",与钟繇、王羲之并列为"上之上"品。"书圣"王羲之擅长各种书体,尤以草书、行书、楷书见长。王羲之传世的草书作品,主要是今草尺牍。《初月帖》笔势纵逸遒劲,《寒切帖》体势横阔,《游目帖》中规入矩,《都下》《七月》二帖清爽流丽,《远宦帖》多用折笔,犹有章草笔意。传世的《十七帖》刻本是王羲之草书的代表作,此帖笔意精到,笔法古质浑然,点画方圆并用,结字平中寓奇。它的精妙处在于庄重,用笔左规右矩,极有法度,结体高华庄重,严整亦有意境。无一字有轻佻之态,无一笔有浮夸之气,作草若真,从容不迫,动中有静,静而多妙,具有内在的意蕴美。

唐代的张旭和怀素是中国草书史上的两座高峰,二人并称"颠张狂素"。张旭的草书,与李白歌诗、裴旻剑舞,称为"三绝",是中国书法艺术中一颗璀璨的明珠。张旭嗜酒成性,相传他大醉后往往呼叫狂走,后挥笔写狂草,一副颠逸模样,字的恣肆逸出了常态,故有"张颠"之称,代表作品有《古诗四帖》《肚痛帖》《断千字文》等。《古诗四帖》是张旭仅存的完整的原作墨迹,此帖用笔精妙绝伦,无纤巧之笔。他把篆书逆锋藏头的运笔方法融入草书,运笔自在,圆转洒脱,兼具刚健挺拔之气度。纵观作品布局,字行之间虽参差不齐,但又互相制约,顾盼有情,浑然一体,如天马行空,气势非凡。《肚痛帖》是张旭狂放大胆书风的代表,字如飞瀑奔泻,时而浓墨粗笔,沉稳遒迈,时而细笔如丝,连绵直下,气势连贯,浑若天成。《断千字文》一帖虽已无完本,然尽观残存的二百余字,仍可见其章法之奇,笔法之真,意趣之深。该帖线条千回百转,变化多端;字力遒劲,入木三分;用笔之敏捷,如惊蛇出洞,飞鸟入林,无穷变化,皆从中出。怀素的草书得力于二张,尤得力于张旭。因其嗜酒如命,疏放不羁,又以"狂草"名世,被人称为"狂僧"。他的草书笔画瘦硬,飘逸自然,"字字飞动,宛若有神"(《宣和书谱》),代表作品有《自叙帖》《小草千字文》《食鱼帖》《苦笋帖》等。其中《自叙帖》更是被称为天下第一草书。此帖写得最为狂放,往往一笔贯通一行,满纸都是线条的纠结缠绕,忽而一行绵密六七字,如僧人屏声敛息;忽而一行壮阔三两字,若力士怒吼。写到后半部分,速度更快,字形越写越大,不论是字内还是行间,出现大块大块的空白,圆劲的线条在纸上穿梭旋转,时枯时润,时隐时现,有如"奔蛇走虺"。笔势狂得精妙绝伦,仿佛鬼神相助,天工裁成,令人望尘莫及。

4. 行书

行书又称行押书,是介于草书和楷书之间的书体形式,分行草、行楷。清宋曹在《书法约言》中说:"所谓行者,即真书之少纵略。后简易相间而行,如云行水流,秾纤间出,非真非草,离方遁圆,乃楷隶之捷也。"行书体态多变,用笔活络,笔画间的牵引、流动的笔势和连贯的动作,风流潇洒,耐人寻味。

"二王"行书可谓登峰造极。王羲之的书法艺术开一代之风气,树百世之楷模,他功力深邃,"天质自然,丰神盖代",备精诸体,尤擅行书。他的行书亦称"王体行书",雄逸遒劲,不激不厉,是力度与风韵的完美结合,动势与静态的高度统一。行书大作有《兰亭序》《快雪时晴帖》《姨母帖》《奉橘帖》《丧乱帖》《孔侍中帖》《得示帖》等。其中《兰亭序》是书法家心目中至高无上的行书经典,被誉为"天下第一行书"。王羲之写《兰亭序》,运笔从容,正锋侧锋,曲笔直笔、转笔折笔,都操控自如,笔势劲敛。笔画长短合度,肥瘦相宜,曲直兼备,刚柔相济,富于变化。每一个字,大小敧正,相互映衬,各显姿态。其中重复出现的二十个"之"字,所谓"变转悉异,遂无同者"(何延之《兰亭记》),成为书法史上一大美谈,也成为衡量书家技法的一个标准。王献之兼工各体,与其父王羲之并称为"二王",并有"小圣"之称。王献之以"草纵之致"的笔势写行书,使笔势的连属流贯于字与字之间,笔踪一泻直下,虚笔的映带牵连常常用实笔来写,弥缝了字间的距离,行气通贯,纵逸超妙,游弋自在,表现了一种风流俊迈、无拘无束的情怀。代表作《十二月帖》"运笔如火箸画灰,连属无端末,如不经意,所谓一笔书"(米芾《书史》),结构随笔势而生,有若风行雨散,润色花开,颇为风流。亦有《鸭头丸帖》锋颖入纸灵巧,或尖或侧,不拘方圆,连中有断,气脉贯通,曲直结合,纵逸自然,虚实相生,仪态万千。

颜真卿的《祭侄文稿》,被誉为"天下第二行书"。此稿是在其极度悲愤的情绪下书写的,不顾笔墨之工拙,横涂纵抹,圈点勾勒,任笔写来,笔毫在麻纸上皴擦争折,渴笔很多,墨色将浓遂枯,带燥方润,颇有穷变化于毫端的神奇。字随书家情绪起伏,纯是精神和平时工力的自然流露,达到了一种"心手两忘"的境界。"宋四家"的行书也颇为独到。苏轼的行书厚重丰腴,天真烂漫,结体各自成形,不加雕饰,行笔骨肉一体,妍姿寓于沉着之中,不显得妩媚,藏巧于拙,没有轻飘浅薄的感觉,随心挥洒,不染习气,笔虽偃而锋自立,墨虽重而气息流畅。"天下第三行书"是苏轼的《寒食帖》,该帖饱蘸浓墨,卧笔挥扫,笔姿沉厚,体势阔落,笔调多变,字态随情感变化,气象万千,将诗、情、书三者融成一体,心境与书境合一,是一件典型的"无意于佳乃佳"(苏轼《论书》)的书法作品。黄庭坚的字奇崛放纵,个性很强。《松风阁诗卷》是他的名作,线条古拙诘拗,长线短笔,揖让有序,结体取斜势,章法穿插天衣无缝。米芾个性怪异,举止癫狂,人称"米颠"。"沉着痛快"是米芾行书的突出特点,其用笔灵动,笔锋纵横捭阖,起卧适意,收放自如,笔锋所至,笔画姿态似横溢而出,超妙入神,代表作有《蜀素帖》《珊瑚贴》等。蔡襄的行草非行非草,变化多端,或锋利流畅,或简约含蓄,或持重谨饬,或淳淡婉美,代表作有《思咏帖》《脚气帖》《安道帖》《离都帖》《扈从帖》等。

5. 楷书

楷书又称"真书""正书""正楷",《辞海》解释说它"形体方正,笔画平直,可作楷模"。楷书由隶书演变而来,更趋简化,横平竖直,成为通行至今的正体字。"永字八法"是书写楷书的基本法则:点为侧,横为勒,竖为弩,钩为趯,提为策,长撇为掠,短撇为啄,捺为磔。钟繇是最早以楷书著名于世的书家,他的楷书古质茂密,奠定了楷书的基本格局,被奉为"正书之祖"。王羲之进一步改造了楷书的写法,他的楷书风格新妍遒劲,基本摆脱了古质的面貌,是楷书成熟的标志,也是楷书发展史上的里程碑。

"楷书四大家",欧阳询、颜真卿、柳公权、赵孟頫,交相辉映,把楷书的发展推向了一个历史高潮。欧阳询善师法古人,融会贯通,又能自出新意,其书结构险峻,笔法稳健,布白疏朗,庄重严谨,世称"欧体"。代表作《化度寺》方润端庄,功力深厚,《皇甫诞》劲峭挺拔,意气昂扬,《九成宫醴泉铭》兼具二者之长,结体庄正,法度森严,于清虚疏朗中见劲拔险峻,炉火纯青,千余年来被奉为楷法之极致。颜真卿的字以多筋取胜,笔势浑厚;柳公权的字以多骨取胜,遒健有力度,后世有"颜筋柳骨"的美誉。苏轼评:"颜公变法出新意,细筋入骨如秋鹰。"(《孙莘老求墨妙亭诗》)颜真卿参用篆书笔意写楷书,其书笔力弥满,端庄雄伟,气势森严,遒劲端朴,饶有筋骨,世称"颜体"。传世的楷书碑刻极多,代表作有《多宝塔碑》《东方朔画赞碑》《大唐中兴颂摩崖》《麻姑仙坛记》《颜勤礼碑》《颜家庙碑》等。"柳体"以精于点画、谨于肩架、法度森严而著称,笔法挺拔,结体端庄,书家论之有"庙堂气象"。代表"柳体"典型风格的《玄秘塔碑》,笔法劲练,点画如截铁,圭角分明,方折峻整,结体严谨而不失疏朗开阔,仪态冲和,遒媚绝伦。《神策军碑》意态雄豪,气势遒迈,较之《玄秘塔碑》,该碑运笔挥洒更得心应手,点画则更加精练,无拘谨之迹,表现出柳书浑厚中见锋利、平正中得潇洒的艺术特点。赵孟頫精通各体,楷书尤为世人称道,是继"颜柳"之后最为卓越的楷书名家。他的小楷,运笔流利灵动,笔画遒劲,结字精密,秀俊多姿。大楷则笔画圆厚丰满,字形稳重秀整。晚年写的《仇锷墓碑铭》老成持重,风骨健秀,是他的楷书代表作。

二、中国古代绘画

中国古代绘画简称"中国画",作为中华传统文化的重要组成部分,是中华民族文化心理尤其是中国古代文人文化心理的艺术化表达,它强调抒发主观情绪,强调人品画品的统一,主张"外师造化,中得心源"(张璪《绘境》),要求以形写神、形神兼备,做到"意存笔先,画尽意在"(张彦远《历代名画记》),将精神与画融为一体。人物画、山水画、花鸟画是传统中国画的三大科。

1. 人物画

人物画是以人物形象和人物活动为主要表现对象的绘画。因描写对象不同而分为许多支科,大体有描绘史实的历史故事画,弘扬宗教的道释画,刻画细腻的仕女画,反映市井生活的风俗画,传神写真的肖像画等。人物画的表现技法大致可分成三类:白描画法、工笔重彩画法、写意画法。纯用线描或稍加墨染者称白描人物,刻画工谨着色匀细者称工笔人物,画法洗练纵意挥写者称写意人物。人物画力求人物个性刻画得逼真传神,气韵生动。其传神之法,常把对人物性格的表现,寓于环境、气氛、身段和动态的渲染之中。故中国画论上又称人物画为"传神",主张以形写神、形神兼备。

人物画的产生早于其他中国画科,战国楚墓出土的《人物御龙图》与《龙凤人物图》帛画是我国迄今发现最早的完整的独幅人物画实物。以线条为主要造型手段的中国绘画传统,此时已经形成,并达到了很高的水平。东晋顾恺之以"才绝、画绝、痴绝"驰名于时,他作人物画,强调传神,注重点睛,笔迹紧劲连绵,如春蚕吐丝,又如春云浮空,行云流水,皆出自然。他提出"迁想妙得""以形写神",使中国绘画从此出现了高层次的美学追求,这在他的作品《洛神赋图》和《女史箴图》中得到了体现。《洛神赋图》是以曹植的名篇《洛神赋》为依据而创作的长卷,全画用笔细劲高古,用色凝重洗练,具有工笔重彩画的特色。原赋中对洛神的描写,如"翩若惊鸿,婉若游龙""髣髴兮若轻云之蔽月,飘飘兮若流风之回雪"等,以及对人物关系的描写,在画中都有生动传神的体现。《女史箴图》是据西晋张华的《女史箴》一文而作,图中人物神态宛然,面目衣纹无纤媚之态,细节描绘体物精微,所画妇女端庄娴静,气息古朴。线描如春蚕吐丝,薄染以浓色,微加点缀,不求景饰,典丽秀润。

隋唐五代是人物画发展空前繁盛的时代。初唐画家阎立本尤善重大题材的历史人物画与肖像画。他的人物画手法写实，线条连绵而流畅，设色绚丽而沉着，人物神态刻画细致入微。《步辇图》是阎立本的代表作，主要描绘了唐太宗召见禄东赞的场面。作品把笔墨集中于表现人物的身份地位和性格特征上。在人物主从关系的比例上，主大从小。衣纹简劲纯熟，设色古雅，先钩墨线，而后敷色，设色中有平涂，有渲染，以流畅圆转的曹衣描法形象地概括出所有人物的神形风貌，极具丰富的表现力，因而被誉为"丹青神化"而为"天下取则"，在绘画史上具有重要地位。吴道子被尊为"画圣"，他早年作画行笔流利纤细，中年后笔迹磊落飘逸，善用状如兰叶或莼菜条的笔法表现衣褶，圆转而有飘举之势，被称为"吴带当风"。他又以焦墨勾线，薄施淡彩，而谓"吴家样"。他通过墨线的肥瘦抑扬，表现出物象的运动感和显感，为白描的发展做出了贡献。因其笔法洗练，后人又将他称为"疏体"的代表。《送子天王图》是其流传至今的重要摹本。唐代仕女画家以张萱和周昉为代表。张萱画仕女惯于在仕女耳根敷染朱色，更显女性容颜之娇美。画贵族游乐生活场景，不仅以人物生动和富有韵律的组合见长，还能为花蹊竹榭，点缀皆极妍巧，注重环境和色彩对画面气氛的烘托和渲染。他的人物画线条工细劲健，色彩富丽匀净，其妇女形象代表着唐代仕女画的典型风貌，代表作有《虢国夫人游春图》和《捣练图》。周昉有"画仕女，为古今冠绝"之美誉，他的仕女画初效张萱，后则小异，具有用笔秀润匀细、代纹劲简、敷色柔丽、人物体态以丰厚为尚的特点，世称"周家样"。《簪花仕女图》是他的传世之作，作品描绘了贵族女子在宫苑中采花、散步、戏蝶、逗犬的情形。作者用流畅而圆浑的线条勾勒人物等形象，施以华艳的色彩。画中贵妇露胸披纱、丰颐厚体、雍容华贵的样貌，反映了中晚唐仕女的典型形象。五代时期的人物画，将唐代缜密、浑厚、恢宏的画风转变为疏朗、秀逸、简雅的风尚，用色艳丽浓重，线条多用纤细遒劲的铁线描法，勾勒点染极为细腻，使人物画的表现方法和风格更加丰富。周文矩的《重屏会棋图》和顾闳中的《韩熙载夜宴图》是这一时期的经典画作。

宋代人物画在隋唐五代的基础上继续得到发展，民间绘画、宫廷绘画、士大夫绘画各自形成体系，构成宋代人物画丰富多彩的面貌。在五代南唐、西蜀建立画院的基础上，宋代继续设立翰林图画院，推动了宫廷绘画的兴盛，工笔重着色，人物画更趋精美。又随着文人画的兴起，民间稿本被李公麟提高为白描的绘画形式。李公麟的《维摩演教图》人物面貌饱满清秀，衣纹流畅而富于韵律感，用笔文秀娴雅，是工笔白描人物画的代表作。历史故事画蓬勃发展，如《货郎图》《婴戏图》《盘车图》等。李唐的《采薇图》画殷亡之后耻食周粟的伯夷、叔齐兄弟采薇首阳山，从静态中表现人物内心情感的波澜起伏，是一幅借古喻今的杰作。张择端的《清明上河图》是古代风俗画的最高成就，作者采用了"景随人变"的绘景手法，依次展现自然风光与城市景象，布局结构开阖有序，疏密相间，繁而不乱，手法写实，细节真实，情节生动完整，客观地反映了汴梁城内外的景物与民俗。

明清两代人物画表现出对历史故事题材的关注和西洋画法对肖像写真的影响。"吴中四杰"唐寅和仇英尤擅人物画。唐寅的《王蜀宫妓图》线条细劲流畅，设色妍丽明快，色调既丰富又和谐统一，堪称明代工笔重彩仕女画中的精品。仇英的工笔人物造型准确，形象秀美，线条流畅，精丽之中具文雅之致，以《修竹仕女图》为代表。

2. 山水画

山水画是以山川自然景色为主体的绘画，其支科虽仅有山水与屋木（一称"界画"）两种，但名山大川、风景佳胜、田野村居、城市园林、楼观舟桥、历史名胜等均可入山水画。按画法风格的不同可分为青绿山水、水墨山水、浅绛山水、小青绿山水及没骨山水。最初山水画只是作为人物画的背景或是以陪衬的形式出现。魏晋南北朝时期，山水画逐渐从人物画中分离出来，至隋代形成独立的画科。展子虔的《游春图》是山水画独立的标志，也是目前最早的独立的卷轴山水画。全图以纤细劲健的线条为主，金碧着色，反映了六朝以来中国绘画以色、线为主的画法传统和面貌。

唐代的山水画具有划时代的意义，青绿与水墨齐举，写意与写实兼具。青绿勾斫之风，以李思训、李昭道父子为代表。他们继承并发展了展子虔以来的传统画法，使山水画技法达到了成熟的地步，被后人尊为北派山水的始祖。二李的画法是以墨笔勾勒轮廓，用青绿重彩设色，画树多用夹叶，有时还用泥金勾填，产生了金碧辉映、富丽堂皇的艺术效果，在青绿山水画发展上起着承前启后的作用。水墨渲淡之风，以王维、张璪、王墨为代表。王维被尊为"南宗之祖"，他的山水画最大特点就是诗画融合，富有意境。苏东坡评："味摩诘之诗，诗中有画，观摩诘之画，画中有诗。"（《书摩诘蓝田烟雨图》）他善于将自己的感情，结合现实中的山水，表达出一种特定的境界，开我国"文人画"之端。其存世作品有《雪溪图》《辋川图》《江山雪霁图》等。其中《辋川图》群山环抱，树木掩映，亭台楼榭，云水流肆，舟楫过往，呈现出悠然超尘绝俗的意境，给人精神上的陶冶和身心上的审美愉悦。张璪善画山水松石，尤以画松为人所称道。其画松树能双管齐下，一支笔画生枝，一支笔画枯枝，呈现"润含春泽，惨同秋色"（张彦远《历代名画记》）的两种笔墨效果。王墨作画用泼墨，以豪迈奔放著称。他作画时总要先饮酒，酒酣之际，用墨泼洒绢上，随其浓淡、形态，画出山石云水，十分神奇巧妙。董其昌称其为"泼墨"画法的祖师。五代的山水画进入了成熟阶段，画法开始典范化，为以后的山水画发展树立了楷模。北方以荆浩、关仝为代表，南方以董源、巨然为代表，体现了这一时期山水画的巨大成就。这一时期山水画大都以墨色为主，少见青绿山水，具有浓厚的隐逸情调。风格上更是多样，有的精勾密皴，有的泼墨挥写，有的浑厚浓重，有的清逸淡雅。题材上也更为广泛，如荆浩的云中山顶、关仝的村店野居、董源的江南渔渚等。

宋代的山水画发展出多种风格，达到了前所未有的高度。一方面是水墨山水的发展，代表性画家是李成、范宽、郭熙、米芾父子，以及"南宋四家"李唐、刘松年、马远、夏圭。另一方面是青绿山水的表现手法更丰富了，在重彩中讲究笔墨技法，提高了青绿山水的表现力，以王希孟、赵伯驹、赵伯骕兄弟为代表。李成的雪景寒林，"骨干"多显，挺拔坚实，给人以"气象萧疏，烟林清旷"（郭若虚《图画见闻志》）的美感。范宽的画多为山顶密林，水边巨石，峰峦雄厚，气势逼人。郭熙画树挺劲，枝头像鹰爪，画山峦拔盘回，折落有势，格局千态万状，被誉为"独步一时"。米芾父子创造了表现烟雨云雾、迷茫奇幻之景趣的"米家山水"。李唐、刘松年、马远、夏圭以清奇峭拔的形象、简括的笔墨章法以及截景式构图，开创了山水画艺术的新天地。赵伯驹的《江山秋色图》和王希孟的《千里江山图》分别是小、大青绿山水画的代表作。《江山秋色图》展示了深秋辽阔的山川郊野的壮丽景色。全图布局严谨，勾勒精细，设色绚烂，以石青石绿为主，兼用朱、赭、白等色，色调明快和谐。《千里江山图》冈峦起伏，绵亘千里，江河湖泊，浩渺万顷，其间穿插以庄院、村落、舟桥、人物，整个画面统一于大青绿的基调之中，设色瑰丽，展现了祖国河山壮阔和秀丽之美。元代最有影响力的山水画家是赵孟𫖯、高克恭,以及称为"元季四大家"的黄公望、吴镇、倪瓒、王蒙。赵孟𫖯托古改制,借古开今,为元初画坛之主。他能画工整的青绿,也能画豪放的水墨,代表作有《鹊华秋色图》《重江叠嶂图》《洞庭东山图》等。"元季四大家"中执牛耳者,首推黄公望,名作《富春山居图》峰峦起伏竞秀,村舍丛树掩映,渔舟悠闲荡漾,江水浩渺无尽,斜坡浅滩,云山烟树,江山奇秀,溪山无尽。整个画面简洁明快,虚实相生,具有"清水出芙蓉,天然去雕饰"之妙,集中显示出黄公望的艺术特色和心灵境界,被后世誉为"画中之兰亭"。

明代前期山水画较有影响的是浙派画家戴进、吴伟,画风属水墨苍劲一路。中期吴门派崛起,沈周、文徵明、唐寅、仇英被称为"吴门四家"。他们继承文人画传统,画风清润自然,唐、仇兼法北宋,更为挺秀。明代后期则以华亭派的董其昌影响最大,他力倡文人画,过分强调笔墨情趣,作品虽潇洒秀逸,却不免流于空泛。总的来说,明代山水画坛上笼罩着摹古的风气。清代山水画坛,流派繁杂,画风多样,大致可分为保守派和创新派两大类。保守派承袭董其昌的复古思想,崇古保守,因袭模仿,片面强调笔墨技巧,所写内容单调、空洞、脱离现实。此派以清初的王时敏、王鉴、王翚和王原祁为代表,著称"清初四王"。创新派敢于突破古人樊篱,重视生活,勇于创新。此派以清初的"四僧"(八大山人、石涛、髡残、弘仁)为代表,尤以石涛最为突出。石涛的画作大胆泼辣,千变万化,笔墨恣纵,淋漓洒脱,离奇苍古而又能细秀妥帖,并撰著《画语录》,阐述了其对绘画的独到见解。

3. 花鸟画

花鸟画是以动植物为主要描绘对象的画科,可细分为花卉、翎毛、蔬果、草虫、禽兽、鳞介等支科。按技法可分为工笔花鸟、写意花鸟和兼工带写三种。按水墨色彩的差异又可分为水墨花鸟画、泼墨花鸟画、设色花鸟画、白描花鸟画和没骨花鸟画。古代花鸟画在长期的历史发展中,形成了以写生为基础,以寓兴、写意为归依的传统,讲究托物言志,缘物寄情,造型上重视形似却又不拘泥于此,更将"不似之似"与"似与不似之间"视为创作的最高境界追求。

早在原始社会,人们就已经在彩陶、骨雕上刻画花鸟的形象。魏晋南北朝时期出现了独立形态的花鸟画作品,如南朝宋顾景秀的《蝉雀麻纸图》《鹦鹉画扇》等,迄今已无迹可考。至唐时正式形成独立画科。这个时期出现了一批知名花鸟画家,如薛稷因画鹤闻名于世;边鸾善画孔雀、鹌鹑和折枝花木,下笔轻利,设色浓艳,被誉为"花鸟画之祖";刁光胤善画湖石、花卉、猫兔、鸟雀之类;滕昌祐则尤善画鹅,且对折枝花果、蝉雀有着独到的研究,还能点染精细的草虫。五代是花鸟画发展的重要时期,影响最大的是黄筌和徐熙。黄筌多画御苑珍禽异鸟、琼花奇木,画法精细,几不见墨迹。他的《写生珍禽图》所画动物大小穿插有序,禽鸟或静立,或待哺,或飞翔,昆虫、龟类亦姿态生动,可谓形神兼备、妙趣天成。在画法上则细笔勾勒,随类赋彩,三矾九染,色墨相融,正如沈括所言:"妙在赋色,用笔极新细,殆不见墨迹,但以轻色染成,谓之写生。"(《梦溪笔谈》)徐熙则多绘江汀花竹、水鸟渊鱼,画法不以细致为功,简率自然。黄筌的勾填法和徐熙的落墨法形成"黄家富贵""徐家野逸"的两种不同风格。

两宋是花鸟画繁荣昌盛的时期,其中宫廷画院所引领的花鸟艺术最是头角峥嵘。北宋初,黄筌画风是画院主流派的审美追求和创作规范。到神宗时,崔白取代黄派后学,成为画院中主流。他善于表现荒郊野外秋冬季节中花鸟的情态神致，尤精于败荷、芦雁等的描绘，手法细致，形象真实，生动传神，富于逸情野趣。传世作品有《双喜图》和《寒雀图》等。北宋末徽宗画院中，则是富丽重色和野逸水墨二体兼容并蓄，出现了赵昌、吴元瑜、易元吉等花鸟画名家，花鸟画风格为之变化。宋徽宗赵佶亦善花鸟画，有《芙蓉锦鸡图》《瑞鹤图》等。南宋画家以李迪、林椿为代表。李迪的《枫鹰雉鸡图》以双钩绘出枫竹，描绘精细鹰雉羽毛，将鹰之蓄势待发与雉之仓皇胆寒，刻画得十分准确生动。林椿的《果熟来禽图》勾线轻细，用色清雅柔美，林、禽、果青红相间，晕染微妙；叶子用色丰富，正反面的色彩差异刻画入微；小鸟毛羽柔软，憨态可掬，令人一见即生愉悦之情。他将两宋花鸟画的清新灵秀风格发挥到了极致，令人叹服。两宋时期值得注意的是，还有文人花鸟绘画的兴起，以文同、苏轼、米芾为代表的一批文人，将花鸟画中一些比较特殊的题材如墨竹、枯木、梅兰等独立出来，以托物寓兴的方式，不求形似，逸笔挥洒，赋予其文人意趣。元代的花鸟画家各变其法，花鸟画出现了向水墨花鸟画过渡的趋势。如钱选变宋院体画的工丽细密为清润淡雅；王渊、边鲁变黄筌的工整富丽为简逸秀淡；陈琳、张中的花鸟画以粗简为特色。这一时期的梅、兰、竹、菊的水墨写意也不断发展。竹石画家李衎、柯九思、顾安等人，以水墨见长。以画梅著称的王冕，墨梅枝干挺秀，深得梅花清幽之致。元代影响最大的画家当属赵孟頫，他主张"书画同源"，其花鸟画更为潇洒简逸。

明清是花鸟画向纵深发展的时期。工笔花鸟以边景昭、吕纪为代表。边景昭善工笔重彩，其画妍丽典雅而又富有生气。吕纪则花鸟精工，色彩富丽，法度谨严。水墨写意派以陈淳、徐渭为代表。陈淳善用草书的笔势墨彩来表现花卉离披纷杂、疏斜利落的情致，开启了徐渭大写意画派。徐渭善用水墨，淋漓疏爽，随意挥洒，泼墨豪放，不拘成法，画史称"青藤画派"。他的《墨葡萄图》是泼墨大写意花卉的代表作，图绘葡萄老藤一枝，叶下果实累累，枝蔓离披纷杂，笔法放纵简逸，水墨淋漓，格调激越，大气磅礴，真正达到了文人画所求的"逸笔草草，不求形似"（倪瓒《答张藻仲书》）的最高境界。清代朱耷（号八大山人）发展了泼墨写意画法。恽寿平的没骨花鸟画，以极似求不似，风格清新淡雅，影响广泛。清中期崛起了"扬州八怪"，他们多取梅、兰、竹、菊和山石、野花、蔬果为题材，简率成画，以合时流。

课后思考

❶ 中国书法的书体有哪些？具有怎样的特点？
❷ 中国书法艺术呈现出什么样的人文精神？
❸ 中国画的三大科分别是什么？有哪些代表画家和作品？
❹ 如何理解中国画"以形写神"的艺术风格？
❺ 中国书画艺术具有什么样的东方特质？

第四节　中国古代瓷器

中国古代的先民们从很早的时候就创造出瓷器,这不仅使先民们自身的生活质量得到了改善,同时也是对世界文明的重大贡献。瓷器不仅在使用功能上有诸多优于陶器和金属器的长处,而且由于其易于塑造的形态、优美多变的釉色和丰富多彩的装饰,使其具有极高的文化、艺术含量。因此,瓷器从其产生伊始就既是实用器,又是艺术品。瓷器对世界上许多民族和国家的文化产生过重要影响,人们以"China"来称呼东方这个古老的文明国家,直接体现了瓷器所产生的广泛、重大的影响和各国人民对瓷器的喜爱。[①]

一、陶器和瓷器

中国古代的先民们在长期的生产和生活活动中,不断总结经验,在很早的时候就创造出陶器。所谓陶器,是指人们用陶土做原料,用手工捏制、泥条盘筑或快轮拉坯等方法做出所需要的形状,然后入窑烧制,一般经过700~800 ℃的温度焙烧而成的物品。有些陶器的烧成温度较高,达到1 000 ℃。陶器的发明和使用使远古居民的饮食、生活条件得到了极大的改善。以陶器做炊具,可以很方便地得到易于消化,并且味道鲜美的熟食,陶器又可以用来存储剩余的食物或用作汲水、运水的工具。陶器的发明方便了人们的生活,是人类历史上一项划时代的伟大发明。

关于什么是瓷器,到目前为止,学术界还没有统一的界定。但是,一般认为瓷器要具备以下四个条件:

第一,必须用瓷土作胎。瓷土也称瓷石,是一种岩状矿石,其主要成分有:石英、绢云母、高岭土、长石等。

瓷石中含有制瓷所需的各种成分,具有制瓷工艺与烧成所需的性能,因此,在我国很早就使用瓷石做原料来生产瓷器了。中国的地域辽阔,各地瓷土的品质各不相同,但其中最主要的成分应是高岭土。高岭土一名的由来,是由于这种原料出于距景德镇不远的高岭,并用于制瓷而得名。它是长石完全风化后二次堆积而形成的矿物,主要成分是硅、铝和水。在长期的相延使用中,高岭土也被用来泛指瓷土,成为国际上通用的名称。我国各地瓷土的组成不同,使各地瓷器的质地和胎色千差万别,这也是后来形成不同瓷系的重要原因。但无论如何,使用的原料中高岭土必定占较高的比例,这是瓷器与陶器的重要区别。

第二,瓷器必须经过1 200 ℃以上的高温焙烧,使胎体充分烧结,结构紧密。检验方法是,物理测定胎体的吸水率应低于1 %或不吸水。高温烧制过程,是从瓷土变为瓷器的主要的化学反应过程,是瓷器有别于陶器的关键点。

[①] 秦大树.石与火的艺术 中国古代瓷器,成都:四川教育出版社,1996:1-258,有删减。

第三，瓷器的表面应施高温烧成的玻璃质釉。由于原料中易熔融的氧化硅含量高，又有大量的钙、钠、钾等元素作为助溶剂，因此，在标准的高温下釉完全熔融，达到玻璃化。这样在器物的表面形成了一层完全不吸水、光亮洁净的保护层，这是瓷器最大的优点。釉中氧化铁的含量，烧成时窑炉内环境的不同，导致成品瓷器呈现出白、黑、青等不同的颜色。釉中加入铜、钴等不同的元素，又可呈现出红、绿、蓝等美丽的颜色，使瓷器具有色彩多样、华美秀丽的特色。

第四，瓷器烧结后，胎体结实、坚硬，叩之发出清越的金属声。这一点实际上与制瓷原料的品质和烧结度密切相关。但它是一种易鉴定和直观的标准。

此外，有些学者在谈到什么是瓷器或瓷器应具备的条件时，往往还将瓷器胎质的白度和透明度作为一项标准。认为瓷器的胎色应为白色，瓷器的胎质具有透明或半透明性，认为胎质不具备一定的白度和透明度的，一概不能称为瓷器。如果按这种意见，那么在我国相当长一段历史时期里，相当大一部分地区生产的瓷器就都被划到瓷器范围之外了。这是不符合我国瓷器发展的实际情况的。

实际情况是，我国的瓷器既有白色胎，薄胎半透明的；也有灰、褐、黑色，不透光的。胎体的断面均有玻璃相，烧结程度较好，吸水率较低，应该说是达到了瓷器的标准了。在汉语里，只有"陶"和"瓷"两个概念，而英语里则有三个等级，即 Porcelain，表示完全达到现代陶瓷标准的瓷器；Stoneware，有中国学者将其译为柘器，但这个词始终不能推广流行，有的学者则干脆称为半陶半瓷器物；再有就是 Earthenware 或 Pottery，意思是陶器。实际情况是，中国在相当长时间里生产的器物，尤其是北方广大地区生产的都应被称为 Stoneware。但不论是中国古代文献的记载，还是现代学者的研究，都把前二者统称为瓷器。

瓷器是在一定历史条件下产生的，它要求人们对土的可塑性有充分的认识，能熟练掌握高温熔炼技术，能够认识和控制这些物理、化学反应，基于此，瓷器也就应运而生了。可以说，瓷器的生产过程是一个化腐朽为神奇的过程，充分展现了人类对自然的认识、改造能力和卓越的创造力。

二、中国古代陶瓷发展简史

到了距今 6 000 年至 4 000 年的新石器时代晚期，在中国境内的几乎所有适于远古人类生活的地方，都出现了以不同质地、形状和纹饰的陶器为典型代表的考古学文化。各地的制陶业都已相当发达，器物的种类繁多，造型美观实用，地方特色明显。从质地上分，有红陶、灰陶、黑陶、白陶、印纹硬陶等；从装饰上分，又有彩陶、彩绘陶，以及绳纹、印纹、镂孔等。制陶业的高度发达，从工艺技术上和客观需求等方面为瓷器的产生和发展创造了条件。尤其是夏商时期中原地区生产的白陶器和南方地区生产的印纹硬陶，选用的原料已十分接近瓷土或与后来产生的原始瓷器相同，烧成温度也比一般陶器要高，达到 1 000 ℃。它们已是瓷器的前身了。

在我国黄河中下游地区的河南、河北、山西和长江中下游地区的湖北、湖南、江西和江苏南部地区商代中期的遗址和墓葬中，都出土了原始青瓷，说明原始青瓷的创制应该不会晚于商代中期。发现的原始瓷器主要有：尊、钵、罐和豆等，器形较简单，数量也很少。这个时期的原始瓷器胎质坚硬，颜色多呈灰白色和灰褐色，有少量器物的胎质为纯白稍黄。釉色以青绿色最多，并有一些豆绿色、深绿色和黄绿色。装饰方面主要是印纹，纹饰图案有方格纹、蓝纹、叶脉纹、锯齿纹、弦纹、藤纹和S形纹，也有一些圆圈纹与绳纹。

商代后期的原始瓷器，在中期的基础上有所发展，制品种类有所增加，质量也有了提高，烧制和使用范围也有所扩大。商代后期常见的器形有尊、瓮、圜底罐、双耳罐、圜底盆、钵、豆、器盖、壶、圈足簋和碗等。胎体的颜色仍以灰白色为主，并有少量青黄色、淡黄色和灰色。釉色多为青色和豆绿色，也有少量酱色、淡黄色和绛紫色。器物的装饰有拍印的方格纹、锯齿纹、水波纹、云雷纹、叶脉纹、S形纹、网纹、翼形纹、圆点纹。此外，装饰中出现了在器表用尖利的棍类工具划刻花纹和弦纹、附加堆纹等新的装饰技法。

在安徽屯溪，江苏句容、丹徒、溧水、金坛等地的西周墓中，出土了大量原始瓷器。这些原始瓷器与青铜器一同随葬，形制和纹饰都与青铜器相似，而数量往往多于青铜器。这表明当时东南地区的原始瓷器制造业在全国处于最发达的地位，同时，原始瓷器在生活中仍属于一种高级用品，甚至与青铜器相似。

春秋时期的原始瓷器和西周的相比，质量又有提高。特别是春秋晚期到战国时期，江浙一带的原始瓷器，胎质更加细腻，表明对原料的加工更加精细。绝大多数采用轮制成形，器壁变薄，并且十分均匀，产量也大大提高，达到了原始瓷器发展的鼎盛时期。

从战国时期开始，中国进入了封建社会，从战国到秦汉，是中国封建社会的初期阶段，有的奴隶制经济被封建庄园制经济所取代，铁器开始广泛使用，生产力有了很大发展。同时，战国时期又是一个战乱频繁的年代，残酷的战争对许多地方的生产造成了极大的破坏。直到秦汉时期，当大一统的局面得到长期维持的时候，以农业生产为主导的社会经济得到了长足的进步。作为封建庄园经济一部分的瓷器手工业，在这一时期经历了一个曲折发展的阶段，大约到东汉晚期，取得了划时代的成就，原始瓷器演进发展成为成熟的瓷器。

东汉晚期成熟瓷器烧制成功，是中国陶瓷发展史上一个重要的里程碑。

无论青瓷，还是黑瓷，一般都是陶车拉坯成形，一律使用浸釉法施釉。

西晋统一，为南方制瓷技术的交流提供了便利。从品种上划分，这一时期南方烧制的瓷器品种有青瓷和黑瓷两种，尤以青瓷为主。

大约到北朝时期，在南方的影响和带动下，北方的许多地点也开始生产较成熟或成熟的瓷器。到北朝晚期，北方还生产出了白瓷器。瓷器已成为上层人士和士家大户日常生活中的主要用具了。

隋的统一，历年甚短。但隋是以北朝为基础统一全国的，因此，隋代的文化面貌常带有较浓重的北朝色彩。南北政治的统一，促进了南北经济、文化的交流和融合。隋开修南北大运河，更是促进了这种交流。由于中央政府设立在北方，因此，南方的物品和工艺技术更多地传往北方。从整体情况看，北方瓷业的新发展，表明隋代在陶瓷史上开始了一个新时期。

隋代的青瓷仍分为南方和北方两个系统，但南北方趋同的方面增多。南方青瓷生产的地点增多，除了浙江、江西、江苏等地的窑场数目进一步增多以外，安徽、湖南和四川等地窑场青瓷生产的水平也进一步成熟。

唐代政权统一,经济发达,社会开放,使瓷器制造业进入了繁荣时期。在三国两晋南北朝和隋代制瓷发展成就的基础上,唐代陶瓷业蓬勃发展,生产瓷器的地域扩大了。根据文献记载和考古发现,当时北方的河北、河南、陕西、山东、山西等省,南方的浙江、江西、安徽、湖南、福建、广东、四川等省,都烧造瓷器。从总体面貌上看,南方仍以生产青瓷为主,而北方则以白瓷为主,从地域上形成了"南青北白"的格局。

唐代以后,有关瓷器的记载逐渐增多,瓷器的生产地点多以当时所在的州名来命名。在陶瓷考古和古陶瓷研究中常常采用区别称呼的办法,即在文献有明确记载以后,以古代的州名来命名,而在文献记载以前,以现今窑址所在的地名来命名,如唐代的洪州窑,在唐以前称为丰城窑,宋代的定窑,在宋以前称为曲阳窑。我们在论及唐代的六大青瓷窑时,往往会涉及唐以前的烧瓷传统。

(1)越州窑一般称为越窑。烧瓷的历史可以上溯到东汉末期。早期的窑址主要集中在上虞县(今上虞区)沿曹娥江两岸的山坡上,自汉以来,窑火不断,是老牌的制瓷中心,形成最早、最发达的青瓷传统。有些学者认为,江苏宜兴的均山窑也应纳入这一传统。

唐代越窑青瓷为当时全国之冠。这时,出现了一个"秘色"的新名称。秘色瓷器是在唐代越窑瓷器制作技术基础上发展起来的青瓷。秘色始于唐,盛于五代,终断于南宋。以往文献对越窑与秘色窑都分别叙述,于唐称越窑,于五代则称秘色,但其实烧造地点都在越州。

越窑代表了唐五代到宋初时期青瓷生产的最高水平,从工艺技术、器形到装饰方法和纹饰都对南北方的众多瓷窑产生了广泛而深远的影响。

(2)鼎州窑青瓷在唐代有较广泛的制造和使用,在社会上产生了较大的影响。陆羽在《茶经》里将其排在越窑之后,居唐代六大青瓷窑的第二位。唐代曾两次设立过鼎州,第一次从天授二年(691)到大足元年(701),地域包括云阳、泾阳、礼泉、三原等县。第二次是在唐末天祐二年(915)。

鼎州窑是唐代六大青瓷窑中唯一位于北方的瓷窑。从制瓷传统上看,唐代的黄堡窑并不是以生产青瓷为主,尽管进入五代、宋以后,耀州窑是以青瓷而闻名的,但唐代黄堡窑却以生产黑瓷、白瓷为主。鼎州窑之所以在短暂的烧制历史中,在匀净淡雅的青绿或淡青的釉色方面与有数百年烧制历史的老牌窑场越窑迅速接近,得益于化妆土的施用。

(3)婺州窑在唐代陆羽所著的《茶经》中居青瓷窑的第三位,窑场位于浙江金华地区。这里的烧窑历史可上推至西晋时期或更早,唐代进入了大发展时期。其实婺州窑瓷器质量并不高,多数比较粗糙,属一般的民间用瓷。但制瓷作坊较多,生产发展较快,现在的金华、兰溪、义乌、东阳、永康、武义、衢江、江山等广大地区都有唐宋时期的婺州窑址发现。

婺州窑是我国最早使用化妆土的窑场,主要原因是当地的原料品质不高,制瓷业在这里兴发不久,优质原料即告枯竭,只能选用含杂质和含铁量较高的低质原料,而化妆土的使用是改善器物外观的一个好办法。但尽管这样,婺州窑的制品仍显得比较粗糙,胎质粗,胎色灰黄,釉色主要是青中泛黄。

(4)陆羽《茶经》将岳州窑排于越州、鼎州、婺州之后,列六大青瓷窑中的第四位。窑场位于今湖南湘阴一带,窑址分布于湘阴城关镇、铁角嘴、窑头山、白骨塔、窑滑里等地,并延伸到衡阳贺家乡和衡阳湘江两岸的地区。

器物以碗、盘为主，还有壶、罐、瓶等。胎体一般较薄，胎色灰白，胎质不如越窑青瓷致密，釉色以青绿色为多，也有青黄色，釉层较薄，玻璃质感很强，多有细碎的开片，有的器物胎釉结合得不好，容易剥釉。

(5) 陆羽评唐代六个瓷窑出产的茶碗，把寿州窑产品排在越、鼎、婺、岳州窑之后，洪州窑之前，并指出"寿州瓷黄，茶色紫"。

唐代的黄釉瓷器以余家沟窑烧造的为代表，器皿有碗、盏、杯、钵、注子、枕、玩具和兽足砚等。烧制瓷器的窑具有匣钵、托盏、三岔支具、印模和支柱等。

寿州窑的制瓷工艺受北方瓷窑的影响较大，造型粗犷雄伟，不如南方瓷器秀气。器物的胎体比较厚重，器多平底，有的底心微凹。

(6) 陆羽在《茶经》中将洪州窑列为六个青瓷窑的最后，并明确指出："洪州瓷褐，茶色黑，悉不宜茶。"但实际上洪州窑在唐代还是相当有地位的。

此外，在福建、广东、湖南和四川等地，都发现了一些唐代的烧瓷窑场，其中湖南长沙窑和四川邛崃窑较为有名。

唐代除生产白瓷以外，还广泛烧造青瓷、黑瓷等，并取得了相当显著的进步和发展。另外，诸如花釉瓷器、绞胎瓷器、青花瓷器和唐三彩，颇具开创性，在中国陶瓷发展史上占有重要地位。

宋代是我国制瓷史上突飞猛进发展并达到一个崭新高峰的阶段。中国从东汉晚期出现成熟的瓷器，经过几百年的发展，制瓷技术已在南北方同时成熟，南方出现了如冰似玉的越窑青瓷，北方则制出了类银类雪的邢窑白瓷。这些杰出的成就从工艺技术上为陶瓷生产的繁荣做好了准备。

宋代的制瓷业采用了官民并举的方式，先后形成了烧制贡御瓷器的五大名窑。这些名窑都有一些非常精美的产品，由于其制作精良，工艺先进，装饰秀美，成为陶瓷工业发展的龙头产品和推动力量。有的名窑还成为窑场众多、地域广大的庞大窑系，如定窑和钧窑，产生了深远的影响。同时，还涌现出一批以生产民间日用瓷为主的民间窑系，其中著名的有北方的磁州窑系、耀州窑系，南方的龙泉青瓷系，以景德镇为中心的影青瓷系等。宋代的六大瓷系，除了已列入五大名窑的定窑、钧窑以外，尚有北方的耀州窑系、磁州窑系、南方的龙泉窑系和以景德镇为代表的青白瓷系。

公元1279年，元朝灭亡了南宋，南北瓷窑大都遭到严重破坏或走下坡路，其中衰落程度最小并在宋代的基础上继续发展的，则独有景德镇的瓷业。其发展的重要原因之一，是元代统治者对景德镇白瓷的浓厚兴趣及其需要的迫切性。在景德镇元代的产品中，青花瓷器、釉里红瓷器和卵白釉瓷器均属创新产品。

中国的瓷器在元明以前，往往是名窑辈出，制作都在伯仲之间，且各具特色。从明代起，景德镇就成为"天下窑器所聚"（《二酉委谭》），所谓"有明一代，至精至美之瓷，莫不出于景德镇"。虽然河北彭城（邯郸）、浙江处州（龙泉）、福建德化、江苏宜兴都别具一格地大量生产，但总不如景德镇发展全面。特别是彩瓷、青花瓷及彩釉瓷的烧造成绩尤为显著。

在明代，景德镇制瓷工匠改进了罐坯工具，发明了吹釉技术，总结了南方和北方窑炉的优点，发明了鸭蛋形窑，即景德镇窑。窑炉的革新，使产量大大增加，烧窑技术也有所提高。由于对热工程序控制准确,烧制的瓷器也更为优良。自明代郑和下西洋以后,中国瓷器遍销阿拉伯和印度。此外,榜葛剌国(西印度之地)、柯枝国(嘛阻最大的商埠可陈港)、古里(喀里克特)、天方(麦加城)、阿丹(亚丁、阿拉伯半岛西南角)、剌撒(阿拉伯半岛东、波斯南岸)等地,都遍销中国的"青花白瓷器"。

中国封建社会陶瓷手工业,经过两千多年的发展,到清朝(1644—1911),制瓷工艺达到历史的最高水平。康熙、雍正、乾隆三朝是清代制瓷工艺的极盛时期。清代陶瓷手工业发展速度很快,如瓷都景德镇窑户达数千家,工匠十多万,规模空前。

第五节　中国古代建筑与雕塑

一、中国古代建筑[①]

(一)中国古代建筑的基本特征

1. 外观特征

中国古典建筑与世界上其他建筑迥然不同，这种独特的建筑外形，是由建筑的功能、结构和艺术高度结合而产生的。

中国古典建筑由屋顶、屋身、台基三个部分组成，称为"三段式"，每部分各具特色。大屋顶是最引人注目的外形，是中国古典建筑区别于西方古典建筑最鲜明的特征，视觉效果十分突出，世界少有。这种反曲向阳、具雕塑感的屋顶，不是古人凭空想出来的，而是我国古代匠师充分运用木构架特点，创造出的屋顶样式。屋顶起翘和出翘形成了如鸟翼伸展一般的檐角和流畅优美的屋顶曲线，令原本呆滞笨重的轮廓，变成了一条充满活力的天际线，柔和而有韵律，巨大沉重的屋顶也变得轻巧起来。中国古典建筑屋身部分是建筑的主体，运用木结构框架这种承重结构体系，柱子解放了房屋的墙体，赋予建筑物以极大的灵活性，既可轻盈灵透，又可随意装饰；既可做成各种门窗大小不同的房屋，也可做成四面通风、有顶无墙的凉亭，还可做成密封的仓库。在几千年前就已经把"流动空间"运用得相当纯熟了。西方古典建筑是以石材为主，厚重墙体承受着房屋巨大的负荷，窗户狭小、房间阴暗。到了近现代，西方才在框架结构的支持下，开始追求和探索"流动空间"的意境。台基，是我国古代建筑不可缺少的部分，是建筑立身之所，肩负着通风、防潮、稳定立柱等多种功能，同时，台基又好像一个巨大的承托垫子，避免柱基因为负重不同而出现沉降，一旦遇上猛烈地震，土地颠簸抖动，整个台基就会发挥缓冲的作用，抵消地震对建筑物的不规则摇撼。现存那些曾经遭受过连番地震，依旧保存下来的古代建筑，绝非侥幸，除了木框架结构在防震方面的优越性之外，台基也功不可没。台基除了通风、防潮、稳定立柱、防震等功能之外，还昭示着身份和权力。

2. 结构特征

中国古代建筑主要是采用木构架结构，人们常用"墙倒屋不塌"这句谚语来形容古代建筑，它生动地说明这种木构架的特点。我们在前面讲屋身的特点时已经说过，建筑的重量是由构架承受的，墙不承重。道地的木建筑，屋身墙壁都轻巧得可以又拆又装，墙倒了自然"屋不塌"。木构架是屋顶和屋身部分的骨架，它的基本做法是以立柱和横梁组成构

[①] 唐鸣镝，黄震宇，潘晓岚. 中国古代建筑与园林. 北京：旅游教育出版社，2008：12-155. 有删减。

架,四根柱子组成一"间",原理和搭积木差不多,将四根柱子竖起,加上屋顶便成了一间房屋的雏形,而一栋房子由几个这样的"间"组成。屋顶部分也是用类似的梁架重叠,逐层缩短,逐级加高,柱上承檩,檩上排椽,构成屋顶的骨架,也就是屋顶坡面举架的做法。欣赏古建筑的结构很方便,可以不用打开盖子来研究,因为它是外露的。古建筑的框架结构为了保持木材通风及便于更换构件,玲珑剔透,一目了然,可观性很强。

不同的地域气候有不同的木材品种,也有不同的处理方法。中国各个民族不同的生活习惯都足以发展形成独立的结构形式。这里只简单介绍两种主要的结构类型。其一是抬梁式。抬梁式也称叠梁式,就是屋瓦铺设在椽上,椽架在上,承在梁上,梁架承受整个屋顶的重量再传到木柱上,就这样一个抬着一个。抬梁式构架的好处是室内空间很少用柱(甚至不用柱),结构开散稳重,屋顶的重量巧妙地落在檩梁上,然后再经过主立柱传到地上。这种结构用柱较少,由于承受力较大,柱子的耗料比较多,流行于北方。大型的府第及宫廷殿宇大都采用这种结构。其二为穿斗式。穿斗式又称立帖式,直接以落地木柱支撑屋顶的重量,柱间不施梁而用穿枋联系,以挑仿承托出檐。穿斗式结构柱径较小,柱间较密,应用在房屋的正面会限制门窗的开设,但做屋的两侧,则可以加强屋侧墙壁(山墙)的抗风能力。其用料较小,选用木料的成材时间也较短,选材施工都较为方便。在季风较多的南方一般都使用这种结构。

3. 群体布局特征

中国古代建筑一般都是由单个建筑物组成的群体。这种建筑群体的布局,除了受地形条件的限制或特殊功能要求(如园林建筑)外,一般都有共同的组合原则,那就是以院子为中心,四面布置建筑物,每个建筑物的正面都面向院子,并在正面设置门窗。

规模较大的建筑由若干个院子组成。这种建筑群体一般都有显著的中轴线,在中轴线上布置主要建筑物,两侧的次要建筑多做对称布置。个体建筑之间用廊子相连接,群体四周用围墙环绕。北京的故宫就是这种群体组合原则的典型,显示了我国古代建筑在群体布局上的卓越成就。这种布局特征是中国封建社会传统儒家思想的体现,礼制制度贯穿于其中。自西周以来,礼制就约束着造房及建城,并世代相传。建筑群体的布局万变不离其宗,先是由单体建筑构成院落,然后,再由院落构成群体。

建筑院落的布局大体可分为两种:

一种是"四合院"式,即在纵轴线(前后轴线)上先安置主要建筑及其对面的次要建筑,再在院子的左右两侧,依着横轴线以两座体形较小的次要建筑相对称,构成正方形或长方形的院落。四合院的四角通常用走廊、围墙等将四座建筑连接起来,成为封闭性较强的整体。这种布局方式适合中国古代社会的宗法和礼教制度,便于安排家庭成员的住所,使尊卑、长幼、男女、主仆之间有明显的区别。同时也可以保证安全,防风、防沙,或在院落内种植花木,形成安静舒适的生活环境。四合院有极强的适应性,针对不同地区的气候影响,以及不同性质的建筑在功能上和艺术上的要求,只要将院落的数量、形状、大小,与木构架建筑的体形、式样、材料、装饰、色彩等加以变化,就能够得到解决。因此,在长期的奴隶社会和封建社会中,在气候悬殊的辽阔土地上,无论宫殿、衙署、祠庙、寺观、住宅都比较广泛地使用这种四合院的布局方法。

另一种是"廊院"式,即在纵轴线上建主要建筑及其对面的次要建筑,再在院子左右两侧，用回廊将前后两座建筑连接为一，这就是"廊院"。这种以回廊与建筑相组合的方法，可收到艺术上大小、高低、虚实、明暗的对比效果，同时走在回廊上还可向外眺望，扩大实际空间。自汉至宋、金，宫殿、祠庙、寺观和较大的住宅都应用这种布局方式。其中，唐宋两代为盛。

4. 古代建筑的装饰及色彩特征

所谓"雕梁画栋"，正是我国古代建筑装饰及色彩特征的真实写照。

装饰是建筑的细部。中国古代建筑上的装饰细部，大多是以结构构件经过艺术加工而发挥其装饰作用的。木建筑外露结构从不遮蔽（以便木料通风、维修），经过细工处理的木框构件，本身就已经是了不起的雕刻，再在上面进行有节制的装饰，更是锦上添花。梁枋、斗拱、檩椽，都是结构与艺术的完美结合。建筑上的装饰部分，重点都在显眼处。一座建筑不单纯是工程技术，同时也是一种综合艺术，这是缺一不可的。在综合艺术中要体现雕刻、彩画、壁画、色彩以及各种装饰。以一个佛殿为例：柱础石、屋槽、斗拱、瓦当、正脊、门帘等部位都做得精致；在梁架部位，斗拱、梁头、瓜柱都有雕刻，起到画龙点睛的作用。同时，我国古代建筑还综合运用了传统工艺美术以及绘画、雕刻、书法等方面的卓越成就，赋予了建筑以生命，体现了我国浓厚的传统民族风格。如额仿上的匾额、柱上的楹联、门窗上的禄格、梁上的雕刻等，都丰富多彩、变化无穷。雕刻在古代建筑中无处不在。雕刻有木雕、砖雕、石雕之分，雕刻手法有透雕、立体圆雕、浮雕、镶嵌雕饰等，加上瓦作、陶泥塑造等，雕饰手段之多，可想而知。大体上，南方建筑雕刻玲珑而精细，风格柔而软、细而腻；北方以山西为代表，建筑雕刻粗犷、豪放。

中国古代建筑的用色极为大胆，惯用大面积的原色——黄、红、青、绿、蓝、黑、白。古代建筑的色彩从春秋时期起，不断发展，大致到明代总结出一套完整的手法，不过随着民族和地区的不同，又有若干差别。春秋时代宫殿建筑已开始使用强烈的原色，经过长期发展，在鲜明色彩的对比与调和方面积累了不少经验。南北朝、隋、唐间的宫殿、庙宇、邸第多用白墙、红柱，或在柱、枋、斗拱上绘有各种彩画，屋顶覆以灰瓦、黑瓦及少数琉璃瓦，而脊与瓦采取不同颜色，已开后代"剪边"屋顶的先河。宋、金宫殿逐步使用白石台基，红色的墙、柱、门、窗及黄、绿各色的琉璃屋顶，而在檐下用金、青、绿等色的彩画，加强阴影部分的对比。这种方法在元代基本形成，到明代更为制度化。在山明水秀、四季常青的南方，房屋色彩受气候、环境、社会等方面的影响，多用白墙、灰瓦和栗、黑、墨绿等色的梁架、柱，形成了与环境相调和、秀丽雅淡的格调。

除审美之外，色彩的使用，在封建社会中还受到等级制度的限制。自西周"明贵戏，辩等级"以来，色彩严格分成等级：金、黄、赤、绿、青、蓝、黑、灰、白。宫殿用金、黄、赤色；官邸用绿、青、蓝色；民舍只可用黑、灰、白色。目前一般所见的是清代的宫殿、庙宇，用黄色琉璃瓦顶、朱红色屋身，下阴影里用蓝、绿色略加点金，再衬以白色石台基，各部分轮廓鲜明，使建筑物更显得富丽堂皇。建筑上使用这样强烈鲜明的色彩而又得到如此完美的效果，在世界建筑上是少有的。

彩画是古建筑色彩的独特体现，可以说，出色的梁枋彩绘，设色并不逊于工笔画。自古以来，"雕梁画栋"也有地域之分。"雕梁"在南方流行，因为彩画怕湿，阴雨连绵对彩画不利。彩画的色与粉受潮，易于变色、褪色，甚至使彩画脱落，所以南方普遍采用雕刻。北方干燥，"画栋"很少受气候的影响，所以彩画绘制比较多，因此有"南雕北画"之说。

（二）中国古代建筑部分代表作品

1. 故宫

故宫在明清北京城内中部，从明永乐十九年（1421）直至清末，是明、清两朝的皇宫。古代皇宫是禁地，又有紫微垣为天帝所居的神话，故称宫城为紫禁城。它是中国现存规模最巨大、保存最完好的古建筑群。

对于这样一项庞大的工程，除了首先要进行总体规划和建筑设计以外，其次就是采集建造房屋所需的材料。修建这座宫殿的木料，大都是从浙江、江西、湖南、湖北和四川一带的深山老林中伐来的。当时运输条件很差，大树砍倒以后，要等待雨季利用山洪从山上冲下来，然后由江河水路运至北京，从产地到北京，往往需要三四年的时间。经水运的木材还需经过晾干方能存入仓库备用。还有砖、瓦、石料等，据说，建造紫禁城共需用砖八千万块以上。这些砖不可能都在京城附近烧制，如殿堂铺地的金砖为江苏苏州所产，需要特殊的工艺，从选泥、制坯、烧窑、晾晒一直到验收、运输都有严格的要求。产品质地坚硬，外形方正，敲之出金属声，故称"金砖"。这些砖也要靠运河北运。京城附近遍设窑厂，现在北京还能寻找到与当年建造宫城有关系的地名，像琉璃厂、琉璃渠、大木仓胡同、方砖厂胡同等，可见工程之浩大。

明成祖朱棣登位后决定筹建北京宫殿。从永乐五年（1407）开始征调工匠预制构件，到正式开工，共准备了近 10 年的时间，至永乐十八年（1420）方才建成。

故宫的总体设计多比附周礼古制，如"前朝后寝"。在午门前建端门、天安门、大明门（中华门，已拆除），使太和殿前有五重门以示"五门"之制，前三殿以示"三朝"之制等。这种合乎实际功能需要的"前朝后寝"的布局成了历代皇宫的基本格局。

紫禁城内有一条南北中轴线，自午门至玄武门，同北京城中轴线重合。在中轴线上布置外朝内廷最主要的建筑前三殿和后三宫。其余东西六宫、乾东西五所对称布置在左右，以拱卫中轴线上的建筑。它利用院落的大小、殿庭的广狭来区分主次，前三殿是全宫最大建筑群，占地面积为宫城的 12%，后三宫面积为前三殿的 1/4，其余宫殿，包括太上皇、皇太后的宫殿，又小于后三宫，以突出前三殿、后三宫的主要地位。

紫禁城宫墙高 10 米，南北长 961 米，东西长 753 米，外有宽 52 米的护城河。城每面开一门，四角为角楼。南面正门称午门，是整座宫城的大门，建在高高的凹字形墩台上，正面下开三门洞，凹形两翼近内转角处各开一门洞，称掖门。台上正中建重檐庑殿顶的门楼。左右转角和两翼南端各建一重檐攒尖顶方亭，其间连以宽阔的廊庑。这种呈门字形的门楼称为"阙门"，是中国古代大门中最高级的形式。午门大殿屋顶也是最高级的式样。午门作为紫禁城的大门，同时又是皇帝下诏书、下令出征和将士凯旋向皇帝献俘的地方。每遇宣读皇帝圣旨，颁发年历书，文武百官都要齐集午门前广场听旨。官员犯死罪，也有"推出午门斩首"之说。午门中央门洞是皇帝专用的门道，特许皇后完婚入宫时和进士中状元出宫时可用此门。百官上朝，文武官员进出东门，王公宗室进出西门。如遇大朝皇帝升殿，朝见文武百官人数增多，和皇帝殿试各省晋京的举人时，才把左右掖门打开，文、武官员分别进出东、西两门，各省举人则按在会试时考中的名次，单数走东掖门，双数走西掖门。一座午门的五个门洞也表现出了如此鲜明的等级制度。紫禁城东门和西门称东华门和西华门,北门称玄武门,清代改称神武门,上面都建重檐庑殿顶门楼。

在建筑形体上,主要是通过间数多少和屋顶形式来区分主次,间数以 11 间为最,屋顶等级依次为庑殿、歇山、悬山、硬山,最重要的加重檐。宫中最重要的正门午门,正殿太和殿和乾清宫、坤宁宫等都用重檐庑殿顶,间数为 11 间或 9 间,属最高等级,其他群组依次递降。同一群组中,配殿、殿门比正殿降一等。通过这些手法,把宫中大量的院落组成一个轴线突出、主从分明、统一和谐的整体,把君臣、父子、夫妇等封建伦常关系,通过建筑空间形象地体现出来。而大小规模不同的院落和建筑外形的差异又造成多种多样的空间形式,使总体的统一和谐中又富于变化。

紫禁城宫殿是最能体现中国古代建筑中院落式布局特点和艺术表现力的典范。为了创造背山面水的理想风水模式,紫禁城在兴建时,用挖掘护城河的泥土在宫城的北面堆筑了一座景山,又从护城河中引出水流,自紫禁城的西北角流入宫城,并让它流经几座重要的建筑前面,以造成背山面水的吉利环境。于是,在太和门前出现了金水河,河道弯曲如带,故称"玉带河"。当年皇帝御门听政,文武百官清早就立候在这条玉带河的南面,等待帝王驾到。玉带河不仅具有风水作用,也有排泄雨水、供水灭火的功能。

太和殿是宫城最重要的一座殿堂,皇帝登基、完婚、寿诞,每逢重大节日接受百官朝贺和赐宴都要在这里举行隆重的礼仪。其后的中和殿是帝王上大朝前做准备和休息的场所。中和殿北面的保和殿是皇帝举行殿试和宴请王公的殿堂。太和、中和、保和三大殿组成紫禁城前朝的中心,无论在整体规划与使用功能上都处于整座宫城最重要的位置,尤其以太和殿最为突出。当年的规划者和匠师们运用最大的广场、最高的台基与建筑、最讲究的装饰,通过环境的经营及建筑本身的形象与装饰,使紫禁城威武壮观。

后宫也有三座主要的大殿。最前面的是乾清宫,即皇帝、皇后的寝宫,有时皇帝也在这里接见下臣,处理日常公务。其后是交泰殿,为皇后接受皇族朝贺的地方。最北面的坤宁宫为皇后居住的正宫。三座宫殿同处于中轴线上,并且坐落于同一座台基上。乾清、坤宁二宫象征天地,乾清宫的东西庑日精门、月华门象征日月,东西六宫象征十二辰,乾东西五所象征天干等,赋予了皇宫至高无上的象征。

乾清宫与坤宁宫用的是最高等级的屋顶。按礼制,后宫应比前朝低一等级,所以这里的台基只有一层。另外,乾清宫前面的庭院远没有前朝的那么宽广,在乾清门与大殿之间还连着一条甬道,使人们进入后宫大门后直接可以走到乾清宫而不必由庭院登上高高的台基。看来,这里还是供帝王生活的寝宫。

在汉白玉栏杆衬托下的皇宫大殿,仿佛天上仙界的琼楼玉宇。从总体看,紫禁城宫殿尺度庞大,是不太人性化的。但为什么还要这样建呢?礼制使之然也。相比较,离宫宫殿就人性化得多。

历史给我们留下了一座完整的紫禁城。如今这座庞大的宫殿已经失去了当年皇权的威势,不再具有那种对臣民的威慑力量了,展现在我们面前的是一片金碧辉煌的古代建筑精品。它反映了古代工匠无比的智慧与创造力,反映了中国古代建筑文化的辉煌。

2. 敦煌石窟

中国石窟建筑成就辉煌,可称杰作的宏构巨制甚多,其中尤以敦煌、云冈、龙门、麦积山等四大石篇为最,体现出苍凉而荒寂的特色。

敦煌石窟一般指莫高窟。在甘肃省敦煌市三危山和鸣沙山之间的峭壁上,地当古代"丝绸之路"的要冲。相传始凿于前秦建元二年(366),经北魏、西魏、北周、隋、唐、五代、宋、西夏和元,历代都有凿建,工程延续千年。现存已编号洞窟492个,以唐代凿成的为最多,约占总数的一半。篇内保存有45 000余平方米壁画,2 000余座彩塑和5座唐宋木构窟檐。敦煌石窟不仅是中国最重要的佛教石窟,而且是闻名世界的文化艺术宝库。窟室本身、木构窟檐遗物以及壁画中所展示的建筑形象,是研究从十六国晚期到宋元时期800余年建筑史的宝贵资料。

其石窟形制是较完整的篇室,都有前后二室,绝大多数前室完全散开,只有极个别的前室有前壁或散开凿成二石柱。在散开面上原当建有木构窟檐。后室形制以中心塔柱式、覆斗式和背屏式为最多,可分别作为北朝时期、隋唐时期和五代、宋时期的代表形制。中心塔柱式篇和以塔为中心的早期佛寺布局类似,这同右旋绕塔的佛教礼仪有关。

敦煌石篇有一座晚唐窟和四座宋初窟檐。宋初窟保存较完整,三间四柱,和唐宋壁画所绘的相同,斗拱尺度很大,出挑深远保留较多的唐代风格。窟檐的端完全平直,同壁画中的绝大多数建筑一样,为研究屋角起翘的起源和发展提供了例证。

壁画中的建筑从阙、佛寺、城坛、塔、住宅及其他建筑,以及建筑的部件等,几乎无所不包。壁画明显地表明了从十六国晚期到西夏建筑画的发展脉络。盛唐时期的建筑画已达到很高的水平,总体采用俯视角度的一点透视,做全对称构图,但结合宗教画和壁画的特点,在同一画面中对不同对象也采用了平视和仰视。中唐时期的建筑画有在平面图上竖立起建筑立面的画法,基本上没有透视,和后代许多图经、碑刻工匠图样表示建筑群体的画法相同。

泥塑与壁画也独具特色。敦煌地处干燥低温地带,地质为砂石,其崖壁属于玉门系砾岩,即第四纪岩层,砾石与沙土混凝,有利于开凿却不适于在窟壁上进行雕刻。由于这种地质的自然特殊性,发展了敦煌灿烂的泥塑与壁画,并且敷彩丰富强烈,以褐、绿、青、白、黑为多。

敦煌石窟曾幽闭于沙海之中近千年。清光绪二十六年(1900)五月二十六日,有一个湖北麻城人,道士王圆箓,因逃荒流落在敦煌,因清除沙洞而在莫高窟北端七佛殿下第16号篇甬道发现了奇迹。潘絜兹《敦煌莫高窟艺术》一书说:"这个甬道两壁都是宋代人画的菩萨行列,已经为流沙所淤塞。这些沙子清除出去以后,墙壁失去了一种多年以来附着的支撑力量,以致一声轰响,裂开一道缝。好奇的王道士顺手用烟袋锅向裂缝处敲了几下,觉得其中好像是空的,便打开了这面墙壁。他发现一扇紧闭的小门,再打开小门,则是一间黑的高约160厘米、宽约270厘米略带长方形的复室。室中堆满了经卷、文书、绘画、法器等,像压缩得很紧的罐头一样,多到数不清。"于是,震惊世界考古学术界的发掘与西方盗宝者的掠夺便开始了。敦煌石窟崇高的学术地位与巨深之文化价值不可估量。至今,斗转星移,一门包括研究敦煌石篇建筑文化在内的敦煌学已登上了世界文化史的舞台。

3. 长城

城,是中国古代都邑四周用于军事防范的墙垣,一般规模较大,形成一套围绕城邑建造的完整防御构筑物体系。它以闭合的城墙为主体,包括城门、墩台、楼橹、壕隍等,坚固、陡峭、不易攻取，具有很多城防设施。

长城，是中国古代规模最宏大的防御工程。它与一般的城不同，整体不形成封闭式城圈，长度可达数百里、数千里或上万里，故称为长城，又称长垣、长墙等。在空间观念上，长城是古代都邑四周墙的极度扩大，它绵延起伏于祖国辽阔的大地上，好似一条巨龙，盘旋飞腾于巍巍群山、范范草原、瀚瀚沙漠，奔入森森大海，其尺度之巨、工程之艰、历史之悠与气势之雄，世所罕见。

据文献记载，春秋时期楚国最早筑长城长数百里，称"方城"，在今河南方城县，北至郑州市。《左传》有云，楚成王十六年（前656），齐国发兵攻楚，挺进到陉这个地方，得悉楚成王派大将屈完前来迎战。两军在召陵对阵。屈完对齐侯说，你想攻打楚国吗？谈何容易。楚国有汉水可作屏障，有"方城"可以抵御。齐侯见楚之"方城"坚不可摧，就收兵自撤了。"方城"是长城的雏形。又据文献，楚穆王二年（前624），晋国又举兵伐楚，结果遇"方城"而息鼓。楚康王三年（前557），晋军又犯楚境，为"方城"所阻而无功自返。楚长城防御之功乃莫大焉。

在那个"冷兵器"时代，长城可以使刀枪无奈，弓箭不入，战骑难以跨越。当时建造长城遵循就地取材原则，有土堆土、有石垒石，或以土石杂以其他材料，如草木之类。这正如《括地志》所说，"无土之处，累石为固"。当然，有些长城地段，天堑未通，故难以修筑，正好以此天险为"城"，也起到了御敌的作用。楚"方城"独步于天下后，齐、魏、燕、赵、秦等国也纷纷效仿，相继兴筑。秦始皇以过去秦、赵、燕三国的北方长城作为基础，修缮增筑，成为西起临洮东至辽东的万里长城。在建造技术上，秦长城已有许多进步。它经过黄土高坡、沙漠葬原、跨越无数高山峻岭、河流溪谷，施用黄土版筑或是用沙砾石、红柳或芦苇层层压叠的施工工艺，经历千年风雨，有的地段，现仍残存五六米高，令人叹为奇迹。秦以后直到明末，长城曾经过多次的修缮和增筑。汉代为了抵御塞外势力强大的匈奴，修了两万里长城，是历史上修筑长城最长的一个朝代。西汉所建长城尤其是河西长城及其亭障、要塞、烽燧与列城等，丰富了长城的建筑样式，防御功能也丰富起来，而且改进了长城的地理布局。长城的修筑比以往更为坚固，使骑兵难以跨越，阻止了匈奴的进攻，促进了西域的农牧业生产。尤其汉代已有了著名的"丝绸之路"，长城的修筑，使屯田、屯兵于长城一线成为现实，有利于保护丝绸之路的畅通、安全与繁荣。

明代长城修筑工程最大，西起自嘉峪关，东达鸭绿江，全长7 300多千米。有些地段，还修了复线，至于北京北部的居庸关、山海关与雁门关一带的城墙有好几重，有的竟多达20多重。这一重又一重的城墙，好比北京的甲胄，也好比挡在北京前面的盾牌，使北京这个自朱棣（明永乐帝）开始的明朝首都固若金汤，万夫莫开。

明朝时代，砖的技艺已发展得十分成熟，明代有条件建造更为雄伟、坚固、美观的长城。同时，由于明朝沿海经常遭受海盗骚扰，所以明朝又出现了沿海防御据点。明代立朝，差不多都在建造长城，直到1600年前后，才告一段落。明长城代表了中国长城的最高技艺水平，它已不是简单的军事防御工事，而是以建筑手段所创造的一种特殊的大地文化。其造型主体，除了城墙，还有敌台、烽火台、堡、障、隘和关等，是一系列配套的建筑设施。这一切都证明雄奇险峻、宏大壮观的明长城是空前绝后的。人类社会进入17世纪以后，虽然随着火器枪炮的使用，长城的防御功能已逐渐退出了历史舞台，但古老的万里长城却仍以其浩大的建筑成就,及其系统完美的工程艺术形象,被列为伟大的世界文化遗产、世界八大奇迹之一。

现在保存下来的长城,大部分是明朝遗物。简单地说,长城由城墙、敌台、烽火台、关隘等四大部分,以及城(城堡)等建筑物组成。

(1)城墙

长城的主体是城墙。城墙的位置,多选择蜿蜒曲折的山脉,在其分水线上建造。其构造按地区特点有条石墙(内包夯土或三合土)、块石墙、夯土墙、砖墙(内包夯土或三合土)等数种;特殊地带利用劈崖作墙;在辽东镇有木板墙及柳条墙,在黄河出口处冬季还筑有冰墙。这些不同种类的构造中,以夯土墙和砖石墙为最多。城墙的高度,视地形起伏而定,往往利用陡坡构成城墙的一部分,高约3~8米。厚度视材料和构造也有所不同,顶宽约在4~6米。

(2)敌台

城墙上每隔30~100米建有敌台(哨楼)。敌台有实心、空心两种,平面有方有圆。实心敌台只能在顶部瞭望射击,而空心敌台则下层能住人,顶上可瞭望射击。空心敌台是明中叶的新创造,高二层,突出于城墙之外,底层与城墙顶部平,内为拱券结构,设有瞭望口和炮窗,上层设瞭望室及雉蝶,造型雄壮有力。此外,也有砖石外墙而内部用木楼层的敌台。

(3)烽火台

烽火台是报警的墩台建筑,亦称烽燧、亭燧、烽堠、烟墩等,建在山岭最高处,台与台相距约1.5千米。一般烽火台用夯土筑成,重要的在外包砖,上建雉和瞭望室,实心的墩台用绳梯上下,也有在夯土台中留孔道上下的。台上贮薪(干柴),遇有敌情日间楚烟,夜间举火,依规定路线很快传至营堡。若干座烽火台之间设总台一座,总台往往建在营堡附近,外有围墙,形如空心敌台。另外,还有与烽火台类似的另一种墩台,主要是为防守使用,建在长城附近。墩台相距约500米,因明朝已使用火炮,射程约350米,在500米的距离中可以构成交叉火力网。墩台有围墙,内住兵士、贮粮薪,旁掘水井,是长城附近纵深方面的防御体系。这些烽火台墩台的总台附近,筑有高约1.7米、长约2.6米的矮墙,纵横交叉,以阻止骑兵驰近。

(4)关隘

凡长城经过的险要地带都设有关隘。关隘是军事孔道,所以防御设置极为严密,一般是在关口置营堡,加建墩台,并加建一道城墙以加强纵深防卫。重要关口则纵深配置营堡,多建城墙数重。如雁门关是由大同通往山西腹地的重要关口,建在两山夹诗的山勘中,关周围山岭以重重城墙围绕,据记载原有大石墙3道,小石墙25道之多,关北约10千米处的山口,又筑广武营一座以为前哨。又如居唐关是京师北部的重要孔道,因而在两山相夹长约25千米的山道中设立城堡4座。其中岔道城为前哨,北部建城墙一段,山上建墩台以为掩护。往南为居庸关外镇,是主要防守所,建在八达岭山坊,东西连接城墙,形势极为险要。再往南即居庸关,是屯重兵之所在;最南为南口堡,系内部接应之所,并起着防守敌兵迂回袭关的作用。其他如山海关控制海陆咽喉、嘉峪关是长城的终点、娘子关是重镇,关城建筑都很坚固雄壮。

(5)城

城的主要组成部分有：

城墙，古代称埔，土筑或砖石包砌，断面为陡峭的梯形。墙身每隔一定距离筑突出的马面。马面顶上建敌楼，城顶每隔10步建战棚。敌楼、战棚和城楼供守御和瞭望之用，统称"楼橹"。

城门，即木构架门道或砖砌券洞。台顶上建木构城楼，1～3层，居高临下，便于望守御。

瓮城，即围在城门外的小城，或圆或方，方的又称"方城"。凭城高与大城同，城顶建战棚，瓮城门开在侧面，以便在大城、瓮城上从两个方向抵御攻打瓮城门之敌。

正面的战棚在南宋时改为坚固的建筑，布置弓箭手，称为"万人敌"，到明代发展为多层的箭楼。瓮城门到明代又增设闸门，称为闸楼。

马面，即向外突出的附城墩台，每隔约60步筑一座。相邻两马面间可组织交叉射击网，对付接近或攀登城墙的敌人。

敌楼、战棚和团楼，是防守用的木构掩体，建在马面上的称敌楼，建在城墙上的称战棚，建在城角弧形墩台上的称团楼，构造相同，结构都是密排木柱，上为密梁平顶，向外3面装厚板、开箭窗，顶上铺厚约1米的土层以防炮石。到明代，敌楼发展为砖砌的坚固工事。

城壕，即护城河，无水的称隍。城门处有桥，有的在桥头建半圆形城堡，称"月城"。

羊马墙，是城外沿城壕内岸建的小隔城，高8尺至1丈，上筑女墙（矮墙）。羊马墙内屯兵，与大城上的远射配合阻止敌人越壕攻城。

雁翅城，是指沿江、沿海有码头的城邑，自城沿码头两侧至江边或海边筑的城墙，又称翼城。

国务院1961年公布的第一批全国重点文物保护单位名录中列出的山海关、八达岭和嘉峪关三处长城地段，是长城遗址中具有代表性的。

二、中国古代雕塑

（一）中国雕塑的基本特征[①]

中国雕塑的基本特征概括起来可归纳为六个方面。

1. 题材的广泛性

中国雕塑的题材相当广泛，从全书的叙述中可以看到，人物、动物（包括想象、虚构的动物）、自然山水、历史故事、神话传说、生活场景、乐舞戏剧表演等都可以作雕塑的表现内容。在西方雕塑中，人始终是雕塑的中心表现对象。在古代西方雕塑中，人的形象占去绝大部分数量，在理论上，也自觉将人的形象放在最突出的位置。中国雕塑则不同，动物形

[①] 孙振华.中国雕塑史.杭州：中国美术学院出版社，1994：106-111.（有删减）

象相对占去较大比重,特别在先秦时期和秦汉时期(在佛教雕塑兴盛之前),动物的形象比人的形象在艺术上更要成功。所以中国雕塑在题材上,人的中心位置不像西方雕塑那样突出,尽管从总体的绝对数而言,中国雕塑中人物还是最多的,但相对不那么醒目。

中国人将自然山水引入雕塑,这在世界雕塑史上是奇特的。如唐代的山水明器雕塑,杨惠之的"山水塑壁",郭熙的"影壁",小型工艺性玉雕、木雕、竹雕、果核雕等对自然景物的表现,寺院及其他建筑中大量的以山水风景为内容的悬崖、壁塑等。可以说,凡是中国造型艺术所可以表现的内容,在雕塑中几乎都可以找到。中国雕塑在取材上的自由、大胆、不拘泥于某种特定表现对象的特点并不是偶然的。拿人物形象的表现来说,在西方早期雕塑中,古埃及人制作雕像是为了复制人的形象,保存生命以追求永生;古希腊人则是通过人神合一的形象在最和谐、最完美的人体中发现他们的理想世界。中国人认为生命的不朽,重在人的社会义务和责任的实现。中国人讲究"立德""立功""立言"的所谓"三不朽",追求的是人的精神品格在现实社会中的实现,而不是脱离了社会伦常追求个人的永生。佛教传入前,宗教观相对较为淡漠,偶像制作和崇拜不发达。拿道教来说,道教原本不造像,主张:"道本无形""道无形质"。敦煌本《老子想尔注》中说:"道至尊,微而隐,无状貌,形象也。"直到佛教传入后,道教受影响才开始造像。中国早期神祇形象少,偶像崇拜风气不盛,是人像雕塑相对少的重要原因。在世界其他民族中,人的形象占突出地位的常常就是在早期的人形神的基础上逐渐发展起来的。至于自然山水进入雕塑,与中华民族较早就具有了自然美的意识,以及雕塑与绘画有着密切关系都有关联。

2. 雕塑功用的社会功利性

就雕塑的社会目的和作用而言,中国雕塑总是和人们实际生活的需要(工艺性雕塑、建筑装饰雕塑),以及宗教、宗法、伦理、丧葬等社会功利目的联系在一起的。中国雕塑强烈的社会功利色彩使得纪念性雕塑得不到更大的发展,雕塑作为一门艺术的审美功能基本上被掩盖或淡忘了,在一般民众的心目中雕塑常常等于神像或泥娃娃。这样便影响和削弱了雕塑应有的社会地位和作用。这对雕塑的发展不能不说是一个障碍。不同的放置地点决定了雕塑的观赏性及社会教育功能的发挥,反过来又直接影响到一个民族的雕塑习惯和观念。

3. 雕塑家和雕塑理论没有获得独立的地位

如果将古代雕塑家与画家(特别是文人画家)做比较,就可以明晰地看出同为创作主体,二者在文化地位上殊异的程度。

中国历史上,最早从事雕塑与绘画的都是工匠,即殷商时的"百工"。尽管这些人对文化的发展起到了非常重要的作用,但工匠仍被视作"皂隶之事"。

在封建社会前期,绘画与雕塑的地位分不出高下,画家和雕塑家同为工匠,自然是难分伯仲。打破平衡的是文人画的出现。从汉开始,慢慢有文人参与绘画了,魏晋南北朝兼善绘画的文人越来越多。到唐代,文人画已基本成熟,宋以后文人画则开始主宰画坛了。文人画的出现,使一部分绘画纳入正统文化的范围,而雕塑则仍属于工匠和民间的传统,这样使雕塑家和文人画家在文化地位上发生了变化。雕塑与绘画在创作主体上的分化,使得雕塑一直不能登上正统文化的大雅之堂,在艺术上获得独立地位。从事雕塑的始终只是工匠,而绘画的主导地位为文人占据后,绘画成了封建社会一个理想的人格中必不可少的修养成分,封建社会最高统治者的提倡和身体力行,更使得它与雕塑产生了巨大殊异。在这种背景下,形成了重绘画、轻雕塑的现象。中国雕塑在发展中未出现系统、完整的理论。虽然美术史上也有所谓"塑列画苑"的说法,但画论究竟不能代替雕塑理论,三度空间的雕塑与绘画毕竟是两种语言,各自都有独特的造型规律。唐代雕塑名家杨惠之的《塑诀》是目前所知关于雕塑理论的唯一记载。至于《塑诀》内容可以推测大致是对泥塑技法的总结。中国雕塑的技艺长期以来是师徒相授式的流传,即使一些名家在实践中摸索出宝贵的经验也是不会轻易授人的。加上雕塑家文化水平的限制,也使雕塑经验难以用著述的形式传世。中国传统雕塑中,雕和塑是分离的,它们基本属于两个行当,由于雕塑没有在理论上获得独立的审美自觉,还处于经验型的自在状态,所以没有将二者上升到美学高度来认识,形成规范化的、完整的理论体系以指导雕塑的实践。这一点与中国画汗牛充栋的理论著作相比,区别是异常明显的。

4. 雕塑与绘画的互通性

"塑绘不分""塑容绘质"是中国雕塑的一个重要特点。中国雕塑常常表现出许多与绘画在表现形式上相同或相似的因素。宋人郭若虚在《图画见闻志》中说:"至今画家有轻拂丹青者,谓之吴装,雕塑之家,亦有吴装。"这是就风格而言的,所谓吴装,指绘画上出现的"吴带当风"的画风,受其影响,雕塑中也出现了这种风格,在雕像衣饰上表现出来。清人余俊明在《画跋》中说:"吴生之画如塑然,隆颊丰鼻,跌目陷脸,非谓引墨浓厚,面目自兴,其势有不得不然者。正使塑者如画,则分位重叠,便不求其鼻额额可分也。"可见画家在描绘人物时也会受到雕塑的影响,表现出在平面中追求立体效果的努力。

中国雕塑与绘画间相互融通的表现是多方面的。首先表现在色彩上,中国古代雕塑讲究"装壶",一般都是上色的。西方在古埃及、古希腊时期,雕塑常常也是上色的,在古罗马时期就逐渐向不上色方向发展。后来,是否用颜色在西方成了绘画与雕塑的一个重要区别。德国艺术史家迈约在《希腊造型艺术史》中认为,上色的古代雕塑只是雕塑的准备阶段,应该把它排除到真正的雕刻之外,他认为随着艺术趣味日益提高,雕刻也就日益抛弃本来对它不适合的色彩的华丽,出于明智的考虑,它只用光与阴影,以求使观众得到更高的温润、静穆、明晰和愉快的印象。达·芬奇在《论绘画》里更是直接指出:绘画与雕塑比较,雕塑缺少色彩美,缺少色彩透视,线透视。因此,中西雕塑在色彩的运用上是有区别的。

线条,在中国绘画中是最主要的表现手段之一。中国画更讲究线和墨色的变化。西方绘画则更讲究色彩、光与影的变化。中国雕塑与绘画的互通性表现在,线在雕塑中也是重要的表现手段之一。中国古代优秀的雕塑作品几乎都体现了这一特点,而西方的雕塑则更重体积、团块。米开朗琪罗的一句名言是:"只有能从高山上滚下来丝毫不受损坏的作品,才是好作品。"当然中国雕塑也不是不讲究团块造型,而是将团块造型与线造型结合起来,与西方雕塑一般不用线造型相比显出不同特点。

中国雕塑与绘画的密切关系除表现手段方面以外,还表现在其他一些方面,如前面提到的中国雕塑取材广泛,用雕塑形式表现自然山水的特点,显然是受到了山水画的影响。另外,中国人物雕塑和绘画都注重表现人物的内在精神,即传神,这些也都可看作是雕塑与绘画具有互通性的表现。

5. 艺术表现的写意性

中国古代美学的核心思想之一是讲究"传神""以形写神",其要旨是挖掘和表现对象内在的美。其中写意就是表现内美的重要方法之一。中国雕塑上这种写意性的特点也十分明显,它的表现是多方面的。

中国雕塑不管是表现人物还是动物,都不刻意追求表现对象在外形上的酷肖,不刻意追求比例和解剖的精确。在一些时代的雕塑中我们可以看到,古代雕塑也具有很高的写实能力,在造型上做到与对象酷肖和精确也并不困难,但许多时候并没有这样做,中国雕塑在总体上不求对表现对象的方方面面做全面、细致的刻画,而是突出重点,力求把握对象的内在精神。例如,汉代的《李冰像》《说唱俑》,如果就严格的比例和外形的酷肖是远不够准确的,然而就表现人物的神采和意蕴而言则是相当成功的。这与西方雕塑注重比例、解剖、透视的精确形成了鲜明对比。中国雕塑有时候甚至还故意突出、夸张人体的某些部分,使之异于常态。如民间流行的"身长腿短是贵人"的说法,就常常可在雕塑中得到反映。在宗教雕塑中,西方基本上是人神同形的传统,神只是比人更完美而已。中国宗教雕塑则更多采取了一些变形的办法,如"两耳垂肩、双手过膝""纤纤十指"等,更强调神异于常人的方面。另外,中国雕塑常常采用"因势象形"的办法,因此作品能保留有许多自然意趣,如在石块的天然造型的基础上,略加雕琢,便能十分生动、传神地表现对象的神韵,收到较好的写意效果。汉代霍去病墓前石雕就是典型的例子。

就人物形象而言,西方雕塑更注重的是人体结构的表现力,通过人体的变化来传达某种情绪,因此人的形体动作、转折变化尤其显得重要。中国雕塑则更注重面部的表情。中国人习惯于从面部、眉目来判断感情,与绘画一样,强调的是:"传神写照,正在阿堵(眼睛)中。"西方雕塑却不是这样。黑格尔谈道:"理想的雕刻形象除掉不用绘画所特用的形色之外,也不表现目光。"这是由于"雕刻所要达到的目的是外在形象的完整,它须把灵魂分布到这整体的各部分,通过这许多部分把灵魂表现出来,所以雕刻不能把灵魂集中到一个简单的点上,即瞬间的目光上来表现"(《美学》第三卷)。中国人物雕塑一般将重点放在头部的刻画上,身体的表现则十分概括、简练,在面部表情中,又以对眼睛的表现最为重视。以佛和菩萨来讲,身姿一般没有太多变化,其眼光里都有着许多大有深意、难以言说的内涵,使作品更为丰富、动人。

中国人物雕塑的另一特点是裸体形象较少,这一点与西方雕塑也形成对比。在中国佛教雕塑中有一些半裸的人物较常见,如菩萨、金刚力士、飞天等,这种半裸的形象其表现也是以捕捉人物神态为主的,并不追求外形上的逼真。如菩萨突出温柔、端庄、善良的神态,金刚力士突出念怒、暴烈、凶猛的性格。

中国人物雕塑在姿势上以静态站、坐的动作为多,而运动的形象,如古希腊的《抛铁饼者》,文艺复兴时期的《被缚的奴隶》那样的作品则不多。即使表现动态也是缓缓而动的多,重点仍在面部神情的表现上。西方雕塑则更多地注重在运动中,通过人体各部分的对比、转折、变化来形成韵律。当然这与大多数中国雕塑的功能也有关,宗教偶像和陵墓仪卫等形象规定了其不可能有更大幅度的运动。

6. 表现方式和手法的多样性与灵活性

圆雕在西方雕塑中是最典型的。中国雕塑在空间形式上则更为灵活多样。中国固然也有十分精彩的典型的圆雕，但也有相当大一部分圆雕更注重正面效果，许多石窟和寺院的雕像常常背靠壁面，不做"面面观"的审视。即使是可做"面面观"的陵墓仪卫人物常也是正面雕刻细致、背面简略、概括。更重要的是浮雕在中国雕塑中占有相当大的比重，许多篇像、摩崖像就是浮雕，至于建筑装饰、工艺性雕塑中的浮雕就更多了。

就雕塑材料来说，西方雕塑以石质、金属材料为多，中国在材料上则更多样。泥塑和木雕可以说是别具民族特色的。中国常以泥塑直接成像。木雕在中国很发达，这与木料在中国建筑以及日常生活中大量使用有密切关系。至于中国工艺性雕刻的用料，如竹根、树根、果核、煤精等，相当广泛，在世界雕塑史上鲜有能与之相比的。

中国雕塑为了达到某种艺术效果，其表现方式与手法是不拘的，如圆雕、浮雕、透雕、线刻的混合使用，雕与绘的混合表现，不受某种固有观念的限制，显得异常自由、灵活。如杨惠之的"山水塑壁"是借助工具完成的，郭熙就可以大胆改革，不用工具，直接用手掌抢泥。这说明中国雕塑家在表现手法上具有大胆的创造精神和不拘一格的求索态度。

（二）中国古代雕塑部分代表作品①

1. 兵马俑

秦汉时代是中国明器雕塑的第一个高峰时代。秦代有大量陶兵马以及铜车马的塑造，大大发展了中国的雕塑艺术。以武力征服、吞并各小国，遂建立起统一的集权大国的秦始皇，对军事力量极为重视，虽然他不愿再有争战，收缴天下兵器铸成"十二金人"，但却将武力视为巩固政权、恒久地统一国家的基本工具。

因此，秦始皇陵墓的明器雕塑几乎皆是战争题材的，即那些军事力量的模塑品：武将、兵士和战车、战马等。秦陵数以千计的陶塑兵马，配以数以万计的青铜兵器和木制战车，整齐有序地排列为各种军阵，形象地再现了秦代强大的军队阵容。1974年秦陵兵马俑坑被发掘之后，立即轰动了世界考古学界和艺术史学界，兵马俑坑被称为世界七大奇观之外的又一奇观。这一大型陪葬坑位于陕西省临潼区秦始皇陵东侧1.5千米处，现已发现的1号、2号和3号兵马俑坑总面积约20 000平方米，据专家们估计坑中武士就有7 000左右，陶马100多匹，至今发掘工作尚未完工。秦陵兵马俑一反前代明器雕塑简单粗略的面貌，具有了明显的写实特征和丰富多样性。武士俑的形象肖似于北方农民，立俑平均身高为1.8米，面部特征富有个性的表现，已对外陈列的数百尊武士俑各有其面，无一类同。其俑细部的刻画细腻逼真，微微上翘的小胡子，束起的发髻上的发缕，战袍上的甲钉，裹腿布的层迭纹路，薄衣浅帮鞋上紧紧系着的鞋带，以及翘起的脚，露出的鞋底上那整齐的针线纳缝过的针脚，都显得一丝不苟。马的刻画同样极尽写真之能事，立马一般高1.6米左右，与真马比例相当，各部位的表现均细致入微。整个兵马俑组成的军阵具有浑然一体的气势，从整体上看有很强的统一感，局部的真实细腻与整体的统一有机融合，使群雕的布

---

① 王可平.华夏审美文化的集结//中国的雕塑艺术.北京:浙江美术学院出版社,1992:4-37.（有删减）

局比具体刻画更加富有魅力。在雕塑手法上，秦陵兵马俑是由模塑和手塑相结合的手法塑造的，大的部件为模塑统一范制，细部则用手做"堆""捏""贴"的具体刻画；另外，面部仍采用了前代惯用的墨线描绘、勾画法。这样一批大型雕塑在中国雕塑史上具有划时代的意义。

2. 昭陵六骏

唐代年历长，国力雄厚、安定统一，历任帝王及皇亲皆将陵墓表饰视为纪念功绩和显示权威的重要手段。唐代的主要陵墓集中在陕西省境内，墓表雕塑突出的陵墓为献陵、昭陵、乾陵和顺陵。雕塑的题材较前代有了明显的扩大，除动物外，尚有不少人物形象，动物形象的种类亦不限于汉魏六朝出现过的那些种类，除普通的动物和灵兽外，还有为战马雕刻的"肖像"以及异域传入的鸵鸟的形象。此时陵墓表饰雕塑的规模较以前更为宏大，石人石兽皆为巨型石雕。唐代陵墓有着固定的程式，一般陵台设于中央，四周以神墙（围墙）相围，四面墙中间各开一神门，南门外修为神道，作为墓表的雕塑即设置于神道两旁。

较早的唐代墓表石雕见于唐高祖李渊的献陵的神道上，有石虎8件，石犀牛2件，皆为走动姿态，雕刻简洁洗练，颇有汉魏石雕的遗风，整体效果浑然而有生气。唐太宗李世民的昭陵是唐代初期的又一帝陵，在李世民在世时已开始营建，陵墓前的石雕为《昭陵六骏》和十余件"番王"像。《昭陵六骏》是以李世民在开创唐帝国的战争中骑过的六匹骏马为原型而雕刻的高浮雕作品，以高1.7米左右、宽2米左右的六块长方形石灰岩雕刻而成。

"六骏"的图形是由当时著名的画家阎立本描绘、设计的，雕刻者是当时的能工巧匠，因此作品达到了很高的艺术水准。六匹战马各有名称，姿态为三匹站立，三匹奔驰，皆为矫健英武的骏骑形象，雕刻手法相当成熟，风格自然生动而毫无工艺性装饰意味，如其中的"飒露紫"，表现为该马中箭受伤后大将丘行恭为其拔箭的一瞬间情景，马头下垂显出伤痛中依附于人的情态，而其浑身块面清晰的肌肉却充满坚毅的情调，并且形体比例合度，形象自然真实。另一件名为"拳毛騧"的马，表现身受数箭仍坚持前行的动态，同样具有真切感人的效果。这两件优秀浮雕作品现已流失于国外（现存美国宾夕法尼亚大学博物馆），其余四件陈列于陕西省博物馆。

3. 灵岩寺罗汉像

宋代市民经济有了一定发展，寺庙造像的兴建制作更为盛行。寺院造像的题材在宋代以罗汉像和菩萨像最为常见，罗汉多以群塑形式出现，有十六罗汉、十八罗汉、四十罗汉等不同数量的群塑。此时寺院造像所采用的材料为泥和木，妆彩的作用更加明显，石雕造像已很少见。山东长清灵岩寺罗汉群像是宋代造像的优秀代表。灵岩寺创建于唐代，宋人重修了寺庙并塑制了罗汉群像。灵岩寺罗汉有40尊，刻画极为细腻，面部表情的表现尤为生动，或苦虑沉思，或清心冥想的心理活动能通过面部表情的变化真切地传达出来，写实手法的运用是比较成功的，没有流于琐屑。由于这些塑像在表现高僧性格气质方面具有独到之处，被梁启超题为"天下第一名塑"。宋代寺庙或家庭内供奉的菩萨造型非常优美，有一种可移动的木雕或泥塑菩萨像，坐式十分自然，这些作品多流失于美国和日本。现藏美国大都会博物馆的宋观音菩萨坐像之一就很有代表性，该菩萨做席地而坐的姿势，右手随意搭在支起的右膝上,左手臂放在一器具上,身子微微向后倚,整个形象给人稳定舒适的感觉。全像以木雕成,刀法简洁洗练,肌肤和肢体给人的感觉柔和自然而且富有生气,足见宋代木雕造像的技艺十分精湛,与泥质彩塑造像不相上。此像的坐式为宋代菩萨像造型的常见形式,是菩萨被单独雕造、不再作为佛胁侍出现的一种造型样式,完全按现实人的美的特征刻画而成。

4. 乐山大佛[①]

位于乐山市凌云山西壁的乐山大佛同样雕刻于盛唐时期。这尊弥勒佛总高58.7米,通高71米,是世界上现存最大的石刻坐像。它正面端坐,双手扶膝,面容安详,身体比例匀称。为避免表层受雨水侵蚀,体内布置了自上而下的排水系统。

乐山市凌云山的西壁是岷江、青衣江和大渡河三江合流的地方。这里水流湍急,时常发生船翻人亡的事故。唐开元元年(713),著名僧人海通决定在此处修建大佛,用以镇水,减少灾难。由于工程巨大,直到海通去世大佛还没完工,最后历时90年才得以建成。因为大佛雕在凌云山栖鸾峰的断崖壁上,所以又叫"凌云大佛"。

乐山大佛整体气势恢宏,风格粗犷。它依山雕刻而成,可谓"山是一尊佛、佛是一座山"。在高年的山势、奔腾的江水衬托下,威严的大佛震撼着面前每一个人的心灵。

课后思考

❶ 中国语言文字有哪些特点?
❷ 中国古代文学有哪些文学形式?
❸ 按中国古代的朝代顺序简述各朝代主要文学形式。

实践与互动

1. 就中国古代书法做调查报告。
2. 就中国古代绘画作品做调查报告。
3. 就中国古代瓷器做调查报告。
4. 就中国古代建筑做调查报告。
5. 就中国古代雕塑做调查报告。

[①] 乔迁. 人人都应该知道的中国30件最著名的雕塑. 宁夏:宁夏人民出版社,2005:26.

第六节 中国古代音乐

一、远古、夏、商时期

中华民族音乐的萌芽时期早于华夏族的始祖神轩辕黄帝两千余年。据考古发现,在距今六千七百年至七千余年的新石器时代,先民可能已经能烧制陶埙,制作骨哨。这些原始乐器的存在证实了当时的人类已经基本具备了对乐音的审美能力。

(一)远古时期的乐舞与器乐

古往今来有许多有关音乐起源的说法:劳动起源说、模仿起源说、巫术起源说、异性求爱起源说、"太一"起源说、游戏起源说、信号起源说等。音乐的起源问题,至今仍无定论。远古的音乐文化根据古代文献记载具有歌、舞、乐互相结合的特点。葛天氏氏族中的所谓"三人操牛尾,投足以歌八阕"的乐舞就是最好的说明。远古时期音乐的主要形式为歌舞或乐舞,人们歌咏的内容主要为"敬天常""奋五谷""总禽兽之极",这些内容反映了先民对农业、畜牧业以及天地自然规律的认识。

反映原始狩猎情形的有《弹歌》;反映原始农牧生活的有《葛天氏之乐》;远古祭歌有《蜡祭》。乐舞类有:《云门大卷》《咸池》《韶》(或《大韶》《箫韶》)《大夏》《大濩》等,从黄帝,尧、舜、禹到夏商时期,各时期都有代表性的乐舞或是歌舞。

从考古发掘以及甲骨文考证,远古时期乐器分类有:一是击打乐器,鼓、磬、钟、缶等;二是吹奏乐器,骨笛、埙、箫、苏、言等。尚未见有弦乐器的记载与出土。

(二)贾湖骨笛

贾湖骨笛是发掘于河南舞阳的新石器时代的骨笛。1984—2001年,30多支截取仙鹤尺骨制作而成的骨笛,相继在河南舞阳县贾湖村出土。其中保存最完整的一支七音孔骨笛用简单的指法,可以奏出完整的七声音阶。根据碳同位素 C_{14} 测定和树轮校正,被测定的骨笛年代为距今约 8 000 年。贾湖骨笛的出土证明了我国古代音乐文化约 8 000 年可考的历史。

二、周、秦时期

公元前 11 世纪中期,商纣王统治被推翻,西周成立,公元前 77 年,周平王从镐京迁都洛邑,史称东周,亦称春秋战国。周代是我国音乐的第一个繁荣时期,统治者大力提倡礼与乐,周代宫廷音乐有:六代乐舞、颂乐、雅乐(大雅与小雅)、房中乐、四夷之乐等。其中六代乐舞是周代宫廷中的六个代表性的乐舞,大多为先代传下来的古乐舞:黄帝时代的《云门大卷》;尧时代的《咸池》;舜时代的《韶》;夏代的《大夏》;商代的《大濩》;周初的《大武》。这六部规模宏大的典礼音乐,用于祭祀天地、山川、祖宗,歌颂统治者的文德武功。

周代乐器已发展到几十种,按制作材料的不同将乐器分为"八音",分别是"金、石、土、革、丝、木、匏、竹"八类。周代音乐辉煌的代表是迄今为止我国出土的最大型的击打乐器——曾侯乙编钟。周代在乐律学上的成就为"三分损益法"的理论,由此可得出我国的五声和带变徵变宫的七声古音阶,也可得出我国的"十二律吕"。

(一)音乐思想

周代是我国音乐的第一个繁荣时期,音乐思想极为开放,诸子百家均有论述。百家思想中以儒、墨、道三家的音乐思想影响为主,而以孔子为代表的儒家对音乐的艺术性、社会功能等论述较为详尽。

儒家的创始人是孔子(前551—前479)。他赋予礼乐以新的内核"仁",由此构成新的礼乐化精神。他重视礼、乐的政治作用,强调音乐从道德上感化人的能力,承认音乐的思想性和艺术性,评价音乐的标准是"善"和"美",首次提出了"尽善尽美"的审美评价标准。

孟子(前372—前289),儒家学派的重要代表人物,提倡"君与民同乐",强调人民的重要性。荀子(前313—前238),音乐思想集中于《乐论》,对于儒家音乐思想有系统的总结。主张用"以古持今""以时顺修"的原则,改造旧的礼乐。对墨子的"非乐"观点进行了针锋相对的批评,维护儒家"倡乐"的主张,并参与一定的发展。

(二)《乐记》

《乐记》比较系统地阐述了儒家的音乐思想,内容大致有以下几个方面:

(1)关于音乐的本源,提出"物动心感"说,"凡音之起,由人心生也,人心之动,物使之然也,感于物而动,故形于声"。

(2)关于音乐与政治的关系,它强调音乐与政治、社会关系紧密,人的思想受到外界社会的影响,从而产生不同的"声音"。

3.关于音乐的社会功能,《乐记》主张音乐与治理朝政,端正社会风气,礼制、伦理教育等相配合,以为统治者的文治武功服务。

(4)《乐记》对音乐的美感认识,有较深层次的论述,认为"夫乐者,乐也,人情之所不能免也",强调音乐给人们的愉悦感受是人类生活不可或缺的。

墨家的代表人物是墨子,是与儒家完全对立的学派,他在音乐上主张"非乐",从小生产者和劳动者的利益出发,反对统治阶级的奢侈生活,认为使用音乐会加重人民的痛苦和灾难,浪费物力和人力。道家的代表人物是老子和庄子,老子主张"大音希声",庄子主张"清静无为。"

三、汉与魏晋南北朝时期

公元前 11 年,汉代宫廷建立了著名音乐机构——乐府,用以管理音乐的收集、整理、改编、演出等工作。主要的音乐形式有相和歌、相和大曲、鼓吹乐。宫廷舞蹈有建鼓舞、七盘舞、巾舞、巴渝舞等,盛行百戏。汉代的乐器有琴、排箫、笛、篪、笳、角、箜篌、琵琶、阮、铜鼓、锣等。著名的琴家,汉代有司马相如、蔡邕等;魏晋有嵇康、阮籍等,琴曲代表为《广陵散》。

汉魏时期,音乐思想上以董仲舒为代表的儒家提倡"德音和乐",到了魏晋时期嵇康著书《声无哀乐论》,认为音乐不能表达人的思想感情。乐律学上,汉代京房创有"六十律",弥补了三分损益十二律的缺憾,发现以管定律的缺点。

(一)乐府、相和歌、鼓吹乐

"乐府"的含义有二:一是主管音乐的宫廷机构;二是诗体名。汉代乐府是管理音乐的一个官署,始于秦代。汉承秦制,在公元前 12 年,设立乐府,其任务是收集民间音乐、创作和填写歌词、创作与改编曲调、编配乐器、进行演唱及演奏等,代表人物李延年。汉代乐府的建立客观上促进了民间音乐的保存,并促进了我国各地音乐的发展,对后世产生了深远影响。

相和歌是汉代搜集于民间的宫廷音乐。相和歌的概念至今并未厘清,它概括了汉代在北方各地民间流行的各种歌曲,其中有原始民歌,有根据民歌进行加工改编而形成的艺术歌曲,也有以此发展的大型舞曲——"相和大曲"。相和歌常用之调式为平调、清调、瑟调,伴奏乐器通常为笙、笛、节鼓、琴、瑟、琵琶、篪等。

鼓吹乐是从汉代始受北狄乐影响而形成的器乐形式。汉代鼓吹分为四大类:黄门鼓吹、横吹、短箫铙歌、箫鼓。

(二)《声无哀乐论》与"六十律"

嵇康是魏末著名的文学家、音乐家,《声无哀乐论》是他所著的一本音乐美学著作,基本观点是音乐不能表达人的喜怒哀乐的情感。音乐是客观的实体,哀乐是情感的表现,两者没有直接的联系,从而否定了音乐能表现人的哀乐情感,不承认音乐有一定的思想内容。在中国古代音乐美学史中,大多数的音乐美学文献都认为音乐能表达人的思想感情或表现一定的内容,而嵇康的《声无哀乐论》以其独特的表达方式独树一帜。

京房(前 77—前 37),西汉律学家,本姓李,字君明,由三分损益法继续推算,得出"六十律"。京房觉察到律管的管口校正问题,提出"竹声不可度调",并制作了十三弦的"准"。

两晋南北朝时期(280—589),国家长期处于割据状态,使得南北方音乐差异较大。北方受西域音乐影响较多,诸如龟兹乐、西凉乐、高昌乐、天竺乐等"胡乐"大盛,南方则有"清商曲"(分成吴声歌与西曲歌),同时百戏与故事歌舞盛行。

乐曲中有著名琴曲《碣石调·幽兰》等。在乐律学方面,西晋的荀勖创有笛律(笛的管口校正),南朝何承天创有十二等差律,是在音乐实践上改变三分损益十二律旋宫的问题。此时出现了有清角与变宫的七声新音阶,而古琴上已实际运用了纯律。

四、隋唐时期

隋唐时期宫廷音乐达到极盛的局面,音乐机构众多,有大乐署、鼓吹署、教坊、梨园四类,隶属太常寺和宫廷直辖管理。唐代出现了"燕乐",宫廷燕乐有七部乐、九部乐、十部乐,后又分为坐部伎与立部伎,还有法曲与大曲。

隋唐时期乐器以琵琶、古琴独奏为主,出现了许多优秀的演奏家。琵琶有白明达、李管儿等,古琴有赵耶利、曹柔等。古琴文字谱在隋唐定型为古琴"减字谱",琴家中形成了吴声、蜀声、秦声、楚声四大流派。在隋唐时期,乐律学的发展主要是出现燕乐二十八调、八十四调理论。在音阶上,此时古音阶、新音阶、俗乐音乐并用,音乐形态多样化。

(一)音乐机构

大乐署是唐代太常寺所管辖雅乐和燕乐的音乐机构之一,负责对乐工的训练与考核。鼓吹署是唐代太常寺下属的音乐机构之一,主管仪仗活动与宫廷礼仪活动中的鼓吹,兼管百戏,其规模从数百人至千人。教坊是唐宋元明时管理教习音乐、管理艺人的宫廷俗乐机构。唐代教坊有五处:宫廷有内教坊(归太常寺管理),西京长安与东京洛阳各设左、右教坊,左教坊善舞,右教坊善歌。唐全盛时,教坊有乐工近2 000人。唐教坊后来由宫廷委派内监担任教坊使,直属宫廷。宋、金、元各代亦置教坊,明置教司,属司礼部,清废教坊。

梨园为唐代宫廷训练乐工的机构之一,专习法曲,需要有精湛的技艺。唐代梨园有三处:宫廷内由唐玄宗教习的梨园,专习法曲;西京长安属西京太常寺管辖的"太常梨园别教院",除演习法曲还需排练新作品;东京太常寺管辖的"梨园新院",规模最大。梨园的创立与解散,反映了唐代音乐由兴盛日趋衰落的过程。

(二)宫廷燕乐

坐部伎、立部伎是唐代宫廷燕乐的分类,形成较晚,二者各有特点,大多数乐舞具有西域音乐与中原音乐相融合的新风格。坐部伎一般3~12人,用丝竹乐伴奏堂上表演,有9部乐舞,以抒情、幽雅见长,音乐细腻,注重个人技巧。立部伎通常64~180人不等,用锣、鼓等打击乐器伴奏,有8部乐舞,以气势磅礴见长,场面宏伟。坐部伎、立部伎在"安史之乱"后逐渐衰落。

法曲,又叫法乐,是佛教、道教法会使用的乐舞。唐代法曲被纳入宫廷音乐,成为唐代最重要的一种歌舞俗乐,专门在梨园中演出。法曲源于民间,与相和歌、清商乐等有直接的联系,同时也受一些西域音乐的影响,重要的法曲有《霓裳羽衣曲》等,在中唐后衰弱。

(三)音乐理论及著作

二十八调是隋唐五代至辽、宋间燕乐所用宫调,因长期应用于宫中燕乐及民间俗乐,对宋、元以来的词曲、戏曲、说唱以及器乐等俗乐产生影响,故亦称"俗乐二十八调"。

《乐书要录》是一部通俗性的乐理理论专著,由元万顷奉武则天之命,于公元700年编撰而成。该书共10卷,目前尚存3卷,此书对了解唐代乐律宫调有重要研究价值。《教坊记》是唐开元年间崔令铁撰写的一部记载唐教坊制度和轶闻的著作,全书共分28条目,是研究唐代教坊最便利的史料。《羯鼓录》由唐代南卓编撰而成,是记录羯鼓由来、唐羯鼓名手轶闻趣事和128个羯鼓曲名的羯鼓专史著作。《乐府杂录》是唐代段安节所撰,记载唐歌唱家、演奏家等的唐代音乐见闻录,全书有40个条目,是研究唐代音乐的重要史料。

五、宋元时期

宋、金、元时代是我国音乐文化发展的重要时期。宋、金对峙,使南方音乐与北方音乐两大音乐体系正式形成,南方音乐多采用五声音阶,其音乐风格是字少声多,曲调婉转;北方音乐多使用七声音阶,音乐风格是字多声少,曲调简朴高远。

以词体歌曲和古琴音乐为代表的文人音乐盛行,古琴中以郭沔为代表的"浙派",对后世古琴音乐产生了重要影响。此时以城市为中心的市民音乐盛行,设置专门演出的场所,如勾栏、游棚等。说唱音乐达到成熟阶段,主要有以下几种分类:陶真①、鼓子词②、唱赚③、诸宫调④、散曲⑤、货郎儿⑥等。

(一)戏曲音乐的成熟与发展

戏曲艺术在宋代正式确立,代表是北宋杂剧与南宋南戏。元杂剧形成中国戏曲的第一次高峰,乐器种类增加,弓弦乐器马尾胡琴;弹拨乐器三弦、双韵等;管乐器笙等。宋杂剧是北宋的一种戏曲形式,亦称"北宋杂剧",由唐参军戏和歌舞杂戏发展而来。而南戏是南宋初,在浙江温州一带兴起的一种民间戏曲,因有别于当时北方的宋杂剧而称为南戏。南戏有剧本留传至今,证明了它是完全成熟的戏曲形式,被认为是我国戏曲艺术正式成立的标志。元杂剧是金元之间形成的戏剧。

元杂剧在宋金杂剧、院本的基础上吸收唱赚、诸宫调等民间音乐艺术成就而形成,由

---

①陶真是一种用琵琶或鼓伴奏的说唱艺术,起源于北宋而盛行于南宋,金、元、明代仍有流行,其唱词多为七字句,唱陶真者多为盲艺人,且是不入勾栏的"路歧人"。

②鼓子词是宋代曲艺的一种,以渔鼓伴奏而得名,大都供宴会上使用,其结构较简单,亦无故事情节,通常只是用一个词调咏唱。

③唱赚是宋代的一种曲艺,用鼓板和笛伴奏,是在缠令和缠达的基础上发展起来的。到南宋绍兴年间,艺人张五牛把民间说唱"鼓板"中的《太平令》中的形式用于缠令和缠达中,并袭用"赚鼓板"名称,而称为"赚",从而确立了唱赚的形式。

④诸宫调是宋金时的一种说唱艺术,它产生于北宋,而发展盛行于南宋、金、元,诸宫调继叙事鼓子词及唱赚等曲艺形式,同时承袭了唐代变文的代言体特点而形成。

⑤散曲是形成在元代的说唱(或歌曲)艺术,直接继承了宋词音乐传统,并吸收其他说唱形式而形成。散曲在宋词音乐基础上形成的小令,可说是一种歌曲。除了小令外,还有套曲形式。在套曲和小令的基础上加散文的说,来讲述一个故事,便形成了说唱。

⑥货郎儿是宋元时期由小贩的叫卖声发展而成的一种说唱。宋代有叫卖货物的民歌"货郎儿",元代艺人将"货郎儿"分为前后两部分,中间串入其他曲调,形成"转调货郎儿",并用几个不同的转调货郎儿,其间插入说白,来说唱一桩故事,就形成了说唱。演唱者自摇串鼓伴奏。

于采用北方音乐,故亦称为"北曲"。宋元之交,杂剧较早得到文人们的重视并参与创作,所以比南戏发展得快,约到13世纪末,杂剧拥有众多著名作家与表演家,如关汉卿、王实甫、马致远、白朴、郑光祖等,产生了像《窦娥冤》《拜月亭》《西厢记》等优秀作品,在我国戏曲发展过程中掀起了第一个高潮。

(二)音乐著作与乐律家

《乐书》世称《陈旸乐书》,是我国最早的一部规模较大的音乐百科全书,由北宋陈旸完成于哲宗时,全书共200卷。该书保存有极丰富的音乐史料,尤其是关于乐器的绘图及释文。

《碧鸡漫志》是一部研究歌曲的专著,由南宋王灼于绍兴年间在其寓所成都碧鸡坊完成,全书叙述了上古至唐代歌曲的发展和演变,对北宋词人的风格和流派做了评价,并对唐代乐曲的源流、标题、宫调等方面进行分析与考证,有很高的史料价值。

《词源》是南宋张炎撰写的研究古代乐律和宋词音乐的重要文献资料,分上下两卷,上卷论述音律及唱曲方法,下卷主要论作词原则,书中关于八十四调、管色应指字谱、拍眼、曲式及词曲唱法等方面的论述,价值很高。

《梦溪笔谈》是由北宋沈括撰写的百科式书籍,共26卷,另有《补笔谈》三卷、《续笔谈》一卷,其中有论及音乐的章节,是我们研究宋代音乐极宝贵的资料。

六、明清时期

明清时期戏曲、民间器乐等种类大大增加,民间歌舞和音乐进一步发展。民间歌舞和音乐的主要种类有:弹词、鼓词、牌子曲、道情、琴书、秧歌、采茶、花鼓、花灯、木卡姆、囊玛、锅庄、堆谐等,音乐发展达到历史上最繁荣的时期。明清曲艺承宋元曲艺发展创新,无论是在种类还是演唱方式上,都达到了历史的最高峰。明清现存300多曲种,以特点可归纳为:弹词、鼓词、道情、琴书、牌子曲、走唱、板诵、杂曲八大类;以音乐形态可分为曲牌体、板腔体与综合体三大类。

在明代出现"传奇剧",有"海盐腔""余姚腔""弋阳腔""昆山腔"四大声腔,产生了重大影响。明末清初又兴起"乱弹",代表是"梆子腔"与"皮黄腔",它们共同促成了京剧的形成。

明代重要的古琴流派是"虞山派",在琴曲方面,有大量的琴谱刊行,如明代朱权的《神奇秘谱》、徐上瀛的《谿山琴况》;在音乐理论方面,从古代传下的多种记谱法并行。明代朱载堉发明的"十二平均律"最终解决了三分损益十二律旋宫存在的问题。

(一)戏曲的发展

乱弹是明末清初,在西北陕甘一带兴起的一种新的戏曲体制,它最大的特点是板腔体,最重要的声腔为"梆子腔"和"皮黄腔"。

梆子腔,因用枣木做的"梆子"击拍而得名,又因发源于秦地陕甘一带,故又称"秦腔"。梆子腔一般都有高昂激越、强烈急促的特点。它确立了一套相当完整的板腔体戏曲音乐形式,对近现代戏曲产生了深远影响。皮黄腔包括西皮与二黄两种声腔,西皮起于湖北,是秦腔与当地汉调相结合的产物,二黄生于安徽,由当地的"吹腔"发展而成。二黄与西皮进一步发展,吸收昆、高、梆子诸腔,在北京形成京剧。

京剧是以皮黄腔为主的戏曲剧种,因形成在北京而得名。1790年,四大徽班(三庆、四喜、春台、和春)先后进京,带去二黄腔。1796—1850年,汉调艺人进京,又带去西皮腔。后徽调与汉调艺人常同台演出,促成了西皮与二黄的交流,并吸收了昆腔梆子腔及当地民间曲调,又吸收其他剧种剧目,大约在19世纪40至60年代形成了京剧。

京剧音乐属于板腔体。京剧角色的行当划分比较严格,为生、旦、净、丑等。京剧较有名的剧目有《群英会》《空城计》《玉堂春》《赵氏孤儿》《穆柱英挂帅》《杨门女将》《霸王别姬》等。在清代,以皮黄腔为主的京剧为代表的众多戏曲,使中国戏曲在历史上达到了最高峰。

(二)重要曲谱与音乐著作

明清时期重要的曲谱有琵琶曲《十面埋伏》,歌颂楚汉之争的刘邦,是我国传统器乐作品中大型琵琶武曲的优秀代表作品。琵琶曲《海青拿天鹅》,简称《海青》,是一首古代北方民族狩猎生活的琵琶古曲,是典型的琵琶武曲,乐曲结构比较庞大,具有写实性、叙事性。《南北派十三套大曲琵琶新谱》是清代最有代表性的琵琶曲集,由李芳园于1895年辑录。

《谿山琴况》是明末琴家徐上瀛所著的一部全面而系统地讲述古琴表演艺术理论的专著,也是中国音乐美学史上的重要著作。徐上瀛通过对"二十四况"的琴乐审美范畴的阐发,较为完整而精到地探讨了古琴演奏美学中的许多重要问题,为后人研究古琴演奏的演奏美学,提供了非常丰富、可供借鉴吸收的古琴审美思想及表演艺术理论。

朱载堉是明代的乐律学家,首创了十二平均律理论,改变了从周代开始的"三分损益十二律"理论的思路,解决了以往旋宫音不准的问题,是世界上最早的十二平均律计算。

课后思考

1. 简述原始乐舞的特点。
2. 简述《声无哀乐论》的思想及内容。
3. 唐代宫廷音乐机构有哪些?
4. 简述宋代说唱音乐的主要类型。
5. 简述明清戏曲艺术的发展。

互动实践

活动名称:了解六代乐舞
活动目标:
1.认识六代乐舞是什么。

2.能准确地说出六代乐舞的名称,并说明它们的用途。

3.熟悉远古时期音乐。

活动准备:

提前准备好六代乐舞的相关照片和文献资料,打印成册。

活动过程:

1.通过调查熟悉六代乐舞的含义、内容以及意义;

2.回答为何是六代乐舞成为这个时期的代表性乐舞。

3.调查六代乐舞成为宫廷代表性乐舞的意义,准备六代乐舞相关的小故事分享给同学。

第四章
发明与创造

　　科学技术总是在特定的文化背景中孕育、产生和发展。中国五千年传统文化,孕育了引领世界的科学技术,正如李约瑟所言,中国古人在科学技术方面"走在那些创造出著名的'希腊奇迹'的传奇式人物前面,和拥有古代西方世界全部文化财富的阿拉伯人并驾齐驱,并在公元3世纪到13世纪保持一个西方望尘莫及的科学知识水平",中国科学技术发明曾经"远远超过同时代的欧洲,15世纪以前更是如此"。中国发明与创造是以中国传统文化背景为依托的,以科学技术作为社会生产力,对中国传统文化也产生了重要的影响。中国古代科学技术除了举世闻名的"四大发明"外,还在天文、历法、数学、农学、医学、纺织、建筑、陶瓷、冶炼、造船等领域创造了辉煌的历史,取得了卓越的成就,促进了各种技术全面发展。

　　中国人是擅长发明创造的。勤劳奋进的中华历史沉淀了中国古代发明创造的具体定义:"在中国范围内古代制作的具有首创、独创、新颖的对社会有意义的人类智慧结晶。"在理解该定义的时候,还需要注意以下三方面:

　　(1)中国古代的发明创造是对应于具体文化遗产的物化的事物。

　　(2)科学发现与纯理论研究不属于发明创造之列,不应视为发明创造,如《甘石星经》《周髀算经》等。工程建设使用既有发明创造成果且有创新点,虽然不属于技术发明之列,但是属于创造的范围,也应该纳入广义的发明创造之列,如万里长城、都江堰等。

　　(3)根据首创、独创和新颖性要求,发明创造可被分成三种不同层次。对应到中国古代的发明创造,这三种形式的发明创造都应被考虑到。比如,丝绸可以算是世界首创的,是重要的发明创造;植物染料虽然不是我国首创的,但是独创了许多印染工艺,也可算是我国古代的发明创造;毛织品虽然不是中国发明的,但是具体到某种花纹图案的纺织品,其设计新颖同样也使之位列古代发明创造之列。

　　中国古代发明与创造对人类文化的保存、发展和交流,以及对我国古代社会和经济的繁荣稳定发展都做出了决定性的贡献。中国古代发明与创造始终是中国各个行业进步的关键性因素。保持中国各个行业的世界先进性位置是鼓励中国发明与创造的前提。在中国古代科学的分支中,医药学未被近现代科学所融汇,且至今仍有强烈生命力。中医学是世界科技之林的瑰宝。陶瓷在中国对外文化史上扮演着重要的角色,是推动中华文化"走出去"的一张重要名片。发明与创造彰显着中华传统文化的光辉灿烂,表达着中国人的智慧和友好。

第一节 中国古代科技

科学技术是人类文明的重要组成部分,是支撑文明大厦的重要基石,是推动文明发展的重要动力。如果说中国古代文明是一棵根深叶茂的参天大树,那么中国古代的科学技术便是缀满枝头的奇花异果,为我国古代文明增添了斑斓的色彩和浓郁的芳香,又为世界科学技术园地增添了盎然生机,也对世界文明的发展贡献了巨大力量。中国是四大文明古国之一,中国古代科技成果是中华民族强大创造力的重要体现。中国古代劳动人民勤劳、勇敢、充满智慧,创造了举世瞩目的伟大成就。

一、厥功至伟的"四大发明"

四大发明是指在中国古代出现的对世界有很大影响的四种发明:造纸术、印刷术、火药和指南针。中国的四大发明在欧洲近代发明产生之前陆续传入西方,对西方科技发展产生了一定影响,如印刷术的出现改变了只有僧侣才能读书和享受高等教育的状况,推动了文明传播;火药和火器的采用摧毁了欧洲中世纪天主教的思想枷锁;指南针传到欧洲航海家的手里,使他们有可能发现美洲和实现环球航行,为西方奠定了世界贸易和工厂手工业发展的基础。

(一)造纸术

成语"学富五车",形容读书多,学识丰富。最早出自《庄子·天下》:"惠施多方,其书五车。"但是这里所说的书是由竹简编串成的。商周时,字刻在龟甲和兽骨上,叫甲骨文;后来出现了青铜器,人们又把文字刻在青铜器上,叫金文。春秋战国时,人们把字刻在竹简和木椟上,也有写在绢帛上的。但是以上的书写材料,存在笨重、价格昂贵等问题,使用起来并不方便。

1957年,在陕西西安灞桥瓦厂工地出土的西汉时期的麻纸是现存世界最早的植物纤维纸。东汉元兴元年(105)蔡伦改进了造纸术。他用树皮、麻头、破布、渔网等原料,经过挫、捣、抄、烘等工艺,创造出一种新的纸张,这便是纸的祖先。这种纸的原料较为普遍,价格便宜的同时,质量也有所提高,因而很快在全国范围内推行使用。为纪念蔡伦的功绩,后人把这种纸叫作"蔡侯纸"。直到东汉汉和帝时期,蔡伦经过不断的试验改进,形成了一套较为完整的造纸工艺流程。其过程大致分为四步:第一是原料分离,就是用沤浸或蒸煮的方法让原料在碱液中脱胶,并分散成纤维状;第二是打浆,用切割和捶捣的方法将纤维切断,并使纤维帚化,成为纸浆;第三是抄造,把纸浆渗入水中制成浆液,然后用捞纸器(篾席)捞浆,使纸浆在捞纸器上交织成薄片状的湿纸;第四是干燥,把湿纸晒干或晾干,小心揭下便是纸张。

造纸流程尽管在汉代之后获得了不断的完善与成熟,但是这四个步骤基本没有变化,即使在现代,在湿法造纸生产中,其生产工艺与中国古代造纸法仍没有根本区别。后续人们对造纸原料进行了筛选,出现了"左伯纸"、藤纸、竹纸、宣纸等。

我国是世界上第一个发明造纸方法的国家。造纸术先后传到了越南、朝鲜、日本、印度等地,后来又传入阿拉伯和欧洲。造纸术的传播,促进了各国文化的发展与交流,是中华民族对世界文明的贡献。

(二)印刷术

中国的印刷术经过了雕版印刷和活字印刷两个阶段。晋人借鉴印章和石刻经验发明了墨拓技术。隋代在墨拓技术的基础上发明了雕版印刷术。唐代留下的雕刻印刷的《金刚经》(868年),精美清晰,是世界上最早的标有确切日期的雕版印刷品。雕版印刷对文化的传播起了重大作用,但是也存在明显的不足:一是刻版费时、费工、费料;二是雕版中如有错字、错句,更改也很困难。宋代,毕昇发明了活字印刷术,使印刷术得到了迅速推广。活字版避免了雕版的不足,只要事先准备好足够的单个活字,就可以随时排版,大大地加快了制版时间。活字可重复使用,容易储存和保管。相对于雕版印刷,活字印刷具有优越性。

中国的雕版印刷大约在14世纪以后经伊朗传到欧洲。中国活字印刷术约15世纪传到欧洲,德国人受中国活字印刷术的影响,创制了欧洲拼音文字活字,用来印刷书籍。印刷术在欧洲的应用,大大促进了文艺复兴运动,从而加快了世界进入近代历史阶段的进程。

(三)火药

中国火药起源于古代炼丹术。早在两千多年前,古代帝王为了追求长生不老,命人炼制丹药,无意中促成了火药的发明。在炼丹过程中,人们逐渐认识到了火药的原料性能。唐初已有配制火药的确切记录,"药王"孙思邈在《丹经内伏硫黄法》中叙述了将硫黄、硝石和皂角一起烧的"伏火法"。这是中国最早的黑火药配方,也是世界关于火药的最早记载。宋代火器普遍用于战争。蒙古人从与宋、金的作战中学会了制造火药、火器的方法,阿拉伯人从与蒙古人的作战中学会了制造火器。欧洲人大约于13世纪后期,又从阿拉伯人的书籍中获得了火药知识,到了14世纪前期,又从对伊斯兰教国家的战争中学到了制造火药、使用火器的方法。火器在欧洲城市市民反对君主专制中发挥了巨大的作用。

火药的发明开启了军事方面具有历史意义的革命,改变了战争的面貌,军队的编制、战法和整个指挥系统等,甚至在很大程度上改变了世界的秩序。总之,火药的发明对社会经济、生产和文化娱乐都起到了巨大的促进作用。

(四)指南针

在两千多年前,我国人民就发现了磁石吸铁的性能。战国时期我国出现了世界上最早的指南针(司南)。它的形状像把勺子,是由天然磁石磨制而成的,长柄指向南极,重心落在勺子圆而光滑的底部正中。使用时,用手拨动司南,等到司南停下来,勺柄的方向指向南方,勺口指向北方。到了宋代,人们陆续发明了指南鱼、指南龟和指南针。所用物品也由原来的天然磁石,发展到了人造磁钢片、人造磁针。南宋出现了罗盘。

指南针的发明和改进,对于军事和经济生活有着重要作用,尤其是对于航海事业的发展意义重大。它使我国的航海业达到了当时世界最高水平。北宋时,指南针已经运用在航海上,到了元代,航海者已经基本上依靠罗盘指向引航了。宋、元之际,我国商船的海上航行,明代"郑和下西洋"的壮举,都有赖于指南针。在航海的贸易往来中,阿拉伯人学会了指南针导航技术,后来又将其传到了欧洲。这为哥伦布发现新大陆的航行、达·伽马的航行、麦哲伦的环球航行提供了技术保障。

二、历史悠久的农业科技

中国是世界农业发祥地之一。根据现有的考古发掘证据,中国农业已有八九千年的悠久历史。自农业产生以来,它始终是我国国民经济最主要和最重要的生产部门。农业生产在几千年的发展进程中,积累了丰富的农耕经验,形成了先进的农业生产技术。

(一)农业耕作技术

我国原始的农业耕作技术就是刀耕火种。我国长江流域在唐宋以前还保留着这种原始的耕作方式,称之为"畲田"。早在七八千年前的新石器时代早期,我国先民就在长江流域种植水稻,在黄河流域种植耐干旱的粟。到了新石器时代晚期,中国已有苎麻、大麻、蚕豆、花生、芝麻、葫芦、菱角和豆类等农作物种植。中国新石器时代的农业遗址更是星罗棋布,不胜枚举,分布在从岭南到漠北、从东海之滨到青藏高原的辽阔大地上,以黄河流域和长江流域最为密集。中国在战国时期就已经开始实施复种轮作技术。复种是指在同一块土地上,一年播种且收获两次以上的耕作方法。经过历代劳动人民的智慧积累,复种轮作的耕种技术获得了更大的发展与提高。北魏的《齐民要术》对复种轮作的认识相当深刻,书中总结了一套轮作法,并对不同轮作方式进行了比较,还特别强调了以豆保谷、养地和用地相结合的豆类、谷类作物轮作制。复种轮作的推广,对促进中国古代农业的发展起到了不容小觑的作用。而欧洲,直到18世纪30年代,才在英国出现轮作种植法。

到了魏晋南北朝时期,北方黄河流域的农业生产是当时全国农业的先进地区。北方旱地农业精耕细作技术体系已经形成,如在种植制度上形成了丰富多样的轮作倒茬方式。在耕作技术上则以抗旱保墒为中心,形成耕、耙、耢、压、锄相结合的耕作系统,并出现了"代田法"和"区田法"等特殊抗旱丰产方法。施肥改土更受重视,出现穗选法和类似现代混合选种法等选种技术,并培育了许多适应不同栽培条件的品种。隋唐、宋元时期,主要以扩大农业规模、提高农业产量及兴修水利工程为农业主要发展方向。唐代中期,南方农业发展迅速。唐代晚期,南方农田已普遍使用先进的曲辕犁。元代又发明了中耕用的耘荡,形成了耕、耙、耖、耘、耥相结合的水田耕作体系。明清时期,传统农业技术在全国已得到充分发展,可是人多地少是全国的矛盾。当时通过开垦新地,引进、推广新作物和高产作物,依靠精耕细作传统,提高了单位面积产量,促进了农业继续发展。

(二)农田水利工程

水是农业的命脉,中国古代重视农业,因此在这方面有突出的成就。春秋时期,楚国孙叔敖主持修建了芍陂蓄水灌溉工程,这是我国最早的大型水库。芍陂比都江堰、郑国渠的修建早 350 多年,其巨大的灌溉效益使春秋时楚国的淮南地区经济迅速发展起来。芍陂在屯田济军、发展地区经济方面一直发挥着重大作用。2 600 年来,芍陂虽历经沧桑,几度兴衰,但至今仍造福于世。战国时期,魏国西门豹主持修建了引漳灌邺工程,开凿渠道 12 条,沟通黄河、淮河和长江三大体系,既便于通航,又利于灌溉。秦国李冰父子率领四川人民修建了著名的都江堰水利工程,不仅解除了岷江水患,还"溉农田万顷",使蜀地成为沃野千里的"天府之国"。秦国用韩国水工郑国领导修建了郑国渠,灌田 18 万公顷,使关中成为沃野。它们被称为春秋战国时期的四大水利工程。

从秦至东汉,农田水利有了较大发展。秦始皇开凿了灵渠,汉武帝时创造了开凿地下水渠的井渠法。东汉王景治黄河,以疏浚和修堤的方法,取得了很好的效果。这时期出现了中国第一部水利通史《史记·河渠书》和专记西汉水利史的《汉书·沟洫志》。魏晋南北朝时期,水利工程逐渐向江淮发展,建有许多塘堰。隋代在原有的汴渠、邗沟基础上开通了京杭大运河,成为当时全国重要的交通干线,也是世界上最长的运河。元代开凿了济州河等运河,水利工程向东南沿海及珠江流域发展。从明清开始,长江的水患日益突出,荆江、岳阳、武昌、九江都是重点防洪段。这时期的水利文献相当丰富,钦定的有《河渠书》、地方性的有《三吴水利录》《长江图说》等。

(三)农业科技理论简介

中国古代科学技术体系中,农业科学技术始终占有最重要的位置,农业科学技术理论也是最丰富的,形成了一个农业文献系统。历朝历代都有人撰写农书,其中包括农业哲学、实用农业等内容。中国的农业科学技术理论方面,西汉的《氾胜之书》、北魏贾思勰的《齐民要术》、宋代陈旉的《陈旉农书》、元代王祯的《王祯农书》和明代徐光启的《农政全书》被称为中国古代五大农书。五大农书均注重实用性,各有千秋。其中,《氾胜之书》第一次记述了穗选技术和种子保存技术;《齐民要术》是我国现存最早的、最完整的农书,被誉为"中国农业的百科全书";《陈旉农书》包含了养牛和养蚕相关的详细论述;《王祯农书》对农器图谱的创造开创了整体性农书附图的先例;《农政全书》中吸收了部分传入中国的西方灌溉技术资料。

三、领先世界的工业科技

中国古代科技起源于生活,而人类文明的发展促使了更多实用技术的产生。曾经,确有一些应用广泛的工业发明创造在世界历史文明的长廊里带着鲜明的实用烙印。

(一)酿酒

在人类的历史上,酒只是一种饮物,但从科学的角度来分析,其却有独特的价值。人类最悠久的造酒方法有两种：一种是起源于埃及与欧洲的啤酒法；另一种就是创始于我国的制曲酿酒法。战国时期的《礼记·月令》中曾总结了我国制酒的六大要诀，即"黍稻必齐，曲蘖必实，湛炽必洁，水泉必香，陶器必良，火齐必得"，可谓奠定了古代中国制酒技术的基础。

（二）纺织技术

中国古代的纺织与印染技术具有悠久的历史，早在原始社会时期，古人为了适应气候变化，已懂得就地取材，利用自然资源作为纺织和印染的原料，并制造简单的纺织工具。中国机具纺织起源于五千年前新石器时期的纺轮和腰机。西周时期，具有传统性能的简单机械缫车、纺车、织车相继出现，汉代广泛使用提花机、斜织机，唐代以后中国纺织机械日趋完善。宋代的缂丝是闻名中外的传世珍品。元朝时期，棉纺织业大放异彩，当时棉纺织中心是松江（今上海松江区）乌泥泾，这里也是棉纺织革新家黄道婆的故乡。

（三）青铜器

青铜器的发明是人类文明史上的重大事件。由于其克服了纯铜的柔软弱点，且具有熔点低、铸造性能好等优点，逐渐成为古代铜器中的主要品种，并促进了车、船、雕刻、金属加工等制造技术和农业、军事及经济社会的发展。青铜器的应用代表了当时的科技水平和文化艺术水平。

中国夏朝始有青铜容器和兵器。商朝的建立，使得青铜器工业迅速发展。商中期，青铜器品种已很丰富，并出现了铭文和精细的花纹。发展到商晚期，青铜器纹饰更为精致和繁复，一些超大型的铜器问世。商晚期至西周早期，是青铜器发展的鼎盛时期。

（四）灌钢

灌钢法是中国古代劳动人民发明的一种先进炼钢工艺，也是中国早期炼钢技术一项突出的成就。在1740年坩埚制钢法发明之前，世界最先进的制钢技术是中国古代创造的灌钢冶炼法。灌钢法的发明和推广，对增加钢的产量，改善兵器、农具和手工具的质量具有重大意义。隋唐时期，这种方法受到冶炼家的垂青，而到了宋代，灌钢法流行于全国，并有所创新和完善，成为当时的主要炼钢方法。到了明代，这种灌钢冶炼技术又有了很大程度的发展。著名科学家宋应星在他所著的《天工开物》一书中，详细记述了当时的灌钢工艺。明中期以后，灌钢法更进一步发展为苏钢法。这些先进的科学技术成果，使我国古代的炼钢技术长期居于世界领先地位。

四、卓越的天文地理科技

我国最早出现"天文地理"一词的是公元前4世纪的《周易·系辞》，里面有"仰以观于天文，俯以察于地理"的文句。我国古人特别注重人和自然的关系，也就是说的"天人合一"。农业的发达与否，关乎国计民生，国富民强。因此，历朝历代的统治者尤其重视农业的发展，与农业相关的天文地理科技也得到相当的重视与发展。

(一)天文学

中国历代都有重视天象的传统,在对恒星、行星和异常天象观察方面,正史中都留有大量的记录,其数量之多、系列之完整、延续时间之长,令人赞叹。中国古代天象记录的连续性、完备性和准确性,更是世界上其他国家无法比拟的。上古传说黄帝创制历法(世称《黄帝历》),指导人们根据季节变化进行播种、收割。尧帝设立了专职的天文官,专门从事"观象授时"。

早在四千多年前,中国就有了日食和月食的记载。在河南安阳出土的殷墟甲骨文中,记录了五次日食现象。《尚书·胤征》中发现了我国最早关于日食出现的记录。《诗经·小雅》中也有日食纪事。《晋书·天文志》说,太阳主宰着万物生长,是君主的象征,如果君主行为有过失,上天就会表露出征兆对其进行警示。因此,凡有食分较大的日食发生时,皇帝就要穿着素色衣服,避免去正殿,大臣则要举行各种救助太阳的仪式。月亮在古代是皇后的象征,它所发生的变化也是不能忽略的。

在异常天象的观测记录方面,现今举世公认的最早的太阳黑子记载于《汉书·五行志》中。其把黑子出现的时间、位置和大小描写得一清二楚。彗星在中国民间被认为是"扫帚星"。中国最早记录彗星的是《竹书纪年》。《春秋·文公十四年》记载"秋七月,有星孛入于北斗",即在北斗七星处出现了一颗彗星,这是世界上关于哈雷彗星的最早记录。自春秋至清末,中国古代天文学家记录彗星不下五百多次,记录哈雷彗星31次。在恒星观测方面,我国有世界上公认最早的星表"甘石星经"。据说,战国齐人甘德写有《天文星占》八卷,魏人石申写有《天文》八卷,后人把这两部著作合为一部,称《甘石星经》。它载有不同方位的恒星数百颗。从敦煌石窟中发现的一副唐代绘制的星图载有1 300多颗恒星。1247年南宋苏州石刻天文图,已经刻有1 430多颗星,是迄今公认的14世纪前所绘星数最多的星图,更是世界天文学史上珍贵的文物。

(二)天文地理仪器

我国天文仪器的制造历史悠久。古人为了更好地观察天象、测量天体,创造性地设计并制造了许多精巧的仪器,如圭表、日晷、漏刻、浑仪、地动仪、水运仪象台。据记载,中国远在西汉时期就创制了浑仪。东汉天文学家张衡,曾经在浑象上安装了一套传动装置,利用相当稳定的漏刻的水推动铜球,均匀地绕金属轴转动,每24小时转一圈,被称为"漏水转浑天仪"。后元代著名天文学家郭守敬制成简化的浑仪——简仪,领先世界上其他国家300多年。历史上,张衡最突出的贡献是系统阐述浑天说和制造漏水转浑天仪。这种浑天仪是一种以水为动力的演示天球星象运动的表演仪器,开创了我国天文学制造水动仪象的传统。他对地震学最突出的贡献是发明了候风地动仪。据记载,地动仪确实探测到了公元138年在甘肃发生的一次地震。张衡创造地动仪是世界地震学史上的一件大事,开创了人类使用科学仪器测报地震的历史。

北宋时期,苏颂、韩公廉等人制成了水运仪象台,这是天文仪器的另一杰作。它类似于天文台,高约12米,宽7米,分上、中、下三层,上层是浑天仪,中层是浑象仪,下层是司辰,全程用水力推动。苏颂在《新仪象法要》一书中,详述了水运仪象台的整体功能。它集观测、授时、演示等功能于一体,被认为是世界上最早的天文钟,不仅标志着我国11世纪天文发展所达到的高度,更直接体现了我国古代机械制造技术的卓越水平。

(三)地理学著作

中国古代在地理学研究方面产生了一些颇有价值的著作。《山海经》共18篇,作者不详。内容主要为民间流传的地理知识、远古神话传说等。对研究古代历史、民族、地理、物产、文化、医药、中外交通等有重要的参考价值。班固的《汉书·地理志》是中国第一部以地理命名的著作。该书叙述了汉代以前的地理沿革,按经济和风俗特点区分地域,写了各个地域的范围、历史、地理、民生、风俗和特点,以及中外交通和交流的情况。该著作是中国地理学史上具有划时代意义的代表作。魏晋时期,著名地理学家裴秀的《禹贡地域图》提供了当时最完备、最精细的地图,为后世地图绘制打下了坚实的基础,是世界上最早的地图纲要。北魏著名地理学家郦道元在《水经注》中记载大、小水道1 000多条,详细记述了所经地区的地形地貌、城邑沿革和相关历史事件。该著作是我国历史上空前全面、系统的综合性地理著作。元代著名地理学家朱思本在其著作《舆地图》中展现了精度远远高于以往的地图。图中还反映出当时河源探测的最新成就,表明当时的河源探测达到了较高水平。明代著名旅游家和地理学家徐霞客在旅途中详细记录了水文、地理、植物等,并较早记述了石灰岩地貌,为研究西南边区地理提供了珍贵的资料。徐霞客去世后,季梦良、王忠纫将他的游记编著成《徐霞客游记》。该著作是开我国地理学界系统观察自然、描述自然先河的一部难得的游记作品。

五、辉煌的数学成就

数学在我国古代被称为"算学",成就是辉煌的。我国古代数学不仅有系统的理论,也有丰硕的成果,更涌现了一批杰出的数学家。从公元1世纪前后至公元14世纪,我国数学发展先后经历了三次发展高潮(两汉、魏晋南北朝和宋元时期),并在宋元时期达到繁荣的顶峰。

早在原始社会,中国就有"结绳记事"的记载。从现已发现的商代陶文和甲骨文中,可以看到从一到十,以及百、千、万的专用记数文字,共有13个独立符号。马克思在其《数学手稿》一书也称十进位记数法为"最妙的发明之一"。在计算数学方面,中国大约在商周时期已经有了四则运算,到春秋战国时期整数和分数的四则运算已经相当完备。出现于春秋时期的正整数乘法歌诀"九九歌",堪称先进的十进位记数法与简明的中国语言文字的最佳结合。中国也发明了特有的计算工具和方法,即用"算筹"进行计算。中国古代数学正是建立在算筹基础之上的,并逐渐形成了数学体系。

我国传世最早的数学专著是《算数书》。西汉末年的《周髀算经》不仅是较早的天文著作,也是我国较早的算术类经书。该书经典地讲述了学习数学的方法、勾股定理的公式与证明方法。集战国和秦汉数学之大成的《九章算术》是我国古代数学的标志性书籍。该书是我国数学体系形成的奠基之作,不仅有着一套较为完整的编写体例,形成了独具风格的数学体系,而且其数学水平处于当时世界先进行列,其中一些成就还远远走在世界前沿。

《九章算术》先后传到亚洲和欧洲的许多国家，对世界数学的发展起到了积极作用。

魏晋南北朝时期，作为中国古典数学理论奠基人之一的刘徽在为《九章算术》做解释的同时，首次提出了极限思想，创造了"割圆术"理论。祖冲之在此基础上精确算出圆周率处于 3.141 592 6 到 3.141 592 7 之间，精确到小数点后七位，早于欧洲一千多年。祖冲之和儿子祖暅之还一起提出"幂势既同，则积不容异"原理，解决了球面积计算问题，得到正确的体积公式。隋唐时期我国数学的主要成就在于建立了中国数学的教育制度，保存了前代数学著作成就。朝廷不仅在国子监设立算学馆，设有算学博士、助教，还命太史令李淳风等编纂注释《算经十书》，作为算学馆的教材。初唐王孝通的《缉古算经》，是我国现存最早的"开带从立方"的算书。

宋元时期是我国数学发展史上最辉煌的时期，涌现出一大批成绩卓著的数学家，其中秦九韶、杨辉、李冶和朱世杰最为出色，被誉为"宋元四大家"。南宋秦九韶在《数学九章》中提出"大衍求一术""正负开方术""秦九韶算法"等一系列理论。"大衍求一术"即现在数论中的一次同余式组解法，是中世纪世界数学的成就之一，比西方早五百多年，被称为"中国剩余定理"。"杨辉三角"的发明者就是南宋著名的数学家杨辉。他是世界第一个排出丰富的纵横图（幻方）并讨论其构成规律的数学家，还曾论证过弧矢公式。他在《详解九章算法》中丰富和发展了沈括的"隙积术"成果，提出了一些新的垛积公式，求出几类高阶等差级数之和；在《乘除通变本末》中介绍了筹算乘除的各种运算法。1248年，生活于金元之际的李冶撰写了《测圆海镜》，这是中国古代代数学上具有划时代意义的著作。书中系统论述了"天元术"，开创了符号代数的时代，比欧洲代数高次方程理论早三百多年。元代数学家朱世杰，在李冶的基础上，进一步推广"天元术"，在其著作《四元玉鉴》中首创"四元术"，提出了消元求解的方法，这与现代数学基本一致，比欧洲早三百多年。

明代数学的最大成就在珠算的推广和普及上。明代徐心鲁订正的《盘珠算法》是现存最早的珠算书，明洪武四年新刻的《魁本对相四言杂字》是现存最早的带有算盘插图的书。有"珠算之父"美誉的明朝数学家程大位编的《算法统宗》，则是流行最广、影响最大的珠算书，标志着我国算法由筹算到珠算转变的完成。在此书中，程大位对算盘的设计和用法进行了完善，编制了更好记的珠算口诀，后世推崇其为"珠算鼻祖"。16世纪之后，数学方面的成就主要体现为中国学者和西方传教士合作译著数学著作，如利玛窦和徐光启合作的《几何原本》《测量法》《测量异同》《勾股义》等。

课后思考

❶ 简述东汉和帝时期，蔡伦形成的造纸工艺流程包含的步骤。
❷ 简述发明火药的意义。
❸ 人类最悠久的造酒方法有哪两种？
❹ 简述灌钢法的概念。
❺ 宋、元时期被誉为"宋元四大家"的卓越数学家有哪几位？

互动实践一

活动名称：了解中国古代四大发明

活动目标：

1.能够认识并了解中国古代四大发明。

2.能够准确地说出中国古代四大发明,并说明它们的用途。

3.增强民族自豪感。

活动准备：多种材质的纸张;鞭炮图片1张;指南针图片1张,书本若干。

活动过程：

1.通过调研说出不同材质的纸的用途。

2.回答问题：

(1)世界上为什么会有纸？纸是怎么来的？

(2)是谁最早发明了造纸的技术？

3.调研鞭炮的制备过程,并分享给同学。

4.网上查找指南针的图片,概述指南针的发明历史。

互动实践二

活动名称：辩论赛

活动流程：

1.领取任务：领取辩题。("科技发展利大于弊""科技发展弊大于利")

2.任务准备：辩论赛组队;辩论队员查询资料、汇总资料;辩论分工,试辩论;班委完成辩论赛组织工作。

3.任务执行：根据赛规完成辩论赛,评出胜方和最佳辩手。

活动总结：

1.总结辩论赛的技巧,提高语言表达能力、逻辑思维能力。

2.通过辩论赛,客观辩证地认识科技发展的利弊,提高科技素养。

互动实践三

活动名称：关于原始农业发展的讨论

活动流程：

1.教师讲述：因为农作物的种植,河姆渡人和半坡人有了固定的食物来源。他们渐渐地走出洞穴,搭建住所,过上定居生活,形成了原始聚落。

2.教师提问：原始农业兴起和发展的重要标志是什么？

3.问题思考：为什么原始农业的兴起对人类文明的发展至关重要？

活动总结：
1. 认真进行网络调研，根据教师讲述的内容思考原始农业发展的过程。
2. 仔细体会原始农业兴起的意义，提升学生的分析总结能力。

互动实践四

活动名称： 分享古代科技成就

活动流程：
1. 播放视频讲解祖冲之圆周率是如何计算的。
2. 调研并讨论为什么祖冲之能取得这样的成就。
3. 调研圆周率对科学领域的贡献并分享给同学。

活动总结：
1. 仔细品味祖冲之的故事，体会中国古代科技发展进步的动力。
2. 认真总结祖冲之圆周率计算过程对中国科技后续发展的影响。

第二节 中国古代民间工艺

　　民间工艺是劳动人民以传统的、喜闻乐见的民族形式就地取材用手工制作的工艺。它的特点是自生自发,土生土长,为劳动人民创造,为劳动人民所享用,具有浓厚的泥土气息。民间工艺不追求珍奇华贵,而以表现劳动人民真实的生活、直接抒发劳动人民质朴淳美的感情见长,因而受到劳动人民的珍视和喜爱。我国传统的民间手工艺品植根社会最基层,既是日常生活用品,又是艺术品,带有物质文化和精神文化的双重属性。

　　民间工艺有很多是劳动人民生产(如农耕、水利、建筑、手工业)、生活(如饮食、服饰、居住、岁时节令、人生礼仪)的实用品,还有一些是为了装饰和美化生活环境,或者体现对人生理想、愿望的希冀和追求。这些艺术品都与劳动人民的生产、生活息息相关,都受到民族传统、民族活动的哺育和推动,其品类之丰富、范围之广泛,非其他艺术门类可比。

　　民间工艺大都是从民间自然经济出发,林区以木,竹区以竹,山区以石,猎区以革,就地取材,物尽其用,用最廉价的原料制作的。原料虽然廉价,但创造的作品却是最贴近生活,最能反映劳动人民的愿望和情趣的。

　　民间工艺主要是以家庭手工艺的形式组织生产的(包括自给自足的家庭手工艺和作坊形式的家庭手工艺),世代亲友邻里相授,言传身教,口耳相承,因此民间工艺一般都有着浓厚的群众基础和历史传承性。这对活跃民间的文化生活,固定一个区域内的文化传统都起着巨大的作用。

　　民间工艺品种繁多,大致可以分为三类:第一类是实用性的,较具代表性的有陶瓷、竹编、木雕;第二类是观赏性的,如剪纸、年画、皮影等;第三类就是同时具备使用功能和观赏功能的,如刺绣。

　　绚丽的古代民间工艺品不仅为中华民族的发展壮大提供了丰厚的养分,而且为人类的文明进步做出了卓越的贡献。世界各国人民都赞美和喜爱中国民间工艺,原因主要在于以下几点:

　　(1)中国古代民间工艺是中国古代最生动、最质朴、最健康的民族文化。它土而不浅薄,俗而不平庸,粗而不拙劣。大至元宵节的灯会,小至将鸟兽人格化的窗花,都充满了鲜明的民族感情和地方风情,充满了劳动人民对生活的追求与希望。

　　(2)中国古代民间工艺非常善于以民族喜闻乐见的形式表现生活本质的美。它不浮华,不炫耀,重乡土,重感情。苗家姑娘蜡染衣服上的鱼的造型象征鱼水相依的真挚爱情。木雕作品《喜上眉梢》用精雕透微的手法将喜鹊、梅花、牡丹三种元素组合在一起,寓意着春天到来,喜事的降临。这些民间工艺品质朴情真、坦诚直率,无论题材、样式、造型、绘饰都充分表达了劳动人民心底的美。

　　(3)民间工艺和民间文学、民间戏曲等是共生共长的艺术。由于它从题材内容到表现形式都充满了现实主义和浪漫主义的艺术精神。夸张的莲花、大鱼可以谐音成"连年有余"。一幅年画可以是摒恶扬善、催人泪下的戏曲故事,使得人们在观赏品评的同时受到传统文化的教育。

总之,中国古代民间工艺是俗的,也是美的。乡土情谊、乡土气息蕴含的是劳动人民心底的美与真诚;民族风格、民族气派表现的是纯粹的民族精神。

一、针尖上的国粹——刺绣

(一)刺绣概述

刺绣又称针绣、绣花,就是用针将丝线或其他纤维、纱线以一定图案和色彩在绣料(丝绸、布)上穿刺,刺缀运针,以绣的痕迹构成各种装饰图案的装饰织物。后因绣花多为妇女所作,故又名女红,被世人称为针尖上的国粹。

按照材料不同,刺绣可分为丝绣、羽毛绣和发绣。中国刺绣有锁绣、彩绣、平绣、雕绣、包梗绣、贴布绣、绚带绣、鱼骨绣、桃花绣、钉线绣等多种绣法。中国刺绣技术精湛、鬼斧神工,不仅有针法之分,也有地域之别。我国各地均有刺绣的痕迹,不仅有湘绣、苏绣、粤绣、蜀绣、京绣、秦绣、鲁绣、晋绣、汴绣、瓯绣、杭绣、汉绣、闽绣等地方名绣,各民族也都有自己的特色民族刺绣。其中最具代表性的是"四大名绣",即苏绣、湘绣、粤绣和蜀绣。

刺绣的工艺要求是顺、齐、平、匀、洁。顺是指直线挺直,曲线圆顺;齐是指针迹整齐,边缘无参差现象;平是指手势准确,绣面平服,丝缕不歪斜;匀是指针距一致,不露底,不重叠;洁是指绣面光洁,无墨迹等污渍。刺绣可达到花卉不闻尤香,飞禽栩栩如生,走兽神态逼真的效果。

(二)刺绣的发展

刺绣起源很早,相传舜令禹刺五彩绣。奴隶社会已出裳服制度,规定衣画而裳绣。至周代,有绣缋共职的记载。目前传世最早的刺绣为湖南长沙出土的战国时期的两件绣品。其用辫子股针法(锁绣)绣成于帛上,针脚整齐,配色清雅,线条流畅,将龙游凤舞、猛虎瑞兽的图案表现得自然生动、活泼有力,充分显示出楚国刺绣的艺术成就。汉代刺绣开始展现出艺术之美,具有代表性的刺绣是1972年长沙马王堆出土的汉代绣品,其刺绣方法以锁绣为主,将图案填满,构图紧密,针法整齐,呈现繁美缛丽的景象。东晋到北朝的针织物,整幅都用锁绣的方法完成,具有满地施绣的特色。唐代时,刺绣应用很广,唐代很多诗词中也包含了对刺绣的咏颂,如白居易诗《秦中吟十首·议婚》"红楼富女家,金缕绣罗襦"。宋代刺绣的特点是将书画带入手工刺绣,形成独特的观赏性绣画。

明代衍生出透绣、发绣、纸绣、贴绒绣、戳纱绣、平金绣等刺绣种类。嘉庆年间,上海顾氏露香园,以绣传家,名媛辈出。到了清代时期,刺绣多为宫廷御用的刺绣品,绣品极工整精美,富有很高的写实性和装饰效果。另外,地方绣派如雨后春笋般兴起,苏绣、粤绣、蜀绣、湘绣、京绣等形成了争奇斗艳的局面。晚清时期,日本及西洋绘画入绣,江苏苏州沈寿首创仿真绣,为传统刺绣注入新的元素。

二、剪出的瑰宝——剪纸

(一)剪纸概述

剪纸又叫"刻纸""窗花""剪画",是我国传统民间装饰艺术的一种。剪纸作为中华民间艺术中的瑰宝,也已成为世界艺术宝库中一种珍贵的品种。

剪纸分为单色剪纸、彩色剪纸和立体剪纸。单色剪纸是剪纸最基本的形式,主要有阴刻、阳刻、阴阳结合三种表现手法。剪纸、剪影、撕纸等都是单色剪纸的表现形式。彩色剪纸的形式和技法有点染、套色、分色、填色、木印、喷绘、勾绘和彩编等。以颜色在刻纸上进行点色为点染剪纸,偏重于小面积的阴刻,以留出大面积的阳面进行点染,具有滋润、装饰性强的特点。其中,套色剪纸通常以阳刻为主,进行大面积镂空,给套色留有余地,再在作品的背面贴以色纸块,多用黑纸或金纸剪刻,按肤色、服饰、器物、花木等分别贴以不同的颜色。分色剪纸也称剪贴剪纸,是两种或两种以上的单色剪纸组合拼贴,基本上还是单色剪纸,其特点是分色截然、色感丰富。填色剪纸也称笔彩剪纸,具体做法是将黑色剪纸贴到白色剪纸上,着色时用笔在线条轮廓内涂绘。立体剪纸既可是单色,也可以是彩色。它是采用绘画、剪刻、折叠、黏合等综合手法产生的一种近于雕塑、浮雕的新型剪纸。立体剪纸充分体现了浪漫与写实的特点。

(二)剪纸的发展

早在纸发明之前,人们即以雕、镂、剔、刻、剪的技法在金铂、皮革、绢帛甚至树叶上剪刻纹样。《史记》中的"剪桐封弟"记述了西周初期周成王用梧桐叶剪成"圭"赐其弟的故事。战国时期用皮革镂花、银箔镂空刻花的装饰物属于剪纸艺术的前身。在新疆吐鲁番火焰山附近,先后出土了北朝时期的五幅团花剪纸,是我国目前发现最早的有据可查的剪纸实物。剪纸在南北朝时期已经广泛应用于生活,《木兰诗》中有"对镜帖花黄"的诗句。唐代,剪纸处于大发展时期。妇女用剪纸作为头花,这种装饰性民俗成为当时的一种时尚。现存于大英博物馆的剪纸,画面构图完整,可看出当时剪纸艺术水平极高。宋代,剪纸用来点缀礼品、装饰彩灯。在南宋时期,出现了以剪纸为职业的艺人。明清时期,剪纸手工达到鼎盛时期,已经成为全民性的艺术。民间彩灯上的花饰、扇面上的纹饰、刺绣的花样等,无一不是利用剪纸作为装饰或再加工的。剪纸也被用作家居的装饰物。

三、溢满竹香的艺术——竹编

(一)竹编概述

竹编是用竹子剖劈成篾片或篾丝,编织成各种用具和工艺品的一种手工艺。在加工过程中,手工艺人精心选择生长3年左右的竹,选择中间一段颜色一致、没有斑点、节长质细的部分,刮青去节。有的保持竹子本身的自然色泽,有的还需要进行染色加工,用彩色油漆均匀涂在竹筒表面,再把竹筒破成粗细均匀、厚薄一致的竹片和竹丝。竹丝断面为矩形,在厚薄、粗细上都有要求,仅为一两根头发丝厚,宽度也为一两根头发丝宽。根根竹丝都通过匀刀达到厚薄均匀、粗细一致。

竹编常用的工具有尺(丈量尺寸)、篾刀(破竹、分丝、制削之用)、副刀(穿引丝)、风刚刀(分层)、剑门(又叫"匀刀"或"铜刀",控制丝的)、期刀、胶布、排针等。

竹编工艺大体可分为起底、编织、锁口三道工序。在编织过程中,以经纬编织法为主。在经纬编织法的基础上,还可以穿插疏编、插、穿、削、锁、钉、扎、套等各种技法。常见的编织方法有十字编、人字编、较纹编、棱形纹编、花编、坐标编、描图编等。立体编织的方法有中空圆美开头法、方形开头法、圆形开头法等。收口的方法也很多,如缠口、销口、编口、拴口、衬口倒插等,编出的图案变化多样。

(二)竹编的分类

1. 瓷胎竹编工艺

瓷胎竹编工艺独特,是四川特有的手工工艺,主要用于制作装饰性工艺品。它以精细见长,具有"精选料、特细丝、紧贴胎、密藏头、五彩图"的技艺特色。在制作过程中全凭双手和一把刀进行编织,让根根竹丝依胎成形,紧贴瓷面,接头之处都做到藏而不露。产品主要有瓷胎竹编花瓶、竹编茶具、酒具、文具、竹编平面画。

瓷胎竹编工艺使用的竹材是经过严格挑选的来自成都地区的特长无节慈竹,经过破竹、烤色、去节、分层、定色、刮平、划丝、抽匀等十几道工序,全部手工操作。竹丝是做瓷胎竹编的关键,直接关系到竹编作品的质量。竹丝的制作工序主要有选竹、刮青、分条、分篾层、染色、分丝等。瓷胎竹编所用的竹丝断面全为矩形,瓷胎竹编产品只使用竹材表面一层,纤维十分致密,同时进行了特殊处理,具有耐干燥、不变形、不虫蛀、耐水可清洗的特点。

按工艺不同,瓷胎竹编产品可分为普通编织、提花编织和五彩图案编织。普通编织以古铜色的烤丝为主,配以普通几何图案,多用于制作批量产品。提花编织则用新竹青丝、经纬等宽,便于编织各类单色图案和文字手迹,更以熊猫图案编织为主,主要制作花瓶、茶具等产品。五彩图案编织充分发挥五彩丝的特色,运用多种不同的技艺,使用各种不同的色彩,编织出各种图案。该法多用于制作展品、礼品和高档精品,使用的技艺主要有疏编、疏细结合编、破经编、换经编、浸色编、浮雕编、立体编等20多种。

2. 无瓷胎竹编工艺

无瓷胎竹编是指用竹条篾片编成生活用具和观赏陈设品的竹编工艺,主要应用于我国南方地区。制作时,先将竹子剖削成粗细匀净的篾丝,经过切丝、刮纹、打光和劈细等工序,编结成各种精巧的生活日用品,如竹篮、果盒、屏风、门帘、扇子、凉席、笋等。主要产地有浙江东阳、嵊州,福建泉州、古田,上海嘉定,四川自贡等。

(三)竹编的发展

早在新石器时代,先民就砍来植物的枝条编织成篮、筐等存放物品。商周时期,竹编工艺日渐精细,竹藤的编织纹样丰富起来,出现方格纹、米字纹、回纹、波纹等纹式。秦汉时期,竹编已经被工匠们编成儿童玩具。唐宋时期,人们乐于以竹篾扎骨并在外周糊上彩纸或丝绸制作彩灯。有的彩灯还用竹编作为装饰。龙灯的龙头、龙身大多以竹篾作为内骨编制而成,龙身上的鳞片一般用竹丝扎结。明朝初期,江南一带从事编竹的艺人不断增加,竹席、竹篮、竹箱都有相当讲究的工艺。此后,竹编还和漆器等工艺结合起来,创制了不少上档次的竹编器皿。清朝时,竹编的用途进一步扩大,编织越来越精巧。20世纪,南方各地的工艺竹编蓬勃兴起,共有150余种编织法。

四、源于门神的贴纸——年画

(一)年画概述

年画是中国绘画的一种,始于古代的"门神画",是中国传统的民间艺术之一,亦是常见的民间工艺品之一。年画是中国特有的一种绘画体裁,也是中国农村老百姓喜闻乐见的艺术形式。大都用于新年时张贴,装饰环境,含有祝福新年吉祥喜庆之意,故名年画。

相传中国的年画始于唐代,沿至宋代才普遍流行,但是仍以张贴"门神"为多。明初期间,日本人曾在甘肃发现两幅宋朝的年画:一幅是班昭、赵飞燕、王昭君、绿珠的四美图,都有着高客长袖的宫装;另一幅是灶王爷和关圣帝君。两幅画上都盖有"平阳姬家雕郎"的店铺字样,足见在宋时人物年画已有规模。明太祖朱元璋提倡过新年要贴春联,由此,年画也就特别发达起来。今日被保存下来的,还有明代万历年间最流行的彩色套印木刻福禄寿三星图、天官赐福图等,刻工颇精致,迄今仍为民间所师法。还有实用的历画,如春牛、灶马、芒神等;更有历史故事、神话传说的"孟母教子""岳飞枪挑小梁王""牛郎织女""白蛇传"等。三国演义、水浒传等古典名著,也被采用为年画题材。中国清代时期,人才辈出,年画的题材更加广泛,除了人物、花卉、山水等艺术作品外,还有"老鼠嫁女""王婆骂鸡"等讽喻画,以及用歇后语构成的连环图画,予人以一种幽默感。印制方面亦各种各样,有木板、有石印、有胶版、有国画、有水彩、有图案、有单线平涂、有炭彩、有仿古、有创作,甚至有翻印西洋画的,如姑苏年画中的"西洋剧场"。

民间年画历史源远流长,有着较多的产地,流行也十分广泛,通俗普及,而且拥有大量的读者。无论是题材内容、刻印技术、还是艺术风格,年画都有自己鲜明的特色。它不仅对民间美术其他门类曾产生深远的影响,而且与其他绘画相互融合成一种成熟的画种,具有雅俗共赏的特点。四川绵竹年画、江苏桃花坞、天津杨柳青、山东潍坊杨家埠的木版年画被誉为"中国年画四大家"。

(二)年画的绘制工序及特点

各地年画的绘制在相近中又存在着区别。杨柳青年画的艺术特点是线版墨印,彩色手绘。制作时,先用木板雕出画面线纹,然后用墨印在上面,套过两三次单色版后,再以彩笔填绘。杨柳青画既有版味、木味,又有手绘的色彩斑斓与工艺性,因此,具有浓郁的生活气息和民间艺术韵味。总结起来,杨柳青年画制作一共有五道工序:第一道工序是勾,第二道工序是刻,第三道工序是印,第四道工序是画,第五道工序是裱。

杨家埠年画的制作工艺也别具特色。艺人首先要用柳枝木炭条、香灰作画,名为"朽稿"。在朽稿的基础上再完成正稿,描出线稿,反贴在梨木版上供雕刻,分别雕出线版和色版。再经过调色、夹纸、兑版、处理、跑色等,手工印刷。年画印出来后,还要再手工补点各种颜色进行简单描绘,以使得年画更加自然生动。杨家埠年画的生产分为绘画、雕刻、印刷、装裱等工序,每一道工序都极为精细准确。做法是先将画稿勾出黑线稿,贴到刨平的梨木或裳木板上,雕刻出主线版,待印出主线稿后,再分别以不同的颜色,刻出色版,套色印刷,最后修版装裱而成。

桃花坞木版年画用一版一色传统水印法印刷。构图丰满,色彩明快,富有装饰性;多用民间故事、神像、戏文、时事为题材,以象征、寓意、夸张手法,来表达人们美好的愿望。曾广泛流传于江南一带,而且远渡重洋流传到日本、英国和西德,特别是对日本的"浮事绘"产生了重要的影响,被海外媒体誉为"东方古艺之花"。桃花坞年画制作一般分为画稿、刻版、印刷、装裱和开相五道工序,其中刻版工序又分为上样、刻板、敲底和修改四部分。套色印刷亦有一套工序,主要包括看版、冲色配胶、选纸上料(夹纸)。

绵竹年画风格独特,在绘制风格上,绵竹年画和其他年画一样,首先是刻成线版。但是,线版在绵竹年画中只起到轮廓作用,最后完成全部靠手工绘彩,与其他地区年画有着明显区别。绵竹年画既传承了唐代年画由画师手工画成的技法,又继承了宋代雕版印刷术的技术,这也是绵竹年画的主要特点之一。另外,绵竹年画在用纸、用笔、用色上也别具一格。传统绵竹年画一般都用粉笔笺纸(当地所产的土纸上面涂一层薄薄的彭州白泥)和鸳鸯笔,颜色多用矿物色和民间燃料加胶矾调制而成。主色有佛青、桃红、猩红、草绿,其次是金黄、天蓝等,给人以鲜艳明快、对比和谐的色彩效果。

五、戏曲之父——皮影戏

(一)皮影戏概述

皮影戏又称"影子戏"或"灯影戏",以兽皮或纸版做成的人物剪影,在灯光照射下用隔亮布进行表演,是我国民间广为流传的傀儡戏之一。皮影戏在我国流传较广,在不同区域的长期演化过程中,逐渐形成了包括冀东滦州皮影、陕西华县皮影、甘肃陇东道情、北京皮影、山西孝义皮影在内的北方流派和包括湖北沔阳皮影、海宁皮影、台湾皮影在内的南方流派等。中国皮影艺术,是我国民间工艺美术与戏曲巧妙结合而成的独特艺术品种,是中华民族艺术殿堂里不可或缺的一颗精巧的明珠。

关于皮影的发展,一般认为起于汉代而兴于唐代。据史料记载:中唐时期,科白类戏空前发展,歌舞类戏编制进步,历史戏具体形成,傀儡戏等杂戏并作,民间更盛。傀儡戏皆模仿"弄影术"而作,并衍生为许多不同的表现形式。虽然其没有明确指出在什么时候有了皮影,但是实质就是皮影了。唐代敦煌遗书中有"油二升半,充十五日夜点灯用"的记载。由此表明,该时期皮影戏的雏形已出现。至宋代的时候,皮影进入了成熟和繁荣的阶段。据记载,北宋时期的京城"瓦肆"演出的"百戏"不可胜数,其中有专门的皮影演出。南宋时期,皮影戏的内容脱离了单调的模式,表演的成分大大增加了。明朝是我国古代皮影戏发展的一个重要时期。这个时期皮影戏完成了两个使命:一是皮影的流派相继成熟;二是皮影的对外传播加强。那时,随着政治中心的北移,皮影戏在河北滦县一带迅速发展起来。清朝时期,皮影戏进入了繁盛时期,已经传至我国大部分地区,其中也包括我国的台湾地区。皮影戏是我国走出国门、闯入世界最早的戏剧艺术。

早在南宋宁宗嘉定时期,海上商业发达,皮影戏由海路向东南亚诸国流传,至爪哇和暹罗,也就是后来的印度尼西亚和泰国。接着,又传至马来西亚、缅甸、柬埔寨和越南等国,为世界文化的繁荣和发展做出了重要贡献。

(二)皮影制作工艺

制作皮影时,先将羊皮、驴皮或其他兽皮的毛、血去净,然后经药物处理,使皮革变薄,呈半透明,涂上桐油,经过刮、磨、洗、着色等24道工序手工雕刻3 000余刀,然后把皮革镂刻成所需的人物形象。皮影人的头、四肢、躯干等各自独立,而又用线连成一体,分别以连杠由演员操纵,令其活动。

皮影人涂有各种颜色,表达人物的善恶美丑。雕刻时,一般用阳刻,也有的用阴刻,雕工细致,刀法多变。绘画染色也有一定的讲究,女性发饰及衣饰多以花、草、云、风等纹样为图案,男性则多用龙、虎、水、云等纹样为图案。一般忠良人物为五分面,反面人物为七分面。人物造型与戏剧人物一样,生旦净末丑角色齐全。制成的皮影高的达55厘米,低的仅有10厘米左右。演员在半透明的白布后,贴近幕布熟练地操纵皮影人活动,并有说唱、乐队伴之,有声有色地表演剧情故事。

皮影的艺术创意汲取了中国汉代帛画、画像石、画像砖和唐、宋寺院壁画的手法与风格。皮影的制作最初是用厚纸雕刻,后来采用驴皮或牛羊皮刮薄,再进行雕刻,并施以彩绘。风格类似民间剪纸,但手、脚关节分别雕刻后再用线连缀一起,能活动自如。

六、木艺神韵——木雕

(一)木雕概述

木雕是雕塑的一种,在我国常常被称为"民间工艺"。木雕可以分为立体圆雕、根雕、浮雕三大类。木雕是从木工中分离的一个工种,在我国工种分类中为"精细木工",是以雕刻材料分类的民间美术品种。一般选用质地细密坚韧,不易变形的树种,如楠木、紫檀、樟木、柏木、银杏、沉香等。采用自然形态的树根雕刻艺术品则为"树根雕刻"。木雕有圆雕、浮雕、镂雕或几种技法并用,有的还涂色施彩用以保护木质和美化。木雕艺术同其他艺术一样,是伴随着人类的产生而产生的,只是一开始是一种不自觉的行为,直至人们有了审美,木雕才真正成为一门艺术。

(二)木雕的发展

木雕起源很早,其悠久的历史可以追溯到史前。我国木雕艺术起源于新石器时期。早在那时,人们便用锋利的细石器在木头上雕刻。公元前5300到公元前4800年的辽宁新乐文化遗址中发现的一件类似大鹏鸟形象的木雕,是目前发现最早的木雕。商周时期,出现了殷代王室的"六工"和周代的"八才",说明木雕被纳入了朝廷管理范围。遗留下来的木雕多为礼器,装饰方法已有施漆、镶嵌和雕花等多种。商周时期,木雕以依附于器的方式出现在建筑、家具、车辆、舟船等实用器上。春秋战国时期,鲁班将木雕运用到建筑上。秦汉时期,社会政治、经济、文化、科学等方面有所发展。木雕工艺品也较战国时期发达,其原因与当时死而厚葬,以及用俑随葬习俗的兴起是分不开的。尤其是汉代,随葬品形式十分丰富,有犁田、收割、扫地、打杂、百戏、奏乐等形象。这个时期,木雕工艺有的已经从漆器中分离出来成了独立的木雕艺术形式。

到了两晋南北朝时期,佛教艺术大量涌现,这在很大程度上促进了木雕艺术的发展,木雕佛像开始流行,木雕工艺在此已经形成不小的规模。唐代,政治比较安定,社会经济和文化艺术空前繁荣,工艺美术,包括木雕工艺,也得到相应发展。特别是晚唐至五代,木雕艺术品的造型,工艺技法都承袭了盛唐风格,人物面部丰满,身材均匀,仪态庄严,圆雕技法纯熟。唐代木俑中最具代表性的要数新疆吐鲁番阿斯塔拉古墓残存的盛唐风格的彩绘木俑。另外,木雕艺术在印刷术中所起的作用,是唐代至宋代印刷术发展的重要基础。宋代的小件木雕造型精致,形象生动、秀美,在当时社会极为流行。并且,在唐宋时期,开始形成了不同地域的木雕流派,最著名的如苏州木雕和泉州木雕。

在元代时期,获得巨大发展的是工艺木雕,以各种形制不同、工艺不同的木雕小玩意儿、小摆设和实用器的形式深入人们生活的各个方面,主题是美化生活,装饰题材有面向生活、神话故事、戏曲故事。吉祥图案成为主角,格调是轻松的,寓意是美好吉祥。明代是小件雕刻艺术品的兴盛时期,珍品屡出。明代后期,苏州是"苏式"硬木家具的主要产地,由此也出现了许多著名的木雕匠人,并由此拉开了明代木雕艺术百花争艳的序幕,木雕艺术各大流派开始登场,除了苏州木雕,主要还有泉州木雕、潮州金漆木雕、浙江东阳木雕、浙江宁波朱金木雕和根雕等。在明代,还有另外一种木雕艺术,称为"百宝嵌"。其是明代嘉庆年间吴县即江苏苏州周翥所创。百宝嵌是木雕精品,多用于漆器镶嵌。至清代,木雕达到了鼎盛时期,各流派都在前辈经验的基础上,创作出更加精美的珍品。晚清时期,木雕受到西方艺术的影响,雕刻时追求人物骨骼肌肉匀称,力求接近现实中的人物造型。木雕工艺更加注重雕刻的精细,但与之相应的是装饰性的木雕作品更趋于烦琐。

课后思考

❶ 简述民间工艺可以分为哪几类。
❷ 简述世界各国人民赞美和喜爱中国民间工艺的原因。

❸ 简述"中国年画四大家"。
❹ 简述明朝我国古代皮影戏完成的两个使命。
❺ 简述木雕的定义及分类。

互动实践一

活动名称:"绣出自己,绣出精彩"
活动目标:

1.知识目标:通过多渠道、多学科的从"绣出自己,绣出精彩"为主题的综合实践活动,使学生了解中国传统文化——刺绣,知道学习刺绣的重要性。

2.能力目标:在参与综合实践活动过程中,培养学生观察思考、勇于探究、动手实践、发现问题、解决问题、与人交往、合作交流、运用创新、持续发展等综合能力,以及运用现代技术获取和处理利用资料的能力。

3.情感目标:了解综合实践活动课程,产生对综合实践活动的兴趣,培养认真探究科研问题的科研态度。学会一些方法,在活动交流中体验交往的乐趣。感悟传统文化的魅力,增强民族自豪感和责任心。

活动形式:活动的形式主要是"观察""学习""交流""竞赛"。
活动过程:

1.前期准备:

(1)活动宣传。

(2)作品征集。类型:剪纸和刺绣。

(3)活动当时的PPT制作。

(4)剪纸材料的准备。

(5)通知参加的人员。

2.活动当天:

(1)负责人员提前40分钟到达,将所用的信息设备调试完毕。

(2)将所用材料摆放整齐。

(3)进行会员签到。

(4)活动开始,主持人负责介绍剪纸和刺绣的历史,以及现代化应用。

(5)PPT与作品实物展示,伴随主持人简单介绍。

(6)劳逸结合,进行歌唱表演。

(7)讲解如何剪纸,大家参与其中,并且现场进行剪纸比赛。

(8)评委为各个作品打分。

(9)检验预计效果:学会简单的剪纸。

(10)合影留念。

3.后期总结:将图片资料汇总、整理,对此次活动进行总结,结合自己和社会的感想进行总结,改进以后的工作活动。

互动实践二

活动名称: 举办竹编文化活动

活动目标: 以城桥镇非物质文化遗产——城桥镇罗家埭竹编文化传承基地为基础打造系列活动。历史上城桥镇罗家埭地区编制的竹器最为精细,曾闻名于世。通过活动,使非遗融入生活,让老手艺传承下去。

活动过程:

1.活动现场,大家围坐在一起,请专业手工老师介绍竹编的前世今生和制作方法,在相关工作人员的耐心讲解和带领下,开启一段团扇竹编之旅。

2.组织参加者用三个小时的时间制作竹编,在一编一挑之间,让一个个精细小巧、造型各异的团扇逐渐成形。

3.该活动不仅可以让参加者收获一把可以带来清凉的团扇,还可以感受竹编的神奇魅力。

互动实践三

活动名称: 巴蜀印象皮影戏体验活动

活动目标: 皮影戏是中华民族传统戏剧之一,是民间艺术之瑰宝,通过此次活动让同学充分了解皮影戏文化。

活动过程:

1.在活动现场,由皮影戏老师向同学介绍皮影的来历、类别、制作过程,并告知皮影上色是根据人物的不同性格来确定颜色的,某种特殊类型的人物采用其特有的色彩,不同的颜色代表的含义不同等基本知识。

2.皮影戏老师进行传统皮影剧目的表演,并在表演中融入现代热播歌曲的元素,让古老的传统文化与现代文化碰撞交融。

3.皮影表演,离不开光与影,由皮影戏老师带大家一起探究光的秘密。

互动实践四

活动名称: 手绘木雕长卷街景图之麻布包制作活动

活动目标: 学习并参观隋唐大运河博物馆木雕长卷街景厅,感受运河风光,了解淮北市隋唐大运河博物馆悠久的历史。赏析木雕长卷街景图,体会老百姓因运河的通航而带来的繁荣景象。让学生感受古代劳动人民的智慧结晶。借此场景进行麻布包的艺术创作,旨在让学生了解古代劳动人民的智慧及历史发展,提升自我的动手能力。

活动过程：

1. 活动老师介绍手工绘画的工具及使用方法,并现场演示制作麻布包的基本步骤。

2. 分发材料后同学各自分组,开始制作艺术手工作品。

3. 同学互相展示艺术作品,交流制作心得。

第三节　中国古代医学

　　中国古代医学是以传统医学理论与实践经验为主体,并伴随着以研究人类健康与疾病转化规律及其预防、诊断、治疗、康复和保健为主的活动演变而来的。它与中华民族五千年文明历史一同成长,至今仍充满活力,并在当代疾病防治中起到不可替代的作用。近年来,中医药学越来越受到世界的关注,越来越多的人认识到中医药学知识的重要性并且希望了解中国古代医学。中国古代医学包括中医学、民族医学和民间医学三部分。中医学是以汉文化为背景的中国古代社会的主流医学,是中国传统医学的当然代表。民族医学是指中国少数民族的传统医学。少数民族传统医药是指我国少数民族在历史上创造和沿用的传统医药总称。民间医学指既无医学理论体系,又无特殊民族文化背景的民间医疗经验、养生习俗、单方验方和简易医术。中国古代医学是我们祖先长期以来与疾病斗争的智慧结晶,它具有完整的体系和丰富的实践经验,是中华民族以及全世界文化遗产中一颗璀璨的明珠。从古至今,中华民族为促进世界医学的发展做出了卓越的贡献。中国古代医学体现了自然科学与人文科学的结合。勤劳勇敢的中国人用对生活的充分热爱诠释了中国古代医学的奥妙与神奇。

一、中国医学的发展

(一)中国医学萌芽阶段(远古—春秋)

　　关于中国医学历史的起源时间,到目前为止难以确定。神农尝百草、黄帝与岐伯著《内经》等仅仅能够当作封建社会史家的帝王将相创造历史的看法,然而,真正创造历史的是劳动人民。在原始社会,人们靠采集生活,以采集植物的果实和含有淀粉的根块为基本食物,其次是采收软体动物,如鱼蚌之类。在弓矢(弓失)发明之前,巨大的兽禽比较难以捕获。人类最开始以采集的植物为生时,往往会有中毒危险,许多治病药物大多是有毒的。当人们摄入与病对症的毒性食物后,病就好了。人们将这样反复的经验记下来。那时候,人们都是聚族而居,这种治病经验就能有条件被保存和流传下来。《淮南子》中记载了神农教民尝百草之滋味,"当此之时,一日而遇七十毒"。传说这就是医方兴起的来源,是有事实背景的。

　　在新石器时代,弓矢被发明了,社会经济生活也开始由采集生活过渡到渔猎、畜牧业及农业经济生活。这时,与医药有直接关系的生产工具有石制或者骨制的刀、针等,在外科上有了取脓血的工具。陶器大量被使用,使食物的耐久储存成为可能。养蚕和纺织的发明,使人们再不用以兽皮、树叶为衣裳了,不仅在卫生上有普及的意义,在外科上也有改用柔软如丝、贝母或麻蒯一类纤维制成的布帛为绷带的条件。此时,舟车也已发明,交通方便，但传染病的流行范围也因而扩大了。

在青铜器时代里（夏商至西周），中国出现了脱离体力劳动的巫医这样专职的人物。巫最初不一定都是当时认为的人鬼沟通的媒介人，而是能劳动的智巧的人，故后来能成为总结和发展过去广大人民劳动经验、智慧的知识分子。所以巫字从工，而有知天文之巫、掌乐之巫，当然也有属于人鬼沟通之巫。而治病之巫，实际就是历史上最早出现的职业医生。巫医术是用符咒、驱神、祈祷等方法，结合药物、手术等为人治病的一种原始的医疗方法。在《山海经》中十巫采药之事就是巫医用药治病的有力证明。名列十巫之内的巫彭，据《世本》记载是创造医学的祖宗。

在青铜器时代，人们已经认识了不少疾病，单在甲骨文中，已有关于流行病、五官病、妇产科病、小儿科病和寄生虫方面的疾病记载。就传染病方面如取证《周礼·天官》的记载，可知那时人已经掌握到传染病与季节关系的发病规律。五官科的疾病记载得较详：如龋齿等疾病亦有记载，此可能与当时酵素的发明，如酒、饴糖等有关。在该时期，人们把酒作为治病的重要药物，因为它具有很强的麻醉性，在止痛方面能起一定的作用。酒的发明改变了剂型，药物多被改为液体制剂。

春秋时期是历史上医学和巫术激烈斗争的时期，通过斗争，医学逐渐摆脱巫术的束缚，取得了一定的优势，并不断发展。

(二)中国医学奠基阶段（战国—三国）

到了战国时期，学术界百家争鸣，百花齐放，宗教的地位不再像以前那么神圣，医学与巫术开始分离。在当时的人们看来，医学比巫术更加科学、更加实用，也更有根据。从绝对的医学理论来说，战国时期，医学已经从巫术宗教医学中解放出来了。这个时期，出现了两本巨著，一部是托名黄帝的《黄帝内经》，另一部是托名扁鹊的《难经》。这两部巨著是中医学最早的经典。这个时候，临床医学分支已经初见端倪，开始变得越来越专业化。临床医学方面最有名的医生是扁鹊。他精通内、外、妇、儿各科，会使用针灸、按摩等多种方法治病，被人们尊称为"医祖"。从养生学角度上来讲，《黄帝内经》奠定了古老气功的医学基础。

秦汉时期，国家统一，交通日趋便利，中国与边疆少数民族地区和外国的交流空前频繁。来自外邦异域的稀有药材，如龙眼、犀角、麝香等，源源不断进入中原，甚至西域的珍贵药材也通过丝绸之路来到中国。中医学尤其是药物学有了很大的发展。《神农本草经》就是该时期出现的药物学专著。东汉末年，战乱不断，瘟疫流行。很多有技术、有良知的医生把自己的毕生精力投入医学事业，立志解除百姓疾苦。在他们的努力下，以伤寒、杂病和外科为最突出的临床医学，达到了前所未有的水平。这是中国医学史上的第一次高峰。这时候出现了一批像"医圣"张仲景这样的名医，他们在继承前人基础上，通过总结自己的临床经验，写出了像《伤寒杂病论》那样被称为"万方之祖"的医书，为中国医学做出了杰出的贡献。

炼丹术始于战国时期，在两汉时期发展很快，不仅有大量方士从事炼丹活动，而且出现多部炼丹著述。据考证，现存的《太清金液神气经》《皇帝九鼎神丹经》《太清金液神丹经》，都是先于《周易参同契》问世的汉代炼丹著作。东汉魏伯阳的《周易参同契》，则第一次把易理和炼丹联系起来，从哲学高度对炼丹家的经验进行概括和总结，被视为现存最早的炼丹著作。

中国的医学在三国时期有长足的发展。三国时期有位著名医生华佗非常擅长外科手术。就现在的医学知识来看，进行外科手术必须知道病症、人体各部分器官的位置与结构、消毒消炎及麻醉工作。当时，华佗在进行外科手术之前，所用器具皆先以汤药浸洗消毒。就麻醉而言，华佗发明了一种麻醉药名为麻沸散，手术前让病人服用，待服者失去知觉后进行手术。华佗使用的外科麻醉药比西方早了一千六百多年，表现了中国人的医学智慧。三国时期，魏国的太医王叔和著有《脉经》，这是医学上重要的著作，是中国现存最早的一部论脉的专著。三国时代魏人著有《皇帝三部针灸甲乙经》（简称《甲乙经》），被誉为中国针灸鼻祖。后来，《脉经》《甲乙经》这两部书传到韩国、日本等国，提高了东亚地区的医学水平。

（三）中国医学兴盛发展时期（西晋—五代）

两晋南北朝时期，战乱频繁，死于战乱与瘟疫的人不计其数。葛洪、刘绢子等名医应运而生。东晋著名医学家葛洪所著《肘后救卒方》（又称《肘后备急方》或《肘后方》）主要记载了一些常见病症的简便疗法和急救方法，是中国医学史上第一本临床实用手册。葛洪是最早记录恙虫病的医家。该病是由恙虫的幼虫（恙螨）做媒介而散播的一种急性传染病，流行于我国东南沿海一带。直到20世纪20年代，国外才逐渐发现恙虫病的病原是一种比细菌小得多的"立克次氏体"，而葛洪早在没有显微镜的一千六百年前，就把恙虫病的病原、症状、发病地点、感染途径、预后和预防，描述得十分清楚，并指出此病见于岭南，这与今天临床所见相似。《肘后方》记载一种瘈犬（疯狗）咬人引起的病症。葛洪首次提出，应用狂犬的脑组织敷贴在被咬伤的创口可以治疗狂犬病，因为狂犬脑中含有抗狂犬病的物质。后世学者认为，这种方法具有"以毒攻毒"的理念。直到19世纪，法国科学家巴斯德始从狂犬的脑组织中培养出狂犬病疫苗，因此葛洪被认为是人工免疫疗法的先驱。《肘后方》也第一次准确而详细地描述了天花的症状。

刘绢子是东晋末至南北朝宋时期的医家，擅长外科。晋安帝义熙六年，他随刘裕北征，以精湛医术在军中享有盛名，著有《刘绢子鬼遗方》10卷。该著作内容包括金创战伤、痈疽疮疡、皮肤疥癣、瘰疬瘘疮等，医学理论主要源于《灵枢·痈疽》，开创了外科内治的全新思路，为后世外科消、托、补三大治则的确定奠定了基础。该著作还记载有战争中腹部外伤后脱落出的回纳方法，因此，被誉为中国早期的军事外科医著。

雷敩是南朝宋药学家，他所著的《炮炙论》系统地总结了南北朝以前有关中药加工炮制的经验，成为我国现存第一部炮制学专著。该书论述的药物炮制方法，对后世中药炮制的发展有较大影响。

两晋南北朝时道教兴盛，炼丹术盛行，炼丹著作较多，葛洪是著名的炼丹家，其代表作《抱朴子》分内、外篇。有关炼丹术的论述主要在内篇中。该著作介绍的炼丹经验为制药化学做出了很大贡献。南朝时期著名道家、医药学家陶弘景是葛洪之后的又一位中药炼丹家，他著有《合丹法式》《集金丹黄白要方》《服云母诸石药消化三十六水法》等炼丹著作。

到了隋唐，医学家在各自的研究领域获得了更为丰硕的成果，这是中国医学史上的第二次高峰。优秀代表是"药王"孙思邈。他的《千金方》是集唐之前方书之大成的巨著。还有大业年间的太医巢元方，他医术高明，编写了一部《诸病原候论》，是我国医学史上第一部系统总结疾病病因、病理、症候的专著，对隋以后的两代医学的发展产生了巨大的影响。其中对肠吻合术、拔牙、人工流产等外科手术的记载，在当时都是世界最先进的。

两宋是中国古代医学发展的重要时期，宋代政府对医学特别重视，设立太医局作为培养中医人才的最高机构。除了培养人才外，还组织人员编纂方书，设立校正医书局，铸造针灸铜人；改革医学教育，设立惠民局、和剂局、安济坊、养济院、福田院等，有力促进了医学的进步。宋代典型的代表是著名的针灸铜人。王唯一穷毕生之所学，撰写了《铜人瑜穴针灸图经》，主持铸造针灸铜人。针灸铜人用青铜铸造，与真人一般大小，连各种器官和体表所刻穴位都是镂空的，表面塞有黄蜡，铜人体内储有水。针灸时，如果扎对了穴位，就会蜡破水出；如果扎不对，水就流不出来。医官院把它拿来做教学、实践和考试用，这就使得教学更加标准化、形象化。这两具铜人，代表了当时医学的最高成就，被世人看作无价之宝。熙宁二年（1069年），王安石推行新法，宋政府开始管理药物购销。熙宁九年（1076）年，宋廷在京都汴梁（今河南开封）开设太医局熟药所，又称卖药所，这是中国医药史上的一所以制作和出售成药为主的官方药局。药局"掌修和良药"，出售成药"以利民族"，在很大程度上方便病家，且获利甚多，因此发展迅速。

元代是北方少数民族与汉族文化大融合的时期，各族医学交融为多源一体化的中国传统医学注入了新的活力。元代四大家对中医学理论做出了重要的贡献。刘完素以火热立论，力倡"六气皆从火化""五志过极皆能生火"，用药多用寒凉，被称为"寒凉派"。刘氏之火热理论促进了温病学说的发展，对温病学说的形成有深刻的影响。张从正传河间之学，认为病由邪生，攻邪以病，主张"邪去则正安"，用汗、吐、下三法的应用范围，对中医治疗学的发展做出了贡献。李东垣提出了"内伤脾胃，百病由生"的内伤学说，治疗重在升补脾阳，被称为"补土派"。朱震亨重视相火妄动，耗伤真阴，提出"阳常有余，阴常不足"之论，治病以滋阴、降火为主，被称为"养阴派"。元代四大家各具特色，各有创见，均从不同角度丰富和发展了中医学，促进了中医理论和临床实践的发展。

（四）中国医学的发展及稳定时期（明清）

明代到清代前中期，既是对中国古代医学进行总结的时期，也是对中医学进行普及、升华、发展革新的时期。这一时期出现了李时珍、吴有性、王清任等医学大家，所著的《本草纲目》《医林改错》等医术总结了古代中医学的精华，并对古人著作中很多错误的地方进行了改正。这个时期的中医，在探索传染病病因、创造人痘接种预防天花、中药学研究等方面，逐渐进入新的层次，中外医学交流的范围已达亚、欧、非许多国家和地区，中学输出，西学东渐，使中外医学文化在交流接触中互惠互利。在中医学术发展史上，这一时期，温补学派特别盛行，其中薛立斋、孙一奎、赵献可、张景岳、李中梓等大抵重视脾肾，善于温补。温病学派的出现，标志着中国医学发展又取得了突出的成就。吴又可创立了传染病病因学"戾气学说"的新概念，提出了治疗传染病的较完整的学术见解，著成《温疫论》，为温病学说的形成奠定了基础。叶天士《温热论》，首创卫气管血辨证；吴鞠通《温病调辨》，创三焦辨证；薛生白《湿热病篇》，指出"湿热之病，不独与伤寒不同，且与温病大异"；王孟英《温热经纬》"以轩岐仲景之文为经,叶诸薛家之辨为纬"。这些温病学家大胆地突破了"温病不越伤寒"的传统观念,创立了一套卫气营血、三焦为核心的比较完整的温病辨证论治的理论和方法,使温病学在症因脉治方面形成了完整的理论体系。温病学说和伤寒学说相辅相成,成为中医治疗外感热病的两大学说,在治疗急性热病方面做出了巨大的贡献。

明末,西医开始传入中国。清朝时期,伴随着传教士的来华和帝国主义列强进行文化侵略的需要,西方医学在我国日益广泛地传播开来,由沿海到内地,由设诊所到建医院,由翻译医书到成立学术团体,近百年间,在我国形成了中医、西医并存的局面。第一个把医疗作为对中国传教手段的教会团体,是基督教美国公理会国外布道会总部,1830年开始在中国活动。第一个来华的传教医士是伯驾,他于1834年10月受美国公理会派遣到达广州。次年11月在广州成立"眼科医局"(又称"新豆栏医局")。1860年以后,教会医院进一步在我国内地各省、市建立起来。较著名的有1985年广州的博济医院,它一直存在到1949年,是在华历时最久的教会医院。1862年伦敦会在北京建立"双旗杆医院",1906年该院与其他几个医院合并为协和医院,成为北京最大的教会医院。20世纪以后,教会医院迅速发展,传教士除对原有的医院扩大规模外,又在各地设置了不少医院和诊所。据1938年出版的《基督教学会世界统计》资料所载:截至1937年,在华英、美基督教会所办的医院共300所,病床约2.1万张,小型诊所约600处,同时,美国天主教也在江西、广东、湖南、湖北等地开设了医院。

随着西医学的传入和医院、医学校的设立,传教士医师也开始翻译西医书籍,包括基础、临床、卫生等各科内容。最早在中国翻译西医、西药书籍的是英国传教士医生合信。1851年,他编译了《全体新论》一书,这是近代传教士较早向中国介绍的比较系统的西方医学著作。他还先后编译了《西略论》(1857)、《内科新书》、《妇婴新说》(1858)等书。美国教会医生嘉约翰也编译了《内科全书》(1883)和《病症名目》、《西药名目》(1899)等共20余种医书。英国傅兰亚亦译有《化学卫生论》《西药大成》《内科理法》等,英国德贞还译有《全体通考》《西医举隅》《英国官药方》等。传教士除了翻译医书外,还出版医刊,如《广州新报》(1806)[改名为"西医新报"(1844)"博医会报"(1888)]等。这些译著和期刊的出版,对传播西方医学知识有一定的作用。

西医作为一门科学,在我国各地广泛传播以后,产生了很大的影响。由于西医建立在近代自然科学基础以上,它的传入客观上为我国带来了新的科学知识。西医医院的建立、西医药院校的开办、西医著作的出版都促进了我国医学的发展,对我国人民的保健事业起到了重要作用,并且助力了我国开展中西医融合的探索。

二、中国民族医学特色

每个民族在历史上都有自己的医药创造、医药积累及医学特色,形成了丰富多彩的民族传统医药。我国少数民族传统医药不仅是中国传统医学的重要组成部分,而且就其学术体系、继承保护的完整性和现代应用的广泛性而言,也是世界传统医学的组成部分。

(一)藏族医学

藏族医学简称藏医。藏医历史悠久,有史可考的已达一千多年,并且具有比较系统的理论和多样的治疗方法。藏族医学基本上是青藏高原上藏族人民在当地自然条件和社会条件下的医疗经验的总结,同时吸收汉族医学内容,并受到古印度吠陀医学的影响。藏族医学是以"隆""赤巴""培根"三因学说为核心,以五源学说为指导思想,以七物质、三秽物及脏腑经络的生理、病理为基础,以整体观念、辨证论治为特点的独特的理论体系。在诊断方面特别重视尿诊和脉诊,治疗方法包括内服、外用药物,以及放血等。藏族医学的系统理论在藏医经典著作《四部医典》中有明显的反映。

(二)蒙古族医学

蒙古族医学简称蒙医。古代蒙古族人民早已知道火灸、刺血、酸马奶等疗法。蒙古族医学的正骨疗法、脑震荡疗法颇有特色。热罨疗法更是蒙医所特有。随着藏传佛教的传入,蒙古族医学吸收了藏医的内容;在蒙汉两族人民的交往中,也吸收了汉族医学的内容。蒙古族医学理论系统以"三根"(赫依、希拉、巴达干)学说为主,也包括阴阳、五大要素等学说。蒙古族医学以藏医名著《四部医典》为主要理论依据,也留下不少医书,如《医法海鉴》《甘露滴珠》《蒙药正典》等。

(三)维吾尔族医学

维吾尔族多居住于东西方交通要道"丝绸之路"的两侧,因而得以广泛吸收东西方的医疗经验。其中影响较大的有中世纪阿拉伯医学,此外还吸收了汉族医学和藏族医学的内容。维吾尔族医学体系包括四大物质学说、气质学说、四种体液学说等内容。维吾尔族医学的治疗方法也是多种多样的。

(四)朝鲜族医学

19世纪中叶,中国邻邦朝鲜有大量移民定居于中国吉林延边,随之将朝鲜医学"东医"带来。古代朝鲜"东医"受中国汉族医学影响较大,理论框架相近。朝鲜族医学把"天、人、性、命"四者的对立统一整体观作为理论基础,阐明人与自然、社会之间的关系,提出了天人对立统一的观点。但朝鲜族医学理论的核心却是"四象医学"。朝鲜族医学阴阳学说认为"太极生两仪""阳变阴合四象生焉",将此应用于医学,乃有四象医学。四象医学将人分为太阳、太阴、少阳、少阴四象人,临诊时辨象施治。

(五)傣族医学

傣族历史悠久,早期文献都记载在贝叶上,称为贝叶经。傣族医学认为,人体生命活动物质为土、水、火、气四大生机,任何一个生机出现偏胜或不协调,均可使人致病。傣族医学对每一个生机不协调而引起的疾病都有固定的方剂治疗,治疗多采用当地所产的中草药。

(六)其他民族医学

除以上所提的几种民族医学外,尚有一些历史悠久但无文字的民族,也有自己独特的医疗实践经验,在当地民间流传。例如,广西壮族民间流行的针挑、药线灸、灯花灸、角吸雾化法、陶针、角弓括等外治法,苗族中防治蛇咬伤的"锐騪棍""焦馍降"等。云南拉姑族、福建畲族、黑龙江及内蒙古东北部的鄂伦春族等都有当地特产药物及本民族独特的医疗方法和经验。

三、中国医学的内外交流

各民族医学不但在理论上、医学思想上以及医疗实践上都保持着各自的特色,而且它们在历史的发展中又不断地相互影响、交流与渗透。早在秦汉时期,汉朝就通过陆上丝绸之路得到大量少数民族常用的药材。汉代张骞出使西域,从少数民族那里学会种植诸如胡桃、葡萄等既是水果又是药物的植物。闻名世界的药王孙思邈的《千金要方》实际汲取了西州、匈奴等少数民族的医药经验,明代李时珍《本草纲目》所载的少数民族药物就更多了。历史上,汉族占全国人口绝大多数,一般说,文化也比较先进,古代少数民族在相当程度上都学习汉族文化。在医学上一方面学习汉族医学,同时也为汉族医学做出了贡献。如元代蒙古族人忽思慧的《饮膳正要》等,就是少数民族的医学杰作。这样广泛的民族间文化交流使得各民族医学具有了一定的共性。

一些少数民族医学除了吸收汉族的医学之外,还吸收了其他国家的医学,由此丰富了本民族的医学。例如,藏族医学既吸收了汉族医学,也吸收了古印度吠陀医学;蒙古族医学既吸收了汉族医学、藏医学,也吸收了俄罗斯医学;维吾尔族医学除了继承了回鹘医学,吸收汉族医学,还吸收了阿拉伯医学(其中包括大量古希腊、罗马医学的内容)。

在战国至东汉时期,随着中外经济、文化的发展,中国与其他国家开始进行医药交流和往来。据《汉书·地理志》记载,当时我国与日本已有来往。《史记》载,汉武帝在元朔三年(前126)和元狩元年(前122),两次派遣张骞出使西域,开辟了丝绸之路,拓展了中原与西北、西南边疆地区以及域外的经济、文化、医药交流。汉和帝永元九年(97),班超再度出使西域,从而使西域的红花、葡萄、胡桃、胡麻、大蒜、苜蓿及其他药材不断输入。中外医药交流促进了中医学发展。

魏晋南北朝时期,佛教的不断传入和外交使团互访使得我国中外医药交流进入一个新阶段。交流的国家主要有朝鲜、日本和印度。我国的药物通过丝绸之路输入印度,如茯苓、人参、当归、远志、乌头、附子、麻黄、细辛等药,被誉为"神州上药"。隋唐五代时期,中国加强了与伊斯兰诸国和地区的医药交流。公元前8世纪,我国的炼丹术传到阿拉伯国家,成为当地炼丹术的直接示范。宋元时期,海陆交通日渐发达,海上"丝绸之路"被进一步拓展,中外贸易繁荣发展。这使得我国开展医药交流的地域范围扩大。我国与朝鲜、东南亚诸国、伊斯兰诸国等地区的医药交流都在积极开展。我国与日本的医药交流状态只在北宋时期受日本闭关锁国政策影响趋于停滞。

明代,传教士成为中西医药交流的使者。波兰籍教士卜弥格来华后编著的拉丁文译本《中国植物志》实际是《本草纲目》的节选本,该著作于 1656 年在维也纳出版,成为在欧洲早期介绍中国药物的著作。中医药知识通过传教士之手,逐渐向西欧传播。清朝初期,中国与国外的医药交流主要集中在中医药书籍、针灸、药物、人痘接种术等;而 19 世纪后,则主要是西方医学对中国的输入及产生影响。

可见,中国医学是一个不断发展的体系,精深的理论、丰富的实践、对异域文化的优选吸收和不断自我更新,使它永葆青春。

课后思考

1. 简述中国古代传统医学分为哪三部分。
2. 简述民族医学的概念。
3. 简述巫医术的概念。
4. 现存最早的炼丹著作是哪部?
5. 概述中国藏族医学的特点。

互动实践一

活动名称: 古代医学书籍重点内容分享

活动目标: 通过阅读古代医学书籍体会各朝代古代医学特色,感受古代医学书籍记载内容的翔实程度,使学生充分掌握古代医学书籍中疾病诊疗的具体方法。

活动过程:

1. 将到场的学生分成为 3~4 组,每组在 10 分钟之内找到确定阅读的古代医学书籍。
2. 开展情景展示。通过具体情景模拟展示出中国古代医学书籍中节选的重要内容。
3. 各个小组均对所有情景展示打分,评价展示效果。

互动实践二

活动名称: 药品识别

活动目标: 通过药品识别活动使学生熟悉中国古代医学相关的重点书籍,并且充分认识中国古代医学的发展。

活动过程:

1. 在桌面上摆放好红花、葡萄、胡桃、胡麻、大蒜、苜蓿、麝香、龙眼等药材。
2. 将学生分组,由小组负责人带领学生找到具体药材的初始应用时间,说明是在哪本古代医学类书籍中出现的。
3. 各组派学生做报告分享药品识别过程与结果。

互动实践三

活动名称： 各民族古代医学主题班会

活动目标：

1. 全班同学网络调研中国各民族医学相关知识内容，制作不同题材墙报选题并且通过PPT展示做报告，报告内容需要列出选题理由。

2. 教师组织班级代表委员选出最美墙报，并评出一、二、三等奖。

3. 由教师结合学生组队情况以及调研内容展示结果介绍主题班会颁奖评价规则。

第四节 中国古代商业

商业始于第三次社会大分工,是人类社会发展的必然产物,也是人们生产生活中最常见的活动之一。我国是世界文明古国,有着悠久的商业历史和文化。在我国古代,"农本"和"以农立国"思想是历代统治者一贯的指导思想。手工业是农业经济的重要补充,农业的发展特别是经济作物的推广为手工业发展提供了原料。农业、手工业生产技术的提高和产品商品化的趋势为商业的发展奠定了基础,商业的繁荣又反过来刺激了农业和手工业的发展。商业在推动我国古代经济发展和社会进步的过程中发挥着巨大的作用。商业文化是在商品创造、生产、交换中所产生的,是中华民族传统文化的重要组成部分。

一、中国古代商业的发展

在人类历史很长一段时间里是没有商业的,后来,随着生产力的提高,有了社会分工,并且产生了剩余物,才有了不同物品之间的交换,这便是商业最早期的形式。

(一)中国古代商业活动的兴起

历史上,商朝是我国古代商业和商品交换迅速发展的时期。商朝是由商族人建立的,商人的祖先注重商业与贩运贸易。该时期,专门从事商业交换的人已经形成一个独立的社会阶层,交换已经成为一种专门的行业,商业成为一种必不可少的社会分工,人们对商贸活动更为重视。社会生产力的发展是十分突出的,主要是青铜器时代成熟阶段的到来,从根本上改变了生产工具的构成。铸造的青铜工具比木质工具、石制工具、蚌制工具、骨制工具等更耐用、更锋利,既增强了人们与自然界做斗争的力量,又提高了劳动效率,使奴隶社会的生产力显著提高。在农业和手工业生产中,奴隶主组织大规模的奴隶劳动,使自己获得大量的剩余劳动产品,除了供自己享受挥霍外,还有相当多的部分用来换取奢侈品和其他产品,从而为商品交换和贸易活动的发展创造了物质基础。

(二)中国古代商业的发展特点

中国古代很多实行"重农抑商"的经济政策,商品经济发展缓慢,却也经历了几次商业发展的高潮,且这些高潮都处于社会变迁的关键时段。市场存在的形式、交换媒介的变化、交通运输业的发展等限制条件使得中国古代商业发展道路坎坷。古代商业的发展对社会的转型起到了重要的推动作用,这促使了商品经济发展走向新阶段。

1. 西周时期的商业

西周时期,商业成为社会经济不可缺少的活动。贵族垄断商业。西周有较大的市场,有管理市场的"质人"。交易的商品,除了比较珍贵的"宝货"和兵器、牛马、丝帛等各种物质外,还有奴隶。西周时期,民间贸易活动活跃。西周青铜农具使用比商代更加广泛,排水与饮水技术掌握较好,农作物中桑麻瓜果都有栽培种植。手工业部门多,分工比商代更细,有"百工"之称,在城邑内外展开,出现了更大的市场,从此商业有了更大的发展。将天然海贝作为货币,以朋为单位计算,每十枚为"一朋"。

2. 春秋战国时期的商业

春秋战国时期,我国出现了第一次商业大繁荣。其时,"工商食官"的格局逐步被打破,私营商业迅速发展,"商人之四方,市贾倍徒,虽有关梁之难,盗贼之危,必为之"(《墨子·贵义》)。由此产生了"三致千金"的范蠡、"家累千金"的子贡等巨贾富商。城市商业日趋兴盛,各个城市出现了鬻金、酤酒、贩履、卖兔等店铺;制定的商品交易区有了相当的规模;黄金开始发挥了货币的功能,并逐步成为具有支配作用的货币。

3. 秦朝时期的商业

秦朝建立的本身以及它采取的一些举措,促进了当时及后世商业的发展。秦统一全国,废分封诸侯制度,在全国推行郡县制度,建立统一的行政体系和中央集权的皇帝制。这使得商人和商品可以在全国范围内无关隘地流动,同时,可以实行统一的商业政策,并有利于提高贯彻政策的效率。秦始皇采取的一系列与商业有直接关系的措施有:统一货币、度量衡,治驰道、修直道,统一车轨与轨道,兴修灵渠等工程,统一文字,变公田为私田,这对中国商业的发展起到了至关重要的作用。但是秦始皇所奉行的抑商政策,却使商业的发展受到了很大的限制。

4. 汉朝时期的商业

汉朝的经济政策,可以归纳为限田、重农、抑商三个方面。和其他王朝一样,汉朝统治者一方面力倡重农,一方面强调抑商,但这些抑商措施,并未怎么奏效。文景帝时期,在晁错的建议下,改行贵粟政策,国家存粮进一步大涨,经济实力也因此暴增,商人地位也有一定幅度的提高,民间商业活动已经相当活跃。张骞通西域后,开辟的"丝绸之路",成为当时世界上最重要的商路。中外贸易发展起来了,都城长安及洛阳、邯郸、临淄、宛城、成都等大城市,都发展成为著名的商业中心。各中等城市均设有市,连军队驻地、屯戍地区也设有军市。

5. 隋朝时期的商业

隋朝时期,隋文帝为了稳定经济提出了许多政策,使得农业、手工业及商业都有所发展。隋朝的经济制度基本上继承了北周旧制,在均田制的基础上实行以租庸调制为主体的服役制度。大运河的开通有利于农田灌溉,江南地区土地资源得到进一步开发,水稻产量大面积提高,农产品商品化程度提高。手工业分工细致,品种繁多,以丝织业、陶瓷业和造船业为代表。商业城市数量增加,隋阳都城洛阳位居运河中心,西接长安,南通杭州,北通涿州,成为天下货物集散地,运河沿岸也如雨后春笋般地发展出数座商业城市,商业也得到了快速发展。

6. 唐朝时期的商业

唐朝,随着农业、手工业和交通事业的发展,商业出现了繁荣的局面,全国县以上的城镇都设有市，商业的发展与繁荣使得当时的中国成为世界的中心。唐朝拥有当时世界十分发达的国内交通系统。陆路交通以长安为中心，道路遍布全国。水路交通主要以洛阳为中心的南北大运河。全国共有驿站一千四百六十三所。商人用于存放商务的"邸"店因利润高，在交通枢纽周边发展起来。商业城市大发展。长安和洛阳的市最大，都城长安是国内外贸易的中心，城内有东西对称的商业区——东市和西市，占地面积大，四面八方的商客和外国商人都在此交易。"飞钱"是世界上最早的纸币雏形。唐代大城市中出现了柜坊和飞钱，柜坊经营钱物寄付，在柜坊存钱的客户可以凭书贴（类似于支票）寄付钱财，这些都说明了商业在唐朝的繁荣。

7. 宋朝时期的商业

宋朝以来，我国商业出现了新的繁荣。农业商品品种增多，有更多的商品、粮农产手工业原料、其他经济作物进入市场；市场逐步向农村深入，城市商业兴起。宋朝同行业的商户，组成"商行"，入行的商户称"行户"。据说各行衣着不同，在街上行走，一看便知道是哪一行的。北宋时，市场上开始出现卖货时不用现钱信用交易"赊卖"，和官营的汇兑机构"便钱条"。当时货币铸造量猛增，仍满足不了需要，因此出现了世界上最早的纸币——交子。宋朝开辟了"海上陶瓷之路"，宋朝的"五大陶瓷"誉满全球。

8. 元朝时期的商业

元朝是比较倡导发展商业，商业经济十分繁荣，这使其成为当时世界上相当富庶的国家。而元朝的首都大都，也成为闻名世界的商业中心。为了适用商品交换，元朝建立起世界上最早的完全的纸币流通制度，是中国历史上第一个完全以纸币作为流通货币的朝代。商业主要控制在政府和贵族、官僚、色目商人手中。政府对许多商品进行垄断，垄断形式不同，部分金、银、铜、铁、盐由政府直接经营；茶、铅、锡由政府卖给商人经营；酒、醋、农具、竹木等由商人、手工业主经营，政府抽分。政府直接控制对外贸易。至元十四年（1277），在泉州、上海、温州、杭州、广州设立市舶司，外国商船返航，由市舶司发给公验、公凭。沟通南北的大运河的开凿、海运航线的开辟、遍布全国的驿站设置，促进了元朝交通运输和商业的新发展。

9. 明朝时期的商业

明朝曾是世界上手工业与经济最繁荣的国家之一。明朝初期推行的海禁政策，使得商业受到一定压制，但明穆宗隆庆元年废除海禁后，海外贸易重新活跃起来，全盛时远洋船舶吨位高达1.8万吨，占当时世界总量的18%。随着城市交通的发达、农产品的商品化和手工业的发达，全国形成了庞大的商业网络。民间贸易活动定期举行。商人组织由行会发展为会馆。由于商人数量大增，商人的行会组织向着"会馆"发展。会馆是按地域组成的，会馆内又按行业分成"帮"，也称商帮。银子成为流通货币。随着工商业的发达，银代替了钞（纸币）钱，成为市场上主要的流通货币。

10. 清朝时期的商业

清朝时期的商业发达，分成十大商帮，其中晋商、徽商支配中国的金融业，闽商、潮商掌握海外贸易。清朝曾实施海禁政策，直到收复台湾后，沿海贸易才稍微活络，货币方面采用银铜双本位制。康熙晚年为防止民变，推行禁矿政策，在一定程度上阻碍了工商业的发展。商品性生产的发展以及商品流通范围的扩大促使了一些新的工商业市镇的兴起和发展。汉口镇和朱仙镇就是因位处交通枢纽而兴起,而佛山镇和景德镇是专司生产丝绸、瓷器等高价值产品的城镇,至嘉庆年间,这四镇并称为"四大名镇"。

二、丝绸之路

丝绸之路是指穿越我国新疆的山岭、草原和沙漠,通往南亚、西亚乃至里海、地中海沿岸的古代商路。这条总长七千多千米的古代东西交通要道,从公元前2世纪到公元15世纪止,把占世界陆地总面积三分之一的欧亚大陆联系一起,也把我国古老的中原文化、古印度恒河流域文化和古希腊文化、波斯文化联系在一起。

(一)张骞通西域

汉武帝建元三年(前138),为抗击匈奴,联络大月氏,募人出使西域。汉中人张骞应募前往。张骞第一次出使西域的任务最终并没有完成,可是他沿途了解到了西域各种地形、物产和风俗,为第二次出使西域打下基础。元狩四年(前119),汉武帝为联络乌孙打击匈奴,任命张骞为中郎将,再次出使西域。张骞携带金币丝帛数千巨万、牛羊万头向西域进发,顺利到达乌孙。他又派出副使分别访问了中亚的大宛、康居、大月氏、大夏等国。元鼎二年(前115),张骞与乌孙使者数十人先归。其后岁余,他派出通大夏诸国的副使也与各国的使者到达长安。在两次出使西域之间,张骞还奉命从昆明取道,寻找南经今缅甸、印度通往大夏的道路,但是没有成功。张骞通西域是中国中西交通史上的大事件。从此,天山南北成为中西交通的桥梁,中国与西亚、南亚有了频繁交往。张骞通西域以后,历代为维护这条中西经济文化交流的通道,拓展中西交通做出了不懈的努力。如东汉时期,班超为恢复被匈奴切断的中原与西域各国的政治联系,保持通往西亚各国道路的通畅,曾在西域经营了30多年。

经过几代人的努力,终于开拓出一条具有三路通道的连接中西方的交通干道。这三条通道具起自西安,北路由河西走廊,经哈密,然后沿北疆的吉木萨尔、乌鲁木齐、伊宁,顺伊犁河下游通往里海沿岸;中路经河西走廊,经敦煌、玉门关,顺汉古长城经古楼兰,沿塔里木盆地北缘,经库尔勒、轮合、库车、拜城、阿克苏、喀什通往伊朗及地中海沿岸各地;南路由河西走廊,经敦煌折向古阳关,沿若羌、且末、于阗、和阗、吐城、莎车、穿越南疆,取道塔什库尔干南去印度、克什米尔,西去阿富汗、伊朗。这南、北、中三路只是就其大致走向而言,并非互不相干,途中往往彼此沟通,形成许多支道。沿着这三条交通干道,中国与中亚、西亚、南亚各国进行了广泛的经济、文化交流。当时,中国的丝织品在国际上享有盛誉。通过这三条交通干道输出的主要商品是丝织品。所以19世纪末,德国地理学家、柏林大学校长李希霍芬,将其称为"丝绸之路"。

(二)丝绸之路的价值

丝绸之路的开辟,为东西方交流提供了方便。以宗教传播为例,汉、唐之际,东西方许多著名的高僧从丝绸之路来往,丝绸之路为促进古代中国佛教的兴盛发挥了重要作用。

除了宗教,从丝绸之路还传入了西方的石窟壁画、雕塑、舞蹈、音乐、杂技,输出了我国的文化、艺术精髓。通过丝绸之路,东西方物产得以互通。从汉代以来,我国通过丝绸之路,从西方引进了许多物产和技术。相传由张骞从西域带回的植物,就有黄瓜、蚕豆、大蒜、香菜、胡萝卜、葡萄、核桃、芝麻、苜蓿等十多种。另外,玉石、骆驼、各种奇珍异兽以及名贵毛织品也从此路源源东来。棉花、呢绒则成为中国的日用品之一。古埃及或腓尼基人发明的玻璃、玻璃技术,印度运用的榨糖方法也沿着此路传入中国。

通过丝绸之路,中国的物产、技术也传到了西方,为西方社会的发展做出了贡献。中国不但输出了闻名于世的丝织品,还输出了铁器、瓷器及先进的制造漆器、凿井、建筑等技术。尤其值得一提的是丝绸之路传出的造纸术,使西方人懂得了造纸。历史证明,"丝绸之路"是一条经济往来之路,也是一条文化交流之路,更是一条友谊之路。

三、海上丝绸之路

(一)海上丝绸之路的开拓

海上丝绸之路是指由中国东南沿海通往东南亚、印度、阿拉伯乃至北非各国的古代海上商道。这条海上交通要道与陆上丝绸之路南北呼应,相互补充,为中外文化交流发挥了极为重要的作用。中国的海上通道,秦汉时期即已开辟。当时,从广州合浦乘船可去东南亚各国。据《汉书·地理志》记载:船舶从合浦郡的徐闻县(今广东省湛江市徐闻县)出发,行5个月可到都元国(在马来半岛),又继续航行4个月,抵邑卢没国(在缅甸沿海),再航行20余日到湛离国(在缅甸沿岸),然后弃舟步行10余日到夫甘都卢国(缅甸蒲甘城附近)。从此再乘船航行,最后抵达黄支国(在印度建志补罗)。回程从黄支国起,先到南边的已程不国(今斯里兰卡),继续航行,经过8个月抵中途的皮宗(在马来半岛),过皮宗后转向东北航行回国。这条航线,一直延续到东晋和南朝未有改变。

隋朝时期,这条航线有所发展。尤其是安史之乱以后,陆上丝绸之路被崛起的吐蕃切断,迫使东西方各国改走海陆交往,这条海上航线更加拓展。它从中国广州推进到波斯湾,达到幼发拉底河口的阿巴丹和巴士拉城;向南延伸到阿拉伯半岛的亚丁;又由广州沿海北进,一直延伸到长江河口北岸的扬州,全长约14 450海里。

宋代,海上交通更胜过隋唐。南宋偏安江南,对外交往主要依赖海路。宋人的船只不仅可以船抵达阿拉伯,甚至可以穿过红海直抵非洲西北角。元代,海运事业大力发展。中国沿海开辟了黄海和渤海两条南北海运线,使它和传统的海外航线、港口沟通起来,将海外与内地的联系进一步向北推展。通过海路与元交往的国家则从南宋时所记载的140多个增加到220多个。明代,封建王朝实行海禁政策,抑制海上贸易的发展,使传统的海上航线逐渐萧条。直到西方列强的船只大规模东进,海上交通状况才发生了根本改变。

(二)海上丝绸之路的意义

从秦汉到明,这条连接东南亚、西亚、北非的海上通道上,无数船只来来往往,传播着东西方的文化,交流着东西方的物品。唐代的高僧义净,于咸亨二年(671)搭乘波斯船从广州出发,浮海求经。历时23年,他周游南阳诸国,带回梵文经书400部,回国后写成《南海寄归内法传》《大唐西域求法高僧传》,记录了南亚许多国家的社会、文化和宗教情况。9世纪中叶,一位名叫伊本·胡尔达兹比赫的阿拉伯地理学家,从两河流域沿着海上航线,一直航行到扬子江口,并写下了记载海上航道、见闻,以及中国状况的书籍《道程及郡国制》。文化交流是经济交流带动下的产物。千余年来,海上通道承担的历史使命主要是贸易往来。中国的丝绸、麻布、茶叶、铁器、瓷器、漆器、纸扎、硫黄、焰硝等沿着海路,源源不断地输送道东南亚、西亚、北非各国,而这些地区的国家则将其特产的象牙、鹦鹉、狮子、大珠、铀宝、香料、药材、棉布等运入中国。

由于古代中国在贸易中的主导地位以及名贵的丝绸是海上贸易最富典型意义的商品,因此,近年来,人们将这条海上通道称为"海上丝绸之路"。

四、商人、商业和商帮

商人是社会发展到一定阶段的产物,可以概括为两方面:第一,商人的产生以商品交换发展为前提条件。我国的物物交换在原始社会的后期已经产生。在母系氏族公社时期,只是在产品偶尔有剩余的情况下,才能在公社之间偶然地、个别地发生物物交换。这种物物交换是不以货币为媒介的直接交换,是商品交换的原始形式。第二,商人是专门从事商品交换的人。原始社会后期的物物交换,即生产者与需求者之间直接见面的交易,并不是真正的商业。商业是在交换日益频繁、交换的地区不断扩大、不可能产销直接见面的情况下,需要有一些人专门从事买进卖出,组织交换。他们买进商品不是为了自己消费,而是为了转卖他人以牟取利益;他们卖出的商品不是自己生产的产品,而是先向别人买进的产品。这种专门从事买卖交易的人就是商人。简单地说,商人就是做买卖的人。这种买卖人成为社会上的一种职业,这就是商业。因此,商人和商业是不可分割的,二者同时产生。商业是商人的职业,商人是从事商业的人;没有商人就没有商业,没有商业亦没有商人。

商帮是中国的一种特殊形式,它是以地域为中心,以血缘、乡谊为纽带,以"相亲互助,扶持发展"为宗旨,以会馆、公所为其在异乡的联络、计议之所,自发形成的一种既亲密又松散的商人群体。商帮在商业往来中起到了很大的作用,有效地整合了商业资源,是明清时期推动商品经济发展的支柱力量。简言之,可以把商帮定义为:商帮是明清两代以地域为纽带的封建商业联盟。在中国历史上,商业活动很早就出现了,而且一直有发达的商业。明代之前,我国商人的经商活动多是单个的、分散的,各自为战,没有出现具有典型地域性特征的商人群体,也即有商而无帮。

在中国明清两代,公认的十大商帮是山西晋商、徽州徽商、陕西秦商、福建闽商、广东粤商、江右赣商、洞庭苏商、宁波浙商、龙游浙商、山东鲁商等。

五、中华老字号与商业文化

(一)商号与中华老字号

商号即厂商字号或商业名称,是商业活动中普遍存在的文化现象,但字号并非起源于商业。字号作为中国特有的一种文化现象,在我国有着悠久的历史。据文献资料记载,字号早在西周时期就已经出现。它最早是对人的一种称谓方式。人的称谓,有名、字和号之别,其中号又称别号,是名和字以外的别名,是古人给自己起的称号,一般都是尊称、美称,如辛弃疾,自号稼轩,意为人的一生当勤奋耕耘。随着历史的发展,包含着传承、祈福、明志等特定寓意和推广功能的字号,也就从对人的称谓逐步拓展到商业活动中。商号中使用最为普遍的是以祈望兴旺发达、吉祥如意、致富有道、和气生财的字作为字号,如同仁堂、全聚德、同和轩、厚德福、致顺斋、东来顺等。还有直接或间接使用店主姓名为字号的,表明经营范围、地域特征等字号也比较普遍,如王致和、张一元、王麻子、烤肉季、砂锅居等。这些历史悠久、工艺独特、具有特色经营的商业字号传承到现在都成了中华老字号。

2005年6月,中国商业联合会中国老字号工作委员会成立,制定了新的《"中华老字号"认定规范(试行)》,其中"中华老字号"被定义为:历史悠久,拥有世代传承的产品、技艺或服务,具有鲜明的中华民族传统文化背景和深厚的文化底蕴,取得社会广泛认同,形成良好信誉的品牌。

(二)著名中华老字号的经商文化

1. 同仁堂

康熙八年(1669),乐显扬始办同仁堂药室。同仁堂字号的由来是乐显扬认为"同仁二字可以命堂名,吾喜其公而雅,需志之"。同仁堂的经商文化首先表现在:(1)以质为"命",百年如一。从最初的同仁堂药室、同仁堂药店到现在的北京同仁堂集团,经历了清王朝由强盛到衰弱、几次外敌入侵、军阀混战到新民主主义革命的历史沧桑,其所有制形式、企业性质、管理方式也都发生了根本性变化,但同仁堂历数代而不衰。三百多年来,同仁堂为了保证药品质量,坚持严把选料关。(2)仁德诚信,济世养生。在同仁堂的生产现场,随处可见"修合无人见,存心有天知"等标语,时刻提醒员工保证质量。(3)加强宣传,扩大影响力。清代,每逢掏沟时,同仁堂就派人在掏沟的地方,挂灯为行人指路,白纱灯上写有"同仁堂"三个字。同仁堂还有一种宣传方式是在北京会考时,派人拿些防伤风感冒、帮助消化、祛水土不服的平安药,到应试之人住所,赠给他们。同仁堂非常重视在海外的文化传播和推广活动。同仁堂在海外市场推广中医养生保健服务项目的同时,也借机宣传推广中医药文化,通过文化推广带动产品销售和公司经营,和整个医疗保健事业在海外的发展有机结合起来,形成有机的互动。(4)聚焦老字号，保护民族品牌。"同仁堂"商标于1983年获准注册，1989年被认定为我国驰名商标，并首批申请马德里商标国际注册。

2. 全聚德

同治三年（1864），杨全仁买下生意一蹶不振的"德聚全"干果铺，开始做烤鸭生意，店铺名号为"全聚德"。1999年1月，"全聚德"被国家工商总局认定为"驰名商标"。全聚德能在中国历代竞争激烈的餐饮行业中立住脚，主要得益于其生意经。它的经商文化主要体现在：(1)立足至德文化，以德制胜。当年全聚德为了防止欺骗顾客，请客人在选中的鸭子头上用毛笔画上一个记号，待烤好后，可以确认自己的鸭子没有被替换，保证货真价实。(2)出新换俗，发扬老店文化。多年来，在深挖传统历史文化过程中，全聚德确定了两个方向，一是按照集团的战略部署实施精品战略，从硬件设施到质量向一流餐饮企业水平看齐，提高餐馆档次；二是挖掘传统文化，展示全聚德百年历史，体现地道的老北京民间风俗，提高客人的文化品位。(3)做精做专，打造独特餐饮文化。精品不代表高价格，而是在菜品、文化、服务、食品安全等诸多环节和方面去强化管理，坚持创新，打造全聚德现代餐饮服务体系。(4)立足营销文化，以需引供。全聚德集团非常注重营销文化的建设，积极利用奥运会、文化美食节、技术交流等活动进行品牌营销，同时，充分发挥电视媒体、网络媒体的平台作用，形成了开放多元的营销文化体系，为创新发展创造了有利条件。(5)立足服务文化，通过细节和品质来提高客户的品牌满意度，进而增强品牌黏性。在服务实践中，全聚德重点强化以消费者需求为导向的服务产品的生产与供给，全面落实"中国服务"理念，积极推进"人人要做宴请专家"工作。在个性服务方面，全聚德大胆探索主题创意餐台，并修改了企业席间服务用语，丰富烤鸭服务知识内容，以充分满足消费者对烤鸭知识的需求。而在强化消费者用餐体验方面，全聚德构建了完善的顾客反馈与评价体系，并以此为依据对服务接待中心存在的问题进行追溯和改进，以不断提高服务品质。另外，全聚德商业文化的核心诉求就是品质、诚信，并非常注重传统技艺的传承，强调以客为尊，并在这方面取得了骄人的成绩。(6)品牌联姻，强强联合。全聚德集团采用品牌"联姻"的形式，先后与德国费迪南德·碧落德葡萄酒有限公司、九龙矿泉水公司、红星股份有限公司及龙威葡萄酿酒公司合作，营销全聚德·碧落德酒、全聚德矿泉水、二锅头及葡萄酒，均取得了很好的经济效益和社会效益。通过这样的多领域合作，全聚德给消费者提供了更多的选择，进一步提高了品牌知名度，推动了品牌的延伸和发展，是双赢的选择。

课后思考

1. 汉朝的经济政策可以归纳为哪三个方面？
2. 简述丝绸之路是指哪条干道。
3. 简述海上丝绸之路是指哪条干道。
4. 简述商人、商帮的概念。
5. 简述"中华老字号"的概念。

互动实践一

活动名称:"一带一路"视频观后感分享活动。

活动目标:"一带一路"是指"丝绸之路经济带"和"21世纪海上丝绸之路"。"一带一路"倡议是充分依靠中国与有关国家既有的双多边机制,借助既有的、行之有效的区域合作平台,高举和平发展的旗帜,积极主动地发展与沿线国家的经济合作伙伴关系,共同打造政治互信、经济融合、文化包容的利益共同体、命运共同体和责任共同体。广大青年作为促进经济发展、科技进步和实现中华民族伟大复兴的有生力量,更应当时刻关注国家的各项方针政策。通过活动,学生应结合中国古代商业文化以及当代经济发展状况锻炼自我商业经济思维。

活动背景:建设"一带一路",是党中央主动应对全球形势深刻变化、统筹国内国际两个大局做出的重大战略决策。它对推进我国新一轮对外开放和沿线国家共同发展意义重大。当前,经济全球化深入发展,区域经济一体化加快推进,全球增长和贸易、投资格局正在酝酿深刻调整,亚欧国家都处于经济转型升级的关键阶段,需要进一步激发域内发展活力与合作潜力。"一带一路"倡议构想的提出,契合沿线国家的共同需求,为沿线国家优势互补、开放发展开启了新的机遇之窗。

活动要求:

1.本次活动要求同学们更深刻地认识国家的方针政策,以及社会主义核心价值体系,从而更加准确地宣传和把握党中央先进的理念精神,为国家、社会做好优秀人才的储备工作。

2.为了把讲话精神传播得更广、更远、更深,引领和帮助同学们了解、理解、掌握、运用讲话精神,深入贯彻落实系列重要讲话精神,各个支部可观看关于"一带一路"的发言视频,对视频中的所表达的思想进行分析。注:视频时间不超过25分钟即可。

3.活动应贴近专业实际,符合专业导向。鼓励班级在有条件的情况下,把开展活动与专业视野的拓宽结合起来,拉近学生与专业对口行业的距离,加深学生对于专业的了解。

4.杜绝活动开展背离策划的情况。初期的策划可以在活动组织和开展过程中结合实际情况适当修改,但是一定要避免策划与活动实际差别很大的情况。

5.活动及时总结,撰写具有价值的活动总结报告,能够及时、有效地反馈该活动成果。

活动过程:

1.教师讲解本次活动的目的及流程。

2.教师宣布活动正式开始。

3.青年代表上台发言,谈谈对"一带一路"的认识。

4.播放专业政治评论员解读"一带一路"的相关视频。

5.党员代表上台发言,结合视频内容阐述对"一带一路"的深入理解。

6.教师总结此次活动并面向全体学生提出征文要求。

互动实践二

活动名称： 商业城市文化鉴赏

活动背景： 佛山是一个具有悠久历史和灿烂文化的古镇。春秋战国时期属于百越地，早在秦汉时期，这里已经成为颇具规模的农渔业民聚居的村落，乡人称为"季华乡"。唐贞观二年（628），因在城内的塔坡岗上挖掘出三尊佛像，遂立石榜称"佛山"而得名。宋元丰年间推行保甲制度，乡分都堡，佛上堡为季华乡之首。明清年间，佛山与湖北的汉口镇、江西景德镇和河南朱仙镇并称我国的"四大名镇"，与北京、汉口、苏州并称为"天下四大聚"。

活动目标： 使学生能够认识到古代商业经济繁荣面貌的形成过程，知道中国重要的商业城市独具的特色。

活动过程：

1. 由教师带领学生阅读佛山地区商业拓展案例。

2. 将学生分组，开展网络调研，探索佛山地理位置对中国古代商业发展的重要性。

3. 各小组选定学生代表，开展以"本地商业文化与我国经济"为主题的报告。

互动实践三

活动名称： 同仁堂文化观赏

活动目标： 经过百年历史的同仁堂，不但担任着发展中华传统医药脉络的任务并且保持着优秀的商业经营文化，通过视频播放，加深学生对古代商业文化重要性的理解。

活动过程：

1. 播放同仁堂发展史相关的视频。

2. 组织学生撰写视频观后感。

3. 教师负责评阅观后感，并组织主题班会进一步介绍中国古代医药与中国古代商业的关系。

第五章
生活与雅趣

梁启超曾道:"生活于趣味之中,生活才有价值。"(《生活于趣味》)人们的生活态度、生活方式和生活情趣无不展现出独具特色的情感思想,表现人对生命的关切和对生活的理解。让我们走进古人的衣食住行,感受古人丰富多彩的生活世界,体味古人妙趣横生的生活之"趣",探寻中国人生活的文化内涵和精神境界。

中华饮食之"趣",在于"色、香、味、形、意、养"。观之,色彩均匀柔和,主次分明,浓淡相宜,相映成趣,和谐悦目;闻之,清香、醇香、甜香、辣香、麻香、酱香、鱼香、五香、浓香,"芳香开窍",味觉大增;尝之,咸、淡、酸、麻、辣、辛、甘、甘而不浓、酸而不酷、咸而不减、辛而不烈、淡而不薄、肥而不腻;赏之,刀工精细,厚薄均匀,造型逼真,拼配巧妙,和谐美观,赏心悦目;享之,美酒佳肴,心旷神怡,陶冶性情,精神愉悦;养之,五味调和,荤素合理,安顺脏腑,悦人神志,养生保健。香口腹,美心目,视觉、触觉、味觉和心理全方位享受,感官愉悦与身心健康相统一,从而达到更高的精神满足。

中华民居之"趣",在于天人合一,顺其自然,和谐共生。小桥流水的江南人家,粉墙黛瓦马头墙的徽派建筑,圆中有方、方中有圆的福建土楼,崇中尚和、严谨规范的北京四合院,"天苍苍,野茫茫,风吹草低见牛羊"[①]的蒙古包,高低错落、上小下大的西藏碉楼,"借天不借地,天平地不平"的湘西吊脚楼,冬暖夏凉的陕西窑洞……人与天地参,天地人合一,形成人性化和自然化的民居建筑,展现中国式自然观和人文精神。

中华服饰之"趣",在于"洁、雅、宜"。洁,即洁净、简约,"不贵精而贵洁","宜简不宜繁,宜自然不宜雕斫",干净整洁,简约自然;雅,即淡雅、雅致,"不贵丽而贵雅","宜淡不宜浓,宜纯不宜杂",曼妙雅致,风韵天然;宜,即和谐、适身,"不贵与家相称,而贵与貌相宜",相体裁衣,显长藏拙,和谐得体,相得益彰。[②]

中华茶酒之"趣",一淡一浓,一清一烈。品茶之"趣",在于"正、清、和、雅"。"正",即正心、正性和正行,茶乃"饮中君子",得天地清正之气,可洗涤凡尘,涤除积垢,还本性之善;"清",即清洁、清静、清寂,茶性至清,水清、茶清、器清、境清,茶人在品茗时达到人清、心清、神清的境界;"和",即天和、地和、人和,茶性平和,具有"致和""导和"之功能,使人达

---

① 《敕勒歌》
② 此段落引用皆见李渔《闲情偶寄·居室部》

到不乱不烦、心境澄明纯和的"心和"境界;"雅",即清雅、文雅、温雅,茶饮环境清幽雅致,茶客言谈举止文雅得体,气质情性温雅兼具。饮酒之"趣",则在于畅怀助兴、抒情解忧;无酒不宴,"开轩面场圃,把酒话桑麻"①,开怀畅饮,把酒言欢;无酒不友,"将进酒,君莫停"②,酒逢知己千杯少;无酒不忧,"何以解忧,唯有杜康"③,一饮解百结,一酹千忧散;无酒不悲,"且醉尊前休怅望,古来悲乐与今同"④,得意失意间,尽赋一壶酒;无酒不欢,"一生大笑能几回,斗酒相逢须醉倒"⑤,"人生得意须尽欢,莫使金樽空对月"⑥。

中华体育之"趣",在于强身健体、修身养性、愉悦身心。社交礼仪的射箭投壶,休闲娱乐的蹴鞠捶丸,身心兼修的武术太极拳,益智养德的围棋对弈,保健养生的五禽戏八段锦,与角力、龙舟竞渡、赛马、舞龙、舞狮、荡秋千、打陀螺、拔河、跑旱船、登高、踏青、放风筝、踢毽子、抖空竹、跳百索、垂钓、捉迷藏等民间体育多元融合,"内练精气神,外练筋骨皮","内外合一,形神兼备",既重视内在的"精气神"的锻炼,还强调以内形于外,身心并育,达到生命整体协调统一,展现中华民族自强不息的进取精神、身心一体的生命整体观、传统道德的和合精神以及对天人合一境界的追求。

---

① 孟浩然《过故人庄》
② 李白《将进酒》
③ 曹操《短歌行》
④ 鱼玄机《和新及第悼亡诗二首·其二》
⑤ 岑参《凉州馆中与诸判官夜集》
⑥ 李白《将进酒》

第一节 中国古代饮食

"民以食为天",我国幅员辽阔,地理环境多样,气候条件丰富,动植物品类繁多。中国饮食文化经历了几千年的发展与沉淀,以色、香、味、形、意、养兼美的特点在世界烹饪史上独树一帜,形成了博大精深、独具特色的饮食文化。中国由此获得了"烹饪王国"的美誉,成为世界三大美食国之一。

一、中国古代饮食的发展演变

1. 原始社会的萌芽时期

中国上古时期,"食禽兽""食草木之实"是原始先民的饮食方式。《礼记·礼运》记载:"昔者……未有火化,食草木之实,鸟兽之肉,饮其血,茹其毛。"此时饮食属于蒙昧时期,主要以猎取动物和采集野果为生,仅仅满足简单的果腹,尚处于"茹毛饮血"的生食阶段。

燧人氏钻木取火,人们学会了用火烧制食物,告别了茹毛饮血的生食阶段,进入了熟食时期。《周礼》中说:"燧人氏始钻木取火,炮生为熟,令人无腹疾。"《古史考》亦道:"古者茹毛饮血,燧人氏钻火,始裹肉而燔之,曰炮。"燧人氏还发明了"石烹",包括炮、煲、炙、烙等烹调方法,揭开了饮食文明的新纪元。

"结网罟以教佃渔,故曰宓牺氏……养牺牲以庖厨,故曰庖牺。"(司马贞《三皇本纪》)伏羲氏教民结网打鱼,驯养牲畜,创立了渔业和畜牧业,并且推广以火加热食物的烹饪方法,让熟食成为饮食主体。

神农氏"耕而陶","斫木为耜,揉木为耒,耒耨之利,以教天下"(《周易·系辞下》),"作陶冶斤斧,为耒耜耡耨,以垦草莽,然后五谷与助,百果藏实"(《逸周书》)。神农氏创立了农业,制造耒耜等农具,教民垦荒种植粮食作物,促进了农业生产的发展。此外还发明了陶器炊具,开创了人类饮食文化新的篇章。

轩辕黄帝"作灶,死为灶神"(《淮南子》),"艺五种,抚万民""作釜甑"(《史记》),"始蒸谷为饭,烹谷为粥"(《古史考》)。黄帝改灶坑为炉灶,制造出蒸锅陶甑,教民蒸谷为饭,烹谷为粥,进一步解决了民食问题,促进了中国饮食文化的发展。

从茹毛饮血到生火熟食,从被动采集渔猎到主动种植养殖,从无炊具的火烹到陶器炊具烹煮,从原始的烹饪方式到燔炮蒸煮,饮食摆脱了蒙昧而走向光明,人们进入了烹调时代,中国饮食文明开始萌芽。

2. 夏商周、春秋战国的成形时期

这一时期,随着农业和养殖业的发展,食物来源进一步扩大,人们不再只是单纯地追求果腹充饥。食品原料大大增加,主食种类增多,有黍、稷、粱、麦、菰、秫、稻、麻、豆、稌等,肉类菜蔬愈加丰富,果园和菜园分别在商周时代出现。此外,还生产了酱、醋、糖

等新调味品。

在食物的制作上,开始注重食材的选用和搭配,追求食物的口感和花样,讲求色香味形。食品加工和烹调技术也都较以前有了很大的提高,烹调方法多样化,烹调理论也逐渐体系化,为后世的烹调理论发展奠定了基础。著名的"周八珍"便是当时饮食艺术的最高代表之一。据《周礼·天官》记载,"周八珍"是供周王室食用的八种肴馔,即"淳熬""淳母""炮豚""捣珍""渍""熬""糁""肝膋"。"周八珍"选料精良,不仅应用烤的技艺,还采用了烘干、腌渍、烹煮及生食加工等多种手法,显示出当时的烹饪水平已达到了一个新的历史高度。在食具上,陶制的炊器、饮食器依然占据重要位置,但为彰显统治者至高无上的地位,在权贵阶层,青铜器已成为主流。饮食器具造型各异,精雕细刻,纹饰丰富多彩,风格姿态纷呈,朝着精美化方向发展。

此外,饮食的文化色彩越来越浓,除了维持基本的生理需求,更要满足精神上的需求。宴会筵席和饮食业开始兴起,歌舞助兴、赏乐赋诗、钟鸣鼎食等多姿多彩的饮食活动出现,饮食给人际关系带来了亲和性,宴会、聚餐成为人们酬酢、交往的必要形式,与社交、节日和政治联系在了一起,食品的社会功能表现得越来越明显。从简单的"吃"到超越"吃"本身,"食"超越了生存层次,提升到了社会文化层面。

3. 秦汉的初步发展时期

秦汉时期是中国历史上发展的重要转折点。在秦王朝实行大一统的社会格局及汉代文景之治的社会背景下,各行各业兴旺发达,不同地区的贸易和文化交流日益频繁,饮食服务行业蓬勃发展。

西汉时期,张骞出使西域,通过丝绸之路从域外引进了大量果蔬品种,如石榴、芝麻、葡萄、胡桃、胡萝卜、茴香、芹菜、黄瓜、菠菜、胡豆、苜蓿、莴笋、大葱等,大大丰富了食物原材料,极大提高了饮食水平。与此同时,张骞也把中原的桃、李、杏、梨、姜、茶叶等物产以及饮食文化传到了西域,促进了中国饮食文化的对外传播。汉代丰富的饮食文化,除了归功于中原与西域的交流,还得益于一系列的发现和发明。淮南王刘安发明了豆腐,豆腐作坊出现,豆类烹制的一系列营养美味的菜肴被搬上了餐桌。石磨和面筛等工具的改良和普及,使得面粉的磨制更加便利,面食代替粒食,统称为"饼"的面食成了汉朝人的日常吃食。汉代以后,从植物里榨油的技术开始普及,刘熙的《释名·释饮食》中有"柰油,捣柰实,和以涂缯上,燥而发之,形似油也"。东汉发现了大豆、芝麻、菜籽等植物油的提炼方式,在此之前都用被称为脂膏的动物油。

此外,烹饪技术也发展到了较高的水平。《淮南子》中有:"今屠牛而烹其肉,或以为酸,或以为甘,煎熬燎炙,齐味万方,其本一牛之体。"这是以牛肉为原料的精妙烹饪方法。枚乘的《七发》中盛赞吴楚食馔:"犓牛之腴,菜以笋蒲。肥狗之和,冒以山肤。楚苗之食,安胡之饭,抟之不解,一啜而散。于是使伊尹煎熬,易牙调和。熊蹯之胹,芍药之酱。薄耆之炙,鲜鲤之鲙。秋黄之苏,白露之茹。兰英之酒,酌以涤口。山梁之餐,豢豹之胎。小飰大歠,如汤沃雪。此亦天下之至美也。"煎、熬、炙、烩等多种烹调法的妙用,足可见汉代精湛的烹饪技艺。和先秦的饮食文化相比,秦汉时期在食材的引进、食物的开发以及烹饪的技艺上,都出现了前所未有的探索与创新。

4. 魏晋隋唐的全面发展时期

魏晋隋唐是我国封建社会的繁盛时期,特别是唐代,经济、政治、文化、科技和对外开放全面繁荣,中外、国内不同区域、不同民族之间的饮食文化交流空前频繁,饮食领域呈现出包罗万象、异彩纷呈的态势。

魏晋南北朝时期,上流阶层的文人士大夫们更加注重美食的审美、文化内涵,对食物的制作技艺和品类的多样性有了更高的要求,奠定了中国饮食精工细作的基础。此外,北方游牧民族的内迁所带来的独特饮食文化,使该时期的饮食朝着多样化的方向不断发展。这时期的美食有蒸豚、胡炮肉、莼羹、驼蹄羹、鱼鲊等。

隋唐时期,名品佳肴迭出,美食层出不穷,饮食文化达到了一个新的高度。食物种类空前丰富,制作过程更为精细。在主食上,虽然依旧是北粟麦、南稻米的结构,但品种花样繁多,如饭食有青粳饭、团油饭、王母饭、荷包饭、汤粥、茗粥等,面食仅饼的品种就有煮饼、蒸饼、汤饼、蝎饼、阿韩特饼、凡当饼、胡麻饼、双拌方破饼、春饼、赍字五色饼、五福饼、丸饼等。值得一提的是出现了温室蔬菜和冰窖,有助于食材的生产和储存保鲜,冰制或冰镇的美食也由此入馔。

唐代美食盛世的代表要数奢华考究的烧尾宴。长安豪门望族出身的韦巨源设烧尾宴时,食单中共列菜点58种,糕点有20余种,菜肴有32种。从取材上看,有熊、鹿、驴、狸、虾、蟹、青蛙、鳖、鱼、鸡、鸭、鹌鹑、猪、牛、羊、兔等。"烧尾宴"极尽唐朝官宴之奢侈,体现了唐朝空前高超的烹饪水平。除了烧尾宴,还有珍馐名菜"辋川图小样",北宋陶谷的《清异录·馔羞门》中载:"比丘尼梵正,庖制精巧,用炸、脍、脯、腌、酱、瓜、蔬、黄、赤杂色,斗成景物,若坐及二十人,则人装一景,合成辋川图小样。"这是根据诗人王维的《辋川图》制作的冷盘工艺菜肴,将菜肴与造型艺术融为一体,极具巧思和风雅。由此可见,饮食开始体现出丰富的历史文化内涵,饮食文化呈现全面发展的特征。

5. 宋元明清的成熟时期

宋元明清是我国封建社会经济、文化辉煌灿烂的时期,这一时期的饮食文化也逐渐走向成熟,呈现出更加精细化、营养化、专业化的特征。

这一时期,中外饮食文化交流更为频繁,许多粮蔬作物在这时期传入中国,如番茄、辣椒、南瓜、地瓜、马铃薯、玉米、大蒜等,大大丰富了原本的菜系、菜式。特别是辣椒的传入,对于中国饮食来说具有革命性的影响。烹调技艺也越发精进和规范,有烧、蒸、煮、煎、烤、卤、摊、炸、爆、炒、炙等多种烹调方法,特别是炒菜的大规模推广使用,改变了以煎、炸、煮、炖为主的烹饪状况,从而形成了现代人以炒菜为主的常见烹饪方式,这得益于宋朝铸铁技术的发展。商品经济和城市经济的发展,促进了饮食业的空前繁荣,磨坊、油坊、酒坊、酱坊及其他大小手工业作坊涌现,酒楼、茶肆、食店遍地开花。宋朝废除了坊市制度,取消了宵禁,夜市十分繁华,人们的休闲饮食娱乐大大丰富起来。《东京梦华录·序》中记载:"集四海之珍奇,皆归市易,会寰区之异味,悉在庖厨。"据史载,当时汴京有"正店"七十二家,"脚店""分荣"不计其数。元代饮食业也十分兴旺,元都城大都茶楼、酒馆林立,大都以外的城市及乡镇,酒肆、茶坊、饭店也十分普遍。由于食市的发展,讲究饮食之风和宴会之风盛行,"吃"成了一种娱乐庆贺方式。庖厨与民间嫁娶丧葬、酒食游饮、节日尚食紧紧相连,各种宴席名目繁多,如清朝的宫廷筵宴,从年初吃到年尾,有凯旋宴、亲藩宴、千叟宴、万寿宴、圣寿宴、千秋宴、成婚礼宴、宗室家宴以及各种节令宴等。

随着原料的增多、烹饪技术的提高和饮食业的繁荣,菜点和食点的成品更加丰富和艺术化,讲究色、香、味、形、器俱佳的协调统一。各种美食佳馔、小吃名点,风味各异。代表性的佳肴名馔有《山家清供》中"浪涌晴江雪,风翻照晚霞"的兔肉火锅"拨霞供";《金瓶梅》中的干蒸劈晒鸡、油炸烧骨、凤髓;《红楼梦》中的茄鲞、鸡髓笋、糟鹅掌鸭信、火腿炖肘子、胭脂鹅脯、酒酿清蒸鸭子等。更有集满族与汉族菜点之精华的著名大宴满汉全席。其博采驼峰、熊掌、鹿筋、鲍鱼、海参、鱼翅等高级席之精华,囊括点心中油、烫、酥、仔、生、发等六种面性,施展立、飘、剖、片等二十余种刀法,汇聚蒸、炒、烧、炖、烤、煮等烹技,辅助以冷碟中桥形、扇面、梭子背、一顺风、一片瓦、城墙垛等十数种镶法,衬垫以规格齐全、形状各异的碗、盏、盘、碟等餐具于一席,可谓集烹饪技艺之大成。

此外,大量食谱食经涌现,如宋代的《山家清供》《吴氏中馈录》、元代的《饮膳正要》《饮食须知》、明代的《易牙遗意》、清代的《随园食单》等,标志着饮食思想的总结和理论研究达到了新的高度,饮食文化在各个方面都日趋完善,显示出前所未有的繁荣和鼎盛。

二、八大菜系

中国菜肴在烹饪中有许多流派,其中最具代表性和影响力的有:鲁菜、川菜、粤菜、苏菜、浙菜、闽菜、湘菜、徽菜,即人们常说的"八大菜系"。其中鲁菜、川菜、粤菜、苏菜,形成于清代初期,成为当时最有影响的地方菜,被称作"四大菜系"。到清末时,浙菜、闽菜、湘菜、徽菜四大新地方菜系分化形成,共同构成中国传统饮食的"八大菜系"。"八大菜系"烹调技艺各具风韵,菜肴特色各有千秋,体现出中国饮食丰富多彩、博大精深的文化特征。

1. 鲁菜

鲁菜又称山东菜,主要包括以福山帮为代表的胶东菜,以德州、泰安为代表的济南菜以及有"阳春白雪"之称的孔府菜。发端于春秋战国时的齐国和鲁国,是中国四大菜系(也是八大菜系)之首,中国影响最大的宫廷菜系,也是历史最悠久、技法最丰厚、难度最大、最见功力的菜系之一。

鲁菜以口味咸鲜为主,讲究原料质地优良,以盐提鲜,以汤壮鲜,调味讲求咸鲜纯正,突出本味,素以"浓少清多,醇厚不腻"见长。注重鲜、香、脆、嫩,技法偏重爆、炒、烧、扒、蒸。尤其擅长调制清汤、奶汤。清汤,清澈见底而香,奶汤,色如乳而醇厚,如清汤什锦、奶汤蒲菜,清鲜淡雅,别具一格。又善烹海味,选料多为明虾、海螺、鲍鱼、蛎黄、海带等海鲜,如扒原壳鲍鱼、蟹黄鱼翅,鲜美滑嫩,催人食欲。还重于调味,工于火候,用料精广,筵席丰盛,以孔府宴招牌菜"八仙过海闹罗汉"为代表。

鲁菜中的传统名菜有糖醋鲤鱼、葱爆海参、奶汤鲫鱼、清蒸海胆、烤大虾、清蒸加吉鱼、芙蓉鸡片、九转大肠、锅塌豆腐和德州扒鸡等。

2. 川菜

川菜主要包括成都、重庆、乐山、江津、自贡、合川等地方风味。川菜的历史可追溯至秦汉时期，在宋代形成流派，辣椒传入中国后进行大革新，逐渐发展成今天的川菜。它是中国最有特色的菜系之一，也是民间最大菜系，有"食在我国，味在四川"之美誉。

川菜取材广泛，调味多变，菜式多样，口味醇厚，麻辣辛香。主要以辣椒、胡椒、花椒、豆瓣酱为调味品，不同的配比方式可以变化出麻辣、酸辣、椒麻、麻酱、蒜泥、芥末、红油、糖醋、鱼香、怪味等各种味型。在烹调方法上，有炒、煎、干烧、炸、熏、泡、炖、焖、烩、贴、爆等三十八种之多。在口味上特别讲究色、香、味、形，兼有南北之长，以味的多、广、厚著称。历来有"七味"（甜、酸、麻、辣、苦、香、咸），"八滋"（干烧、酸、辣、鱼香、干煸、怪味、椒麻、红油）之说，可谓"一菜一格，百菜百味"。

代表性的菜品有宫保鸡丁、麻婆豆腐、鱼香肉丝、夫妻肺片、水煮肉片、灯影牛肉、板栗烧鸡、回锅肉、粉蒸肉、毛血旺和龙抄手等。

3. 粤菜

粤菜即广东菜，主要由广州菜、潮州菜、东江菜三种地方菜组成，吸收各菜系以及西菜之所长，又具自己的独特风味，形成"以我为主，博采众长，融合提炼，自成一家"特点。虽是起步较晚的菜系，但影响深远，世界各国的中菜馆多为粤菜，因此被认为是中国在海外的代表菜系。

粤菜口味讲究清、鲜、嫩、滑、爽、香、脆，追求原料的本味、清鲜味。调味品种类繁多，遍及酸、甜、苦、辣、咸、鲜。但只用少量姜葱、蒜头做"料头"，而少用辣椒等辛辣性作料，也不会大咸大甜，讲究清而不淡，鲜而不俗，嫩而不生，油而不腻，有"五滋""六味"之说。烹调技艺多样善变，以炒、爆为主，兼有烩、煎、烤。时令性强，夏秋尚清淡，冬春求浓郁。

代表性的菜肴有脆皮烤乳猪、蜜汁叉烧、白切鸡、白灼虾、红烧乳鸽、烧鹅、盐焗鸡、广州文昌鸡、豉汁蒸排骨、梅菜扣肉等。

4. 苏菜

苏菜主要由淮扬菜、江宁菜、苏锡菜、徐海菜四大部分组成，其中淮扬菜占主导地位，有"东南第一佳味"之誉。始于南北朝时期，自唐宋以后，与浙菜并称为"南食"的两大台柱。

苏菜精致细美，口味清淡偏甜，用料严谨，注重配色，讲究造型，四季有别。烹调技艺以炖、焖、煨著称，重视调汤，保持原汁，口味平和。其中淮扬菜以清淡见长，味和南北；江宁菜以滋味平和、醇正味美为特色；苏锡菜清新爽适，浓淡相宜，船菜、船点制作精美；徐海菜以鲜咸为主，五味兼蓄，风格淳朴，以注重实惠著称。

知名菜品有清炖蟹粉狮子头、大煮干丝、三套鸭、盐水鸭、叫花鸡、翡翠蹄筋、碧螺虾仁、翡翠虾斗、雪花蟹斗、蟹粉鱼唇、霸王别姬、咕咾肉、松鼠鳜鱼、文思豆腐、扬州炒饭等。苏式点心和小吃也是驰名全国，如松子冰肉甜糕、灌汤包子、蟹黄烧卖、甜豆沙包、春卷等。

5. 浙菜

浙菜是以杭州、宁波、绍兴和温州四种风味为代表的地方菜系。源于江浙一带，兼收江南山水之灵秀，受到中原文化之灌溉，形成了鲜嫩、细腻、典雅的菜品格局。

口味注重清鲜脆嫩,保持原料的本色和真味。菜式小巧玲珑,清俊逸秀,菜品鲜美滑嫩、脆软清爽。运用香糟、黄酒调味。烹调技法丰富,尤为在烹制海鲜河鲜有其独到之处。菜品形态讲究,精巧细腻,清秀雅丽。北部口味偏甜,西部口味偏辣,东南部口味偏咸。其中杭州菜重视其原料的鲜、活、嫩,口味清鲜,突出本味。宁波菜咸鲜合一,以烹制海鲜见长,讲究鲜嫩软滑,重原味,强调入味。温州菜口味清鲜,淡而不薄,烹调讲究"二轻一重",即轻油、轻芡、重刀工。绍兴菜则擅长烹制河鲜家禽,入口香酥绵糯。

代表性菜品有龙井虾仁、西湖醋鱼、干炸响铃、油焖春笋、生爆鳝片、极品醉蟹钳、荷叶粉蒸肉、清汤越鸡、西湖莼菜、百味羹等。

6. 闽菜

闽菜发源于福州,以福州菜为基础,后又融合闽东、闽南、闽西、闽北、莆仙五地风味菜。该地物产丰饶,特别是丰富的海产品,为闽菜系的发展提供了得天独厚的烹饪资源,有"福州菜飘香四海,食文化千古流传"之称。

风味以"香""味"见长,具有清鲜、和醇、荤香、不腻的特点。主要特征有:一为刀工巧妙,寓趣于味;二为汤菜众多,变化无穷;三为调味奇特,别是一方。闽菜的刀工甚为精妙讲究,有"剖花如荔,切丝如发,片薄如纸"的美誉。闽菜还具有"多汤"的特点,汤菜保留着菜的原汁原味和本色本味,素有"一汤十变"之说。调味偏于甜、酸、淡,喜加糖醋,甜而不腻,酸而不峻,淡而不薄。

著名菜品有佛跳墙、东壁龙珠、太极明虾、七星鱼丸、鸡丝燕窝、沙茶焖鸡块、炒西施舌、醉排骨、红糟鱼排、清蒸加力鱼等。

7. 湘菜

湘菜主要有由湘江流域、洞庭湖地区和湘西地区三种地方风味菜组成。该地气候温暖,雨量充沛,盛产笋、覃和山珍野味,农牧副渔业发达,这为湘菜系的形成和发展提供了有利的条件。

湘菜的口味以香辣为主,色泽上油重色浓,以酸、辣、香、鲜、腊见长,最大特色一是辣,二是腊。湖南古称"卑湿之地",而辣椒有提热、开胃、祛湿、祛风之效,湖南人几乎到了"无辣椒不成菜"的境地。擅长制作山珍野味、烟熏腊肉和各种腌肉、风鸡、腊菜。此外,煨的功夫一流。煨,在色泽变化上可分为红煨、白煨,在调味方面有清汤煨、浓汤煨和奶汤煨,讲究小火慢炖,原汁原味。

传统湘菜有五元全鸡、组庵鱼翅、百鸟朝凤、腊味合蒸、剁椒鱼头、面包全鸭、油辣冬笋尖、冰糖湘莲、火宫殿臭豆腐、发丝牛百叶、红椒腊牛肉等。

8. 徽菜

徽菜起源于南宋时期的古徽州,主要由皖南、沿江和沿淮三种地方风味构成。地处中部山区,山珍野味丰富,为徽菜的烹调提供了大量的原材料。徽商也对徽菜的发展和流传起了重要的作用。

徽菜讲究火功,善于烹调野味,且量大油重,还注意保持原汁原味,芡重、色深、味浓,重油、重酱色、重火功。重油,即多吃油脂,以滋润肠胃。重酱色,则是为了突出菜肴的色、香、味。重火功集中体现于擅长烧、炖、熏、蒸类的功夫菜上,不同菜肴使用不同的控火技术,形成酥、嫩、香、鲜独特风味,其中最能体现徽式特色的是滑烧、清炖和生熏法。

常见名菜有火腿炖甲鱼、腌鲜鳜鱼、毛峰熏鲥鱼、黄山炖鸽、雪冬烧山鸡、金银蹄鸡、淡菜酥腰、问政山笋、徽州毛豆腐等。

三、中国古代饮食审美观

中国饮食不仅技术精湛,而且讲究菜肴的美感,追求色、香、味、形、意、养六者融于一体,寻求一种更高的精神领域的满足,让人达到视觉、触觉、味觉和心理的全方位享受,形成感官愉悦与身心健康的统一,构成了以美味为核心,以养身为目的的中国烹饪特色。

1. 色

色美,既指原料本色的自然美质,也指各种不同原料在色彩上的搭配美。孔子曾提出"色恶不食"(《论语·乡党》),可见菜肴色彩对食欲的影响,正如袁枚《随园食单》中所载:"目与鼻,口之邻也,亦口之媒介也。嘉肴到目、到鼻,色臭便有不同。或净若秋云,或艳如琥珀,其芬芳之气亦扑鼻而来,不必齿决之、舌尝之,而后知其妙也。"在色的配制上,主要以辅助的色彩来衬托、突出、点缀和适应主料,做到鲜艳不俗,素雅不单调,使得菜肴色彩均匀柔和、主次分明、浓淡相宜、和谐悦目,给人以视觉上美的享受。原料的色彩搭配包括顺色搭配和异色搭配。顺色指所配的几种原料颜色接近,保持主料本色。异色搭配是将不同颜色的主料和辅料搭配,让主料色泽更加突出。如简简单单的一道小葱拌豆腐,白绿相间,色泽素雅淡洁,赏心悦目,同时清香飘逸、鲜嫩爽口,让人食欲大开。

2. 香

香美,是指菜肴给人们的嗅觉美感,嗅起来清香、醇香、甜香、辣香、麻香、酱香、鱼香、五香、浓香等,使人"芳香开窍",味觉大增。《说文》释云:"香,芳也。从黍,从甘。"闻香是食物美的极为重要的标志之一,同时也是鉴别美质、预测美味的关键审美环节和检验烹调技艺的重要感官指标。中国饮食在菜肴的制作上崇尚香气扑鼻,清醇诱人,所谓未见其形,先闻其香,"闻其臭者,十步以外,无不颐逐逐然"(袁枚《厨者王小余传》)。食物的香气能鼓诱情绪、刺激食欲,加深人们对色味形的心理期待和审美愉悦,使得菜肴更加鲜美诱人,让人记忆犹新,食指大动。

3. 味

味美,是指菜肴给人们带来的口感,即味觉上的美感,如咸、淡、酸、麻、辣、辛、甘等,这是衡量菜品优秀与否的必然条件。味道美的关键,在于原料的先天自然质味之美和五味调和的复合美味。"物性不良,虽易牙烹之,亦无味也"(袁枚《随园食单》),原料的质美是味美的基础与灵魂。"肉之美者、鱼之美者、菜之美者、水之美者、果之美者、饭之美者"(《吕氏春秋·本味篇》),食材的本味特性和新鲜度影响着食物的口味质感。此外,美味的产生又需五味调和。《吕氏春秋·本味篇》中烹饪之圣伊尹又提出"调和之事,必以甘、酸、苦、辛、咸,先后多少,其齐甚微,皆有自起",要做到"甘而不浓,酸而不酷,咸而不减,辛而不烈,淡而不薄,肥而不腻"。调味要求主辅料与多种调味品适当配合,使其相互影响,去其异味、增加美味,使得菜肴口味适中,老少适口,四方皆宜。当然,火候也很关键,快慢缓急掌握好,能很好去除腥味,去掉臊味,减少膻味,五味恰到好处。

4.形

形美,即注重造型艺术,运用点缀、嵌酿等手法,融雕刻和菜肴于一体,形成和谐美观的造型,使得食物兼具形态美和艺术性,让人增加食欲,赏心悦目,精神愉悦。形美的关键在于菜品刀工、造型和摆盘。孔子有"割不正不食""食不厌精,脍不厌细"(《论语·乡党》)之说,形美的菜肴,往往刀工精细,要求粗细一致,厚薄均匀,长短相等,互不拖连,干净利落。菜肴的艺术造型如"花篮式""扇面式""彩蝶式""开屏式"等,雕刻精良、生动形象。拼盘更是集荤、素、面食于一体,加果实蔬菜如萝卜、南瓜、番茄、雕工造型和鲜花等缀于盘中,融色、香、味、形于一体,让人垂涎欲滴,美不胜收。著名的看菜"素蒸音声部"便是看馔形美的代表,其用素馅面食蒸制,塑成七十名风姿绰约的歌伎舞女,工艺之精湛,栩栩如生。

5.意

意指的是意境和气氛,饮食作为生理活动和与之伴随的心理过程,既香口腹又美心目。优雅和谐又意境幽美的宴饮环境,可以让人从食物中感受到中国饮食文化内涵和诗情画意,在物欲上得到满足之时,又在思想上、心理上以及精神上得到愉悦感,从而获得更加深广的美的享受。宴饮环境有自然、人工之分,在幽静的山水间饮食,或于田园风光中饮宴,中国自古有之。竹林七贤时常聚饮歌啸的竹林,李白月下独酌、花间一壶酒的月下花间,欧阳修"醉翁之意不在酒,在乎山水之间也"①的醉翁亭,王勃"落霞与孤鹜齐飞,秋水共长天一色"②的滕王阁,更有白居易《湖上招客送春泛舟》中"欲送残春招酒伴,客中谁最有风情。两瓶箸下新开得,一曲霓裳初教成。排比管弦行翠袖,指麾船舫点红旌。慢牵好向湖心去,恰似菱花镜上行"的自然人工绝妙结合之境,让食者在品美酒佳肴之时,又心旷神怡、陶冶性情,达到物质和精神的双重享受。

6.养

养指的是充分体现食物的营养,要荤素合理、搭配得当,从而达到养的目的。中国烹饪不仅仅是口的享受,更是营养的科学。《黄帝内经》中提道:"五谷为养,五果为助,五畜为益,五菜为充。"以五谷为主食,以果、畜、菜为补充,保障维生素和膳食纤维的摄取,达到饮食与人体的和谐。中国在几千年前有"医食同源"和"药膳同功"的说法,忽思慧的《饮膳正要》强调了"药补不如食补"的食疗观念,孙思邈在《千金食治》谈到饮食能排除身内的邪气,能安顺脏腑,悦人神志。利用食物原料的药用价值,做成各种美味佳肴,有时对某些疾病能起到一定的防治效果。

---

① 欧阳修《醉翁亭记》
② 王勃《滕王阁序》

课后思考

1. 中国的饮食结构有什么特点?
2. 简述中国古代饮食的发展演变。
3. 简述中国古代饮食的审美观。
4. 试述中国饮食文化与养生文化的关系。

第二节　中国古代民居

一、中国古代民居的起源

中国古代民居，即中国古代民间各地的居住建筑。"民居"一词最早见于《礼记·王制》。其记载："凡居民，量地以制邑，度地以居民。地邑民居，必参相得也。"

我国民居的起源，可追溯到原始社会人类居住的天然洞穴或树丛。大约在旧石器时代晚期，先民们才开始走出洞穴，借助木棍、石器或骨器掏挖横穴，诞生了最初的原始民居形式巢居和穴居，也是我国民居最早的两大类型。在新石器时代中晚期，人们开始在地面上活动居住，并出现了围护结构的分室建筑；商代的民居建筑技术发展较快，开始出现了大型木架建筑和版筑土墙的技术；西周时期，南方民居出现了干栏式建筑；直到秦汉以后，民居建造技术出现了飞跃，木构建筑基本结构分为梁柱式和穿斗式；隋唐时期，我国民居得到空前发展，在艺术、技术和规模上都有巨大变化；宋代在唐的基础上进行了创新性研究；明代出现了大量砖木结构的民居建筑；清代民居建筑的大木结构形式逐步简化定型，重视装饰。经历数千年的发展变迁，古民居已成为我国分布面积最广、数量最多、形式多样、特色鲜明的建筑类型。

二、中国古代民居的建筑生态观

我国古代民居的建筑思想主要受到古代"天人合一"哲学观的影响。"天人合一"一词来源于《周易》，"天"在这里指天道，也指自然，强调了人与自然的关系，相互影响，相互作用，只有顺其自然，才能和谐共生。勤劳智慧的先民们通过实践探索，不断了解气候变化、地域特征，尊重自然规律，因地制宜，从而建造了最适宜人类居住的生态建筑，也逐渐形成了中国古代民居生态建筑理念，即民居建造应遵循高节能、低消耗、无污染的原则，尤其在选址、布局、朝向、用材等方面均有体现，力求构建人与自然和谐共处的宜居场所。中国古代民居堪称是与自然环境、地形地貌完美融合又独一无二的生态建筑样式，体现了我国古代先民的超前智慧。

（一）从中国气候区的多样化影响，看中国古代民居的生态布局

我国气候类型复杂多变，为中国古代民居的多样化分布提供了客观条件，我国民居主要分布五大气候区，即温带季风性气候区、温带大陆性气候区、亚热带季风气候区、热带季风气候区，以及高原山地气候区。古代先民为适应不同的气候变化，遵循自然规律，保持与自然环境的和谐关系，选择了生态宜居的居住场所。

第一，温带气候区，大多夏季炎热多雨，冬季寒冷干燥，古代先民为了适应气候变化，建造民居首先考虑防寒抗热，其次在常年少雨干旱区域，由于太阳直射强，人们利用建筑之间的阴影进行紧凑布局，如新疆喀什传统民居的"阿以旺"空间，在内部搭建起舒适宜居的"冬房"和"夏房"。另外在我国山西、陕西一带降水量少，昼夜温差大，气候干旱地区，当地冬暖夏凉的窑洞民居最具特色。第二，亚热带和热带季风气候区两者相近，常年高温多雨，还伴有湿热现象。亚热带季风区冬季温度相对较低，民居建造主要考虑防寒措施，如贵州民居就选址在地势较高且山阳面或山谷深处。而热带季风区的民居更多考虑通风防潮、隔热消暑的措施。借助自然植被，海南藤蔓"船式"民居最具地方特色。第三，高原山地气候区海拔较高、植被覆盖率较低，气候多变、温差较大、自然灾害频繁，该区域民居建造需要考虑坚固耐用的特点，如西藏拉萨民居就采用加厚墙体、屋顶等方式，人为打造舒适、安全的生态居住场所。

（二）从地形地貌的多样性特点，看中国古代民居的生态选址

我国地域广阔，复杂多样的地形地貌是中国古代民居选址、营建的关键因素，促使我国古代民居形式丰富、特色鲜明。我国常年受板块运动作用，整体地貌呈现西高东低的特点，主要以山地、高原为主，占我国国土总面积超80%。在山地区域，先民们为了顺应自然，减少对自然环境的人为破坏，与自然和谐共生，当地人常采用掉层、吊脚、附崖、连崖的手法建构，并结合悬挑、吊脚等形式建造民居。而平原地区有错综复杂的河流水系，河流冲积，土壤较肥沃，该区域古代民居多选址在临水地带，或根据山水走势进行多样性分布，亲近大自然，享受舒适生活。如江南古代民居的选址就呈现"前巷后河，水陆并行"的独特布局。

（三）从对自然人工化改造，看中国古代民居的建造类型

中国古代先民利用地理环境和自然资源的特性，通过人工改造和创新，创造适合人类生活居住的条件，从而建造形式多样的民居。从总体建造风格类型来看，人们最初利用自然固有的地理条件或自然事物加以人工化的改造，继续沿袭穴居的习惯，用最经济、最低碳的方式打造居住的固定生活场所。中国北方游牧民族居无定所，需要搭建临时房屋，为了减少资源消耗，可以重复使用，产生了移动式房屋。目前中国古代民居中最普遍的还是固定式房屋，因地制宜、就地取材，采用台基、墙柱和屋顶三段式样，是用材多、建造技术先进、文化元素丰富、装修装饰技术多样的典型代表，也是我国农耕文化为主体的封建社会发展中最先进的一种民居形式，是人与自然和谐相处最理想的一种民居类型。

从中国主要的生态区域分布看，中国古代民居的具体形式主要有四种：

一是穴居式。这是最能体现自然生态和地域性特征的一种中国古代民居样式。古人巧妙地将有利的自然地理条件进行加工修造，其仍保存大量的原始建筑特征，主要有窑洞式和地穴式两种。窑洞式民居主要分布于我国的黄土高原和华北地区。由于当地木材严重紧缺，人们只能利用最丰富的黄土层，因其土质厚实、黏性强且固定性好，适合人工凿洞。而地穴式民居有全地穴式与半地穴式两种，主要分布在我国东北地区。

二是干栏式。我国江南地区的先民通过模仿原始人类"巢居"的模式，结合该区域气

候多变、潮湿多雨且雨量充足的生态环境特点,创新设计了干栏式民居。主要分布在我国的东南、西南地区,还有东南亚和亚热带地区。先民通过生活经验和自然探索,不仅解决了防潮通风和室内积水的问题,还增加了防御野兽侵袭的功能,形成了干栏式结构。这是我国先民顺应自然、改善环境、安全生存的重大文化创举。

三是穹庐式。我国不少古籍中有记载,如《史记》中称之为"穹闾",《淮南子·齐俗训》中称之为"穹庐"(俗称"毡帐"),而《匈奴传》中称之为"穹庐"。这种民居形式起源于我国北方游牧和游猎民族,是为了适应北方气候和草原生态环境,满足生活生产之需而创建的一种可移动式民居。其中最有代表性的是蒙古包,其形态结构完美地将人与生态环境相融合,堪称人类物竞天择、与自然和谐共生的又一创举。

四是上栋下宇式。这是我国南北大部分区域最常见的古代民居建构形式。主体结构主要分成台基、墙柱和屋顶三部分。其中最具特色的是屋顶,可分为平屋顶和坡屋顶。如我国平原部分地区雨水较少,气候干燥,森林资源匮乏,为了节省木材,改善生活空间,先民通常选用平屋顶样式。而坡屋顶脊梁较高、倾斜度较大,能加速排水且保暖隔热效果佳,但建造耗材量大,主要分布于林木资源较丰富及雨水较多的地区。

(四)从儒家生态哲学思想的影响,看中国古代人民的居住习俗

我国"天人合一""崇尚中和""礼乐"等传统生态哲学思想深刻影响了中国古代人民的居住习俗。随着古代先民对自然探索与发现的深入,民居建造积累了丰富的实践经验,在不同地区、不同民族中形成了独特的居住习俗和民居民俗文化。

其一,中国古代民居建筑装饰活动。先民大胆地将当地生态环境与民俗文化融合,因地制宜、手法灵活地在民居实体上进行装饰造型。古代民间匠人以高超的艺术表现手段完美打造生活居住空间。民居建筑装饰以祈福求祥主题最多,体现了古代先民在乐观生活态度的基础上,对美好生活的向往和追求,往往以砖雕坐兽(俗称"五脊六兽")、檐前的瓦当、门上的门簪、梁枋上的雕绘、门窗上的木雕、廊前的柱头雕饰等地方民俗文化来装饰。北方多以木雕彩绘为主,而南方则多选用砖雕,色彩单纯,形成独特的建筑装饰民俗文化。

其二,中国古代民居的外部环境选择。中国古代民居历来讲究"风水学"原理,尤其注重民居建筑的朝向和位置,凡人所居,无不在宅。《三元经》中提道:"地善即苗茂,宅吉即人荣。"古人选址形成了"背山面水"的外部环境模式,还制定了最佳民居格局,即"左有流水,谓之青龙;右有长道,谓之白虎;前有污池,谓之朱雀;后有丘陵,谓之玄武。"

其三,中国古代民居的室内环境布局。古代人民简朴务实,亲近自然,民居内部建构以实用性、功能性为主要考虑因素,从而保证人们的日常生活需求、健康安全、方便舒适的居住要求。因南北地域和气候差异较大,形成鲜明特色。如南方民居主要考虑抗热问题,民居最好有隔热层,室内高敞通风,如重庆、武汉的民居不仅高敞且室内有穿堂风;北方民居主要考虑御寒问题,往往屋顶做保温层,室内生炉火、设暖炕。

其四,中国古代民居的摆设和信仰。我国古代人民深受儒释道文化的影响,强调人与自然和谐共生。随着人类社会物质生产越来越丰富,人们对自然界的花草树木等生存需求得到极大满足,逐渐上升到赏花对月、寄情山水的深层次精神需求。从民居内部的摆设

来看,最有代表性的区域分布在少数民族聚集地区,大部分民族都有供奉神灵和祖先的习俗,通常在民宅内的堂屋、灶台等处设置供奉,定期或不定期进行祭祀活动。

三、中国古代民居中独特的生态民居样式

(一)北京四合院

四合院又名四合房,是我国传统合院式建筑之一,通常由正房、东西厢房和倒座房组成,从四面将庭院合围在中间。其中最具代表性、保存最完整的就是北京四合院,它营建于元大都之初,对城内街道进行了规划。胡同开在街道两侧,多为东西走向,四合院就建在胡同两边,路北、路南均有院落。

北京四合院的建造设计受气候环境影响较明显。首先,属于我国温带季风性气候区,又处在地震带位置,当地人民重视生态环境,坚持因地制宜、高效节能的生态理念,常就地取材,以当地常见的砖石和木材为建造材料,采用木构架搭建、砖石砌围墙的方式,使房屋能够抵御强震,产生"墙倒屋不塌"的抗震效果,为居民舒适安稳的生活提供了保障。其次,北京地区常年遭受风沙的影响,因此四合院临街外墙均为向内封闭的围护结构,厚重的墙体可以抗寒、隔热,还能阻挡外部的噪声污染。此外,北方冬季严寒,北京四合院民居注重生态取暖,院内多设有泥质火炕、壁炉等取暖设备,通过科学巧妙的设计,可使院内外空气流通,产生循环系统,既可保持室内温暖,又可有效排放污水废气。最后,在生态环保理念之下,四合院院内布置了大量的花草树木、亭台假山、池塘鱼虾,既可调和人与自然的亲密关系,也可改善庭院内的气候环境,营造更加舒适惬意的生活空间。

北京四合院的规整式住宅设计受儒家礼乐文化影响较深。传统民居坚持"崇中尚和"的思想,采取以中轴对称方式布局,整体分前后两院,居中的正房为尊,是举行礼仪、接见宾客的重要场所,其余房间均朝内庭,以游廊相接,院落四周由厚重的砖墙囤合而成,形成相对封闭的组合院落。它的平面布局和各建筑的组合形式严格按照古代宗法制度修建,体现了长幼有序、尊卑有别的儒家思想。

(二)晋南窑洞

我国传统窑洞式民居主要分布于陕西、甘肃、河南、山西等黄土高原地区,当地人民将自然环境与生活有机结合,在天然黄土壁内开凿横洞,并在洞内砌砖石,采用最经济、最节能的方式建造了窑洞。传统窑洞最大的特点是冬暖夏凉,还能防火减噪。这是中原地区人民因地制宜的完美民居样式,体现了当地人民勤劳俭朴、务实肯干,对黄土地的热爱和眷恋。

以古代晋南地区的窑洞为例,该区域窑洞数量较多,主要集中在西部吕梁山一带。大致有三种样式:靠崖式窑洞、锢窑、下沉式窑洞。靠崖式主要分布在偏远山区,又名土窑,人们利用黄土层厚、垂直断崖的地貌特征,通过开凿崖壁洞穴,通常洞穴上方呈拱形,从而增强窑洞的承载力,构建宜居的土质民居。而锢窑主要分布在人口较多的城镇区域,不用借助自然地理条件,而是通过仿造靠崖式窑洞而建造,采用青砖、土坯、石头砌筑拱形墙壁,同时加固窑洞顶部的土坯砌筑,可达到自然窑洞防寒避暑的生态效果。晋南运城一带

地势较平坦区域,土质松软且厚实、冬季非常寒冷,本地居民便采用向下挖掘拓展空间的方式,打造了下沉式窑洞,其外形和建造方式有较大差异,效仿天井的深坑模式,挖掘坑洞,然后用土坯抹平墙面或用青砖贴墙完成。可见,中国古代民居中窑洞设计的生态理念,最能充分借助地理环境之优势,达到人与自然密切相连、完美契合。其特点鲜明:以天然黄土层为壁,最大限度减少木料、石头、砖块等材料的投入,节能减耗效果最佳;因山体牢固,拱形屋顶承托力强,科学减震效果明显;利用拱洞模型设计,空气更易循环流通,提高了室内环境的舒适度;因修筑方式从外向内或从上向下挖掘而成,大大地拓展了居住的空间范围,从一定程度上节约了民居建筑用地面积,为后世民居改造创新提供了新思路。

(三)苏州民居

我国江南地区享有"上有天堂,下有苏杭"之美誉。苏州地处长江三角洲中部太湖流域,地理位置优越且风景如画。苏州民居是江南一带民居的代表。我国苏州古居民注重生态保护,善用优越的地理条件。他们认为水就是龙脉,风水极佳,民居多沿河而建,逐渐形成了临水而筑、临巷而建的民居群落。因苏州石材丰富多样,尤其花岗岩、大理石较多,苏州古民居就地取材,多采用石料修建民居,既可节能减污,还能循环使用。该区域夏季有东南风,冬季有西北风,古居民利用风向的特点,将民居大门朝南开,解决了采光、通风问题,室内冬暖夏凉。因地处亚热带季风气候区,湿热多雨且雨量充沛,人们发现解决散热通风问题是关键。因此,苏州民居通常选择将各幢住房相互连属而形成的中间天井。利用民居内部的天井可直接与外部自然环境相连,达到采光、通风等功能,还可调节室内气候,形成了具有生态性的居住空间环境。另外,民居内部各厅堂多用可拆卸的隔扇门,既可使室内空间隔断,又能大开大合。厅井相通,从而通风散热。苏州地界人口密度较大,古民居多以高墙围成封闭式的民居院落,从而阻断声源,减少噪声污染,营造一个安静祥和的生活环境。同时,采用挑檐屋顶、灰白墙面,阻挡太阳直射,降低室内温度,而墙面采用空斗砖墙,可防寒隔热。苏州古居民常以山石、水流、植物等打造室内景观,利用植物来吸纳并控制阳光,开凿人工水塘养鱼、养花,有效地改善了民居内部的生态环境。总之,苏州古民居不仅是江南民居的典范,也具有很高的建筑生态价值,值得研究并继承发展。

(四)湘西土家吊脚楼

吊脚楼是主要分布在我国西南少数民族地区的民居建筑,也是我国湘西最具代表性的土家族民居建筑。该地区土家族人民常年居住在武陵山一带,地势险要、平地稀缺的地理环境,使当地人民生活异常艰辛、生活极度不便,但质朴乐观的湘西土家族人坚持"天人合一、顺其自然、和谐共生"的理念,不惧艰险,勇于实践探索,借助自然环境,大胆巧妙地设计出了"借天不借地,天平地不平"的吊脚楼民居样式。土家族先民主要利用木柱来替代地基,以榫卯接合方式建构,通过调整木柱的长短,在高低不平的地面上建造民居。为了降低环境破坏程度,吊脚楼主要建在山坡、河流岸边;为提高土地资源利用率,吊脚楼通常分为上下两层,上层供人生活起居,下层用于存放杂物或饲养动物等,从而节约土地使用面积。因山区潮湿多雨,蛇鼠虫蚁较多,古人们选择居住在上层空间,并设计出挑式阳台,故而室内通风、采光好,视野更开阔,风景优美且安全舒适。其底层采用架空设计,便于空气的流通也可防潮,属于古代典型的干栏式建筑。现在保留的吊脚楼是湘西土家族先民智慧的结晶,也是土家族民居文化的传承发展。

(五)福建客家土楼

福建永定的传统民居建筑——客家土楼,是目前我国福建和两广地区的客家人居住的大型集团住宅。自西晋末年至南宋,中原一带相继发生战乱、饥荒等,一批中原望族辗转万里,迁居至闽、粤、赣三省交界处,形成了我国历史上非常独特的客家民系。这批客家人在新的栖息地面临自然环境和社会环境的双重挑战:该地处于深山密林之中,常有野兽出没,加上盗匪袭扰、劫掠等,客家人渴望修筑独特的民居建筑,团结互助、同心协力、共渡难关。

福建永定客家土楼的设计融入中国道家"天、地、人"和谐共生的民居设计理念,依山就势,巧妙地利用山间狭小的平地和当地的生土、木材、鹅卵石等材料,以厚重的夯土墙壁形成立面为圆形或方形的三至五层围楼。以常见的四层土楼为例,最外一环一般底层做厨房和杂物间,二层储藏粮食和其他重要物资,故底层与二层均不辟外窗,三层、四层为起居室,三层一般向外开设窄窗,有射击孔,兼具射击和采光功能,四层设较大的窗户,采光为主,兼备瞭望之用。四层有时加设挑台,各层内侧以回廊相通,有公共楼梯,楼内有几十户乃至上百户人家共同居住,最大限度地适应聚族而居的生活方式。同时,其作为垒起厚重墙壁的封闭城堡式建筑,具有完备的军事防御设施,实现了军事防御功能。

这些客家土楼独具特色,造型各异,有方形、圆形、八角形和椭圆形等形状,规模巨大,共有8 000余座,具有资源节约、坚固、防御性强的特点,是客家人创造性地将木结构与夯土技术完美结合的高层民居建筑类型。2008年7月6日,福建土楼在第三十二届世界遗产大会上,被正式列入《世界遗产名录》。

(六)蒙古包

蒙古包是我国满族为蒙古族牧民的民居建筑取的名字。满语"包"专门指房屋。我国蒙古族是以狩猎、放牧为生的古老民族之一,他们逐水草而居,为了方便生产与生活,不得不频繁搬迁,因此,选择了可随意移动的民居建筑。我国古代称这种民居建筑为"穹庐""毡帐""毡房""帐篷"等,其中运用最广泛、知名度最高的还是蒙古族先民居住的"蒙古包"。

蒙古包最能反映我国蒙古族先民最初"天圆地圆"的宇宙观和传统生存哲学,其顶部的形状就是一个微型浓缩的大宇宙。他们在对大自然敬畏和崇拜的基础上,结合族人的思考想象和对美好生活的向往,浪漫地设计并制作出了适合游牧生活的居住场所。他们希望游牧生活能与大自然有机融合,并与其和谐共存,于是在建造设计上注重因地制宜,重点考虑住房能否适应蒙古高原恶劣的自然环境,利用结构力学原理,把房屋设计成半球形的弯顶。无限接近流线型的形体可有效阻挡沙暴、风雪袭击。由于长期不断迁徙的生活方式,先民创造性地设计出可拆卸、可搬迁的移动住房。蒙古族先民性格豪放粗犷、朴实无华,设计的蒙古包颜色基本都是用白色作为底,仅用外部毛毡配色彩。蒙古包已成为草原上独有的风景线,是蒙古族先民与自然、宇宙皆融为一体的独创民居。

课后思考

❶ 从我国主要的生态区域分布看,中国古代民居的具体形式主要有哪四种类型?
❷ 古代晋南地区的窑洞主要有哪几种样式?
❸ 简述一下我国古代民居设计建造过程中体现了哪些建筑生态智慧。

互动实践环节

1. 演讲主题活动——"我家乡的特色民居"

俗话有云:"百里不同风,千里不同俗。"我国土地广袤,民族众多,历史文化悠久,地理环境复杂,气候条件多变,生活方式各异,因此,中国的民居建筑样式多种多样,设计风格独具特色。请同学们课后搜集自己家乡最具特色的民居建筑相关资料,整理并分析该民居的由来、发展和影响。建议从民居建筑设计思路、地理环境和气候条件的影响、地方民俗文化的融入、创新改造之处等角度进行演讲交流。

2. 我国传统民居中蕴含了丰富的生态理念。随着生态环境问题日益凸显,生态建筑成为节约型社会发展的焦点,如何将节能、低耗、无污染的理念融入现代建筑设计,努力把家乡打造成生态文明城市?请同学们按居住区域分组,选取一栋家乡的地标性建筑,提出改建或设计思路,以最低成本、最具地方特色、最生态环保作为重要参考指标,与同学们分享改进心得。

3. 近年来部分地方的古老村落、古代民居被相继发现。起初,民居建筑保存还相对完整。但个别地区没有足够重视,缺少保护措施,部分游客或本地居民也缺乏保护意识,不少古代民居在短时间内面目全非,甚至坍塌。古代民居属于一种不可再生的物质文化遗产,鉴于以上情况,我们应如何保护这些古民居建筑呢?请同学们认真思考后,提出合理的建议或策略。

第三节　中国古代服饰

服饰是人类文明的重要标志之一。作为人类特有的劳动成果,它既是物质文明的结晶,又具有精神文明的内涵。中国服饰历史悠久,内容宏富,独具特色,在世界服饰史上独树一帜,有"衣冠王国"之美誉。正所谓"一代之兴,必有一代冠服之制"(叶梦珠《阅世编》),多姿多彩的古代服饰,展现了不同历史时期、不同民族人民创造的物质和精神文化成果,是我国传统文化艺术宝库中的一笔丰厚宝藏。

一、先秦服饰

中国服饰的历史可追溯至远古时期。北京周口店发现过旧石器时代山顶洞人所用的骨针,说明从那时起,我们的祖先就已初步掌握了缝制技术,可以从事简单的缝纫。他们以骨针做工具,兽皮、树皮、树叶、羽毛等做材料,缝制出了遮盖物,即原始的"衣裳"。此外,在山顶洞人遗址及其他古墓葬里,还发现不少穿孔的砾石、兽齿、鱼骨、介壳和海蚶壳等装饰品,可见人们早有爱美的观念,并能利用天然条件装饰自己。

从夏代开始,中国正式进入阶级社会。随着社会生产力的不断提高,殷商时期的纺织工业有了较大发展。人们改进了织机,发明了提花装置,并且能够在丝织品的表面织造出许多精美瑰丽的纹样。除丝织外,还出现了麻织品、毛织品和较原始的棉织品。从河南安阳出土的玉雕、石雕和陶塑的人像上,可以看到头戴扁帽、身穿右衽交领衣、下穿裙裳、腰间束带、裹腿、着翘尖鞋的奴隶主和免冠、着圆领衣、手上戴枷的奴隶形象。从这些材料来看,中华服饰上衣下裳、束发右衽的典型特征,在这时已经形成。

周代服饰基本延续了商代风格,上衣下裳和深衣的着装模式仍是主流。所谓深衣,即将原有的上衣和下裳缝合在一起的衣服,因"被体深邃"而得名,其"钩边续衽",使身体深藏不露,雍容典雅。与商代服饰相比,周代初期服饰最突出的变化就是深衣的领式。商代之衣的领式一般为倒三角形呈鸡心状的斜领,周代的深衣装衣领则多为方口形。到了西周中期,服饰风格则朝着宽衣博袖的方向发生改变。冠巾在承袭商代风格的基础上有了新的创新,玄冠、弁冠更加美观实用,缁布冠和冠缨的出现是新的变化。西周时,等级制度逐步确立,作为个人的阶级标志,冠服制度被纳入礼乐制度范围,"礼服天下"成了"等级天下"的代名词。

冠服制度,也叫礼服制度,是西周对后世服饰影响最大的一个方面。冕服和弁服作为高级别礼服,彰显穿着者的身份、阶层与地位,是服饰等级的重要标志。冕服主要由冕冠、玄衣、纁裳、白罗大带、黄韨膝、素纱中单、赤舄等构成。冕冠是周代礼冠中最为尊贵的一种,为天子和百官参加祭祀典礼时所戴,成语"冠冕堂皇"就是从这里派生出来的。天子的冕服由上衣和下裳两部分组成,上衣采用青黑色,象征天;下裳黄赤色,象征地。衣裳上面绘十二章纹:日、月、星辰、山、龙、华虫、宗彝、藻、火、粉米、黼、黻。冕服等级从高到低分为六种：大裘冕、衮冕、鷩冕、毳冕、絺冕、玄冕，合称"六冕"或"六服"。君王在举行各种祭祀时，要根据典礼的轻重，分别穿六种不同制式的冕服。大裘冕是帝王祭天的礼服；衮冕是帝王祭祀先王的礼服；鷩冕是帝王和贵族祭祀先公、行飨射典礼所着礼服；毳冕是帝王和贵族遥祀山川的礼服；絺冕，为用于祭祀社稷的礼服；玄冕则专用于小型的祭祀活动。此外，六冕还与大带、革带、韨、佩绶、赤舄等相配。除冕服外，周代还有一种叫作弁服的礼服，即用于视朝时的皮弁、兵事的韦弁、田猎的冠弁和士助君祭的爵弁。周代王后的礼服与君王的礼服相配衬，共有袆衣、揄翟、阙翟、鞠衣、展衣、褖衣等六种（见《周礼·天官·内司服》），都属于连衣裳。其中前三种为祭服之属，衣上均饰有翟纹（长尾雉鸡），颜色分别为玄、青、赤。鞠衣，黄绿色，是蚕礼时所穿之服；展衣，白色，是礼见宾客之服；褖衣，黑色，是御君和士之妻助祭之服。冠服制度于周代定制规范、完善，至汉代恢复，历代相沿。虽冕服的种类、使用的范围、章纹的分布等屡有更定演变，但大体形制并未更易，一直沿用到明朝，直至清朝入主中原才被废止。

二、秦汉服饰

秦统一六国后，建立了各项制度，其中包括衣冠服饰制度。在服饰的颜色上，以黑色为尊。秦始皇深受阴阳五行学说影响，相信秦克周，是水克火。故秦属水德，色尚黑，从此把黑色定为尊贵之色，礼服的颜色也以黑色为最贵重。秦代帝王行郊礼时皆服袀玄。在服制上，"皆有法式"（《史记·秦始皇本纪》），"灭去礼学"（《后汉书·舆服志》），取消了礼乐，废止了"六冕制度"，即废弃了如前所述的大裘冕、衮冕、鷩冕、毳冕、絺冕，只留下了典礼中礼仪规模最小、仪式最轻的玄冕。在一般服饰上，除深衣仍旧被广泛使用外，袍服开始盛行。秦代的袍服是一种有絮棉的夹层内衣，穿着时在袍服的外面要罩一件外衣。

西汉初，国家初创、百废待兴，服饰亦甚为简单，大部分服饰直接承袭了秦代风格，朝官的服饰也比较简朴。汉武帝以后，对服饰制度开始重视，初步制定了朝臣的服饰等级制度。随着国力强盛，经济繁荣，服饰也开始纷繁华丽起来。至东汉明帝时，参照周代制，恢复秦代废止的冕服制度，确立了以冠帽为区分等级主要标志的冠服制度。随着冠服制度的重新确立，服饰的官阶等级区别也更加严格。主要表现在：冠服在因袭旧制的基础上，发展成为区分等级的基本标识；佩绶制度确立为区分官阶的标识。

冠的种类在汉代达到了有史以来的高点，有冕冠、长冠、委貌冠、爵弁、通天冠、远游冠、进贤冠、方山冠、巧士冠、武冠、法冠、樊哙冠等多种制式。汉代的冠从属于服制，是身份、官职以至官阶的表征。古时曾有男子成年时皆行冠礼的规定，但在汉代，"卑贱执事"的人，都只能戴帻而不能戴冠。冠本为加于发髻上的一个发罩，并不覆盖整个头顶。帻则像一顶便帽，有顶端隆起形状像尖角屋顶的"介帻"和顶端平平"平上帻"两种。冠和帻原来互不相关，到了王莽时，据说因为他头秃，所以先戴帻，帻上再加冠。后来这种戴法普及开来，因而在东汉画像石上出现的冠，也都在下面衬着帻。但冠和帻并不能随便配合，文官戴的进贤冠要配介帻，武官戴的武弁大冠则要配平上帻。进贤冠前部高耸，后部倾斜，外形有点像个斜三角形的跛足小板凳。冠前有"梁"，根据梁数的多寡来区别身份的高低，但梁数多不过三，等级的划分较粗略。所以汉代又用绶作为官阶的标志，根据官员之绶不同的颜色、织法、密度和长度来区分等级。

服饰在汉代呈现出多元化的走势,深衣和袍以外的外衣兴起是汉代服饰的特点之一。袍服替代其他一般性常服被广泛应用。在汉代,袍已经完全走出了夹絮内穿的范围,成为男女通穿、功能多用的外衣。它多为大袖,袖口有明显的收敛。袖身宽大的部分叫"袂",袖口紧小的部分叫"祛"。衣领和袖口都饰有花边。领子以袒领为主,一般裁成鸡心式,穿时露出里面的衣服。此外,还有大襟斜领,衣襟开得较低,领袖用花边装饰,袍服下面常打一排密裥,有时还裁成弯月式样。这一时期的袍服大体可以分为两种类型:一是曲裾,一是直裾。曲裾不仅男子可穿,也是女装中最常见的式样。这种服装通身紧窄,下长拖地,衣服的下摆多呈喇叭状,行不露足。衣袖有宽有窄,袖口多加镶边。衣领通常为交领,领口很低,以便露出里面的衣服。有时露出的衣领多达三重以上,故又称"三重衣"。直裾在西汉就已经出现,但是不能作为官方的礼服。因为这一时期的裤子都是无裆的(称为"袴"),仅有两只裤管套在膝部,用带系于腰间。那时直裾的衣裳遮蔽不严,容易露出羞处,极为不雅。直到后来出现了有裆的裤子(称为"裈"),直裾才逐渐取代深衣,开始变得流行。除了深衣和袍,汉代人还着襜褕、襦、襌衣等。襜褕,属深衣类的变种,其交领、大袖、右衽的形式皆与深衣无异,只是衣裾与深衣有区别。直裾襜褕的流行,说明在汉代,人们对服装的要求更趋于实用。襦是汉代实用的常服,交领右衽,通身较短,不分男女。襦服的实用之处不仅因其较短,穿着方便,而且有单绵之分,适用于一年中大部分时间穿着。襌衣又称"单衣",是一种单层罩衣,与深衣比较接近,但又有区别,区别在于深衣有衬里,襌衣无衬里。长沙马王堆出土的"素纱襌衣"薄如蝉翼,是我国纺织史上的杰作。汉代的服饰制度跨上了一个新的台阶,它标志着中国古代服饰制度进入了比较丰富的阶段。

三、魏晋南北朝服饰

魏晋南北朝时期,战乱频仍、政权交相更迭,整个社会处于大动荡、大分化、大融合的局面,给这一时期的服饰文化深深地打上了南、北民族文化大交融的烙印,整体服饰风格呈现出"丰富多彩,南北交融"的特点。魏晋时期的服饰,基本上承袭秦汉旧制。南北朝时期的服饰,则呈现各民族间相互吸收、逐渐融合的趋势。一方面,大量少数民族入居中原,胡服成为社会上司空见惯的装束。另一方面,一些少数民族政权的执政者,如北魏孝文帝,受到汉族传统文化的熏染,热心提倡穿着汉族服装,从而形成"群臣皆服汉魏衣冠"的状况,冠服旧制得以赓续。这一时期的冠服制度基本沿袭汉代风格。各级冕服的形制、服色大体相同。差别在于衣裳上的章纹数量及织造方法:天子用十二章,三公诸侯用山龙等九章,九卿以下用华虫等七章;天子用刺绣文,公卿用织成文。冠巾的形制颇具特色,如巾帻的后部逐渐加高,中呈平形,体积逐渐缩小至顶,成为平巾帻或小冠。如果在小冠上再加笼巾,就称为笼冠。笼冠多用黑漆细纱制成,故也称"漆纱笼冠"。后世的乌纱帽就是由它演变而成的。此外,还有卷檐似荷叶的卷荷帽,附有下裙的风帽,高顶形如屋脊的高屋帽等。

魏晋时期,玄学盛行,酝酿出文士的空谈之风。他们崇尚虚无,蔑视礼法,放浪形骸,任情不羁。在服饰方面,他们穿宽松的衫子,衫领敞开,袒露胸怀,褒衣博带,追求轻松、自然、潇洒、随意之感,形成了一种独特的魏晋风度。袖口宽大、不受衣袪约束的大袖宽衫成为时尚,其特点是交领直襟,衣长而袖体肥大,袖口不收缩而宽敞,有单、夹两种样式。北方少数民族的主要服饰是袴褶和裲裆。袴褶,由上衣和裤子组成,它的基本款式是上身穿大袖衣,下身穿肥腿裤。后来衣袖和裤口愈加宽大,时称"广袖褶衣""大口裤"。为了行动方便,人们就用带子缚拢住宽博的裤腿,称为"缚袴"。裲裆,亦作"两裆",形制为前面一片裆前胸,后面一片裆后背,意在挡住前心后背,类似后来的"背心""马甲""坎肩"。这一时期的女服除了承袭秦汉深衣的旧俗之外,还吸收了少数民族服饰的特色,在传统基础上有所改进。服装款式也以宽博为主,一般上身穿衫、袄、襦,下身穿裙子,多为对襟、束腰,衣身部分紧身合体,袖口肥大,裙式多样,以折裥裙尾最多。这种裙下摆宽松,摆长曳地,从而达到俊俏潇洒的效果。此外裙子式样多,色彩丰富,有绛纱复裙、绛碧结绫复裙、紫碧纱纹双裙、丹碧杯纹罗裙等。杂裾垂髾服也是这个时期的特色女服。这是深衣的一种变式,上衣与深衣相似,主要变化在下摆。下摆通常裁制成数个三角形,上宽下尖,层层相叠,因形似旗而名之曰"髾"。除此之外,围裳之中还伸出两条或数条飘带,女子在走动的时候,随风飘起,如燕子轻舞,极富动感和韵律感,故有"华带飞髾"的美妙形容,气质也更加灵动、飘逸,颇有魏晋时代的风尚特色。晋代著名画家顾恺之所作《洛神赋图》中,女神穿着的就是杂裾垂髾服,它衣袂飞舞,飘带蹁跹,堪称"奇服旷世"。

四、隋唐服饰

隋唐时期,中国由分裂而统一,由战乱而稳定,经济文化繁荣,服饰承上启下,博采众长,呈现出自信开放、雍容华贵、百美竞呈的局面,是我国古代服饰发展的重要时期。在服饰制度上,统治阶级虽然在最隆重的礼服上仍保持前代传统,但是穿得最多的朝服和常服却有了新面貌,并为后代开创了服色制度的新传统。北周时出现的"品色衣",在唐代已形成制度。唐高祖初定服饰制度时,规定赭黄色袍为皇帝专用服。唐太宗贞观年间,定品官服色:三品以上服紫色,四品服绯色,五品服浅绯色,六品服深绿色,七品服浅绿色,八品服深青色,九品服浅青色,流外官及庶人用黄色。唐高宗总章元年,正式规定非皇帝不得着黄色,黄袍由此被当作封建帝王的御用服饰,"黄袍加身"也意味着登上帝位。

隋唐男子所着常服为幞头、圆领袍衫、长靴。幞头本是一幅头巾,系裹时两个巾角向前抱住发髻,其余两个巾角在脑后结扎,多余的部分自然垂下。质料起初用黑色的缯或罗,所以垂下的巾角也是软的,故称"软脚幞头"。后来又在巾角中用铜、铁丝作骨,将它撑起来,成为"硬脚幞头"。因硬脚的形状及翘起的角度不同,又有"翘脚""展脚""朝天"等式。圆领袍衫是隋唐时期男子的典型服饰,其形制为:圆领窄袖,领、袖及襟无缘饰,身长及膝下。它的特点是比较实用,高而圆的领子既美观又可以代替"曲领"的功能,窄袖的设计可使穿着者更便于活动。

隋唐女服以襦衫、长裙为主,再附以半臂、帔帛及带饰等辅饰。襦衫,衫子较长而襦短,袖子有窄有宽,衣襟有对襟、斜襟。领式变化多样,比较常见的有方领、圆领、直领、斜领等。常将衫掩于裙内,所以显得裙子很长。裙,是隋唐妇女的主要下裳之一。首先,在形式上,仍以长裙为主,但这时的长裙已发生了变化,更加推崇窄瘦式长裙。除此之外,它还有一个特点,就是着裙者将裙腰提得很靠上,多数高及胸乳。这种高腰裙,最早出现在魏晋南北朝,至唐代,这种习俗被发挥到了极致。隋唐时期的裙子,不仅种类繁多,而且式样高雅、精美华丽,主要有间裙、百鸟裙、石榴裙、花笼裙等。间裙,又称"间色裙",是用双色或多色面料相间裁制而成的裙子。百鸟裙则用多种飞禽的羽毛捻线织成,做工考究,有"百鸟之状皆见"裙中之感。花笼裙以轻软、细薄、半透明的"单丝罗"织绣而成,上绣花鸟等图案。石榴裙,裙色如石榴之红,不染其他颜色,穿着它的女子俏丽动人,在唐代年轻女子中尤为盛行。唐代诗人万楚的《五日观妓》一诗中就有"眉黛夺将萱草色,红裙妒杀石榴花"的形象描述。除了上述几类裙子外,这一时期还流行以染缬工艺"缬花"面料制成的"缬裙",将裙子加宽、腰间折叠成褶而形成的"百叠裙",以及在裙子上直接作画的"画裙"等。唐代女子还喜用半臂和帔。半臂,即将半袖短衣套在长袖衣服外面的装束,这种半袖衣就是"半臂"。披帛或称"帔帛",用银花或金银粉绘花的薄纱罗制作,一端固定在半臂的胸带上,再披搭肩上,旋绕于手臂间,显得优雅动人。此外,唐代还流行女子穿胡服,着回鹘女装,其基本款是连衣长裙、翻折领、窄袖,衣身比较宽松,腰际束带。女子在穿这种服装时要梳椎状的回鹘髻,上饰珠玉,簪钗双插,戴金凤冠,穿笏头履。唐代贵族妇女的面部化妆繁复,额上涂"额黄",眉间贴"花钿",鬓畔画"斜红",两颊点"妆靥",再加上"朱粉""口脂""眉黛"等。这与唐诗描写的"眉间翠钿深"①"当面施圆靥"②等诗句完全相符。种类繁多、衣料考究、精美华丽的女服,体现了唐代服饰文化的繁盛,也在一定程度上表现出唐代妇女对美的追求。

五、宋代服饰

宋代的服饰制度,大体因袭唐制,但由于理学思想的影响和渗透,服饰形式在传承中又多有变异,一改唐代自由奔放、多姿多彩的开放风格,朝着复古、规范,但却典雅、质朴的新格局发展。官服,作为重要的典章制之一,也受到了较大影响。宋代朝服皆朱衣朱裳,外系罗料大带,并有绯色罗料蔽膝,下着白绫袜黑皮履,身挂锦绶、玉佩、玉钏。这种朝服是统一样式,而官职的高低以有无裈衣(中单)、锦绶上的图案来区别。公服又名"从省服",是官员的常服,基本承袭唐代的款式,以曲领大袖、腰间束革带为主要形式,另有窄袖式样。有资格穿紫、绯色公服的官员都须在腰间佩挂"鱼袋",袋内装有金、银、铜制成的鱼,以区别官品。与公服相配的幞头是直脚幞头,硬翅展角。日常便服主要是小袖圆领衫和帽带下垂的软翅幞头。

宋代男子一般服饰以圆领袍衫为主。袍,总体上是圆领,右衽,有宽袖广身和窄袖窄身两种样式,用锦做的袍为锦袍,一般人则穿粗布袍,颜色以黑白两色为主。衫,品种、式样多,根据用途有内用的汗衫和披在外面的凉衫,根据原料质地分有布衫、罗衫、毛衫和葛衫,根据颜色有紫衫、白衫、青衫、皂衫、杏黄衫、茶褐衫等。当时的士大夫多穿一种叫作"直裰"的对襟长衫。直裰也叫直身,是比较宽大的外披长衣,大袖,袖口、领口、衫角镶有

---

① 温庭筠《南歌子·脸上金霞细》
② 元稹《恨妆成》

黑边,由于下摆无衩、背部却有一直通到下面的中缝而得名。头上喜戴方桶形的帽子,叫作"东坡巾"。"东坡巾"又名"高装巾子",或称"乌角巾"。相传苏东坡常戴此巾,因而得名。形制为四棱方正形,棱角突出,内外四墙,给人一种端直、方正、持重之感。

宋代女子服饰主要继承唐装遗制,以衫、襦、袄、褙子、裙为主,但由丰趋于俭、由华丽趋于素朴,样式上窄、瘦、长、细,装饰上清新、朴实、自然、雅致。衫是宋代女装最普通的衣式,大多是圆领、交领、直领、对襟,腰身清秀苗条,下摆多,衣料一般是用罗、纱、绫、缣等轻软的料子,多半以刺绣为装饰。襦分单襦、复襦,造型短小,袖端细长,衣身较窄,领子以斜领居多,有的没有边缘,有的有锦、罗质缘边。袄的长短尺寸介乎于衫、襦之间,以夹衣居多,有的还在中间夹絮棉,是妇女秋冬季节的防寒衣装。褙子,又作背子,女子褙子是穿在衫襦、衣袄之外的罩衣,形制大多为直领、对襟、窄袖,两胯有开衩,身长在膝盖上下。宋代女子的下裳仍以裙子为主,用提花罗和素罗裁制,称"罗裙"。贵族妇女多喜在罗裙上绣一些图案,因此又有了"绣罗裙"的说法,如"双蝶绣罗裙"①。还有用郁金香草染衣裙的,使之有郁金香之色和香味。在裙子中间的飘带上常挂有一个玉制的圆环饰物——"玉环绶",用来压住裙幅,使裙子在人体运动时不至于随风飘舞而失优雅庄重之仪。唐代贵妇戴花钗,宋代则改用花冠,花冠再加发展变化,通常以花鸟状簪钗梳篦插于发髻之上,制作十分精细。

六、辽金元服饰

辽、金、元分别为契丹、女真、蒙古族建立的政权,在服饰上既保持了各自民族的特色,同时又广泛地吸收、沿袭了汉族服饰制度,使中国古代服饰制度增添了新的光彩。辽金政权考虑到与汉族杂处共存的现实,在服制上,颁布"国服"和"汉服"两种并行规制。契丹官员朝服(又称国服)的具体制式为:着毡冠或纱冠,服紫色窄袍,系鞢鞢带,带以红黄色条皮制成,并用金玉、水晶、靛石缀饰,称之为"盘紫"。汉人官员的朝服(又称汉服)的具体制式则根据不同职位高低戴远游冠或进贤冠,通服绛纱单衣、白裙襦。此外,以官服上的各类花鸟兽纹来区分官品。金代则以官服上花朵纹样大小定尊卑。契丹、女真族男子一般穿圆领、左衽、窄袖、过膝长袍,下穿裤,腰间束带,着长筒靴或尖头靴;女子多穿左衽窄袖交领袍衫,长齐足背。

元代英宗时期,制定了天子和百官的上衣连下裳,上紧下短,并在腰间加襞积,肩背挂大珠的"质孙服"制,又称"一色衣"。这是承袭汉族又兼有蒙古民族特点的服制。元代常服还有比甲、比肩、辫线袄。比甲是便于骑射的便服,无领无袖,前短及腰,后长如袍,以襻相连。比肩,也叫"襻子答忽",交领或圆领,右衽,半袖,长至足,腰上有褶,有裥或无裥,用锦帛或毛皮制成。辫线袄,是一种长袍,盘领,窄袖,腰作辫线细褶,用红紫帛捻成线横腰间,又称"腰线袄子"。瓦楞帽则是蒙古族男子常戴的冠帽,其用藤篾所做,有方圆两种样式,顶中装饰有珠宝。元代的蒙古贵族女子袍式宽大,袖身很肥,但袖口收窄,衣长拖地。这种宽肥的袍式,又称为"团衫"或"大衣"。其采用的面料多为织金锦、丝绒或毛织品等,

---

① 张先《醉垂鞭·双蝶绣罗裙》

流行使用红、黄、绿、茶、胭脂红、鸡冠紫、泥金等色彩。蒙古族女子还时兴戴一种很有特色的"姑姑冠",又称"顾姑冠""固姑冠""罟罟冠"等。这种冠用桦树皮或竹子、铁丝之类的材料作为骨架,外面以红绢、金锦或毛毡包裹,冠高一般在两三尺左右,据说最高的可达四五尺以上。

七、明代服饰

中国古代服饰制度经两千多年的发展完善,至明代已经达到了一个相当高的水准,服饰面貌仪态端庄,气度宏美,可谓中国古代服饰艺术的典范。明代官服承袭唐制,但比唐代"品色衣"等级的差别更加明显。官服的颜色、质地、式样、花纹图案以及尺寸因级别而异,都有明确的规定。戴乌纱帽、身穿盘领补服是明代官吏的主要服饰。补服的制式为:在盘领长袍的前襟上方和后背上方,按不同的官阶施以不同的补子。明代规定官员常服补子内容:公、侯等用麒麟、白泽,文官用飞禽,喻义温文雅致,武官用走兽,象征勇猛强悍。文官补饰具体为:一品仙鹤,二品锦鸡,三品孔雀,四品云雁,五品白鹇,六品鹭鸶,七品鸂鶒,八品黄鹂,九品鹌鹑。武官补饰为:一品、二品狮子,三品、四品虎豹,五品熊罴,六品、七品彪,八品犀牛,九品海马。

明代男子一般穿袍衫,形制虽然多样,但都未脱大襟、右衽、宽袖、下长过膝的特点。此外,还有曳撒、程子衣以及褡护、罩甲等。曳撒,也是一种袍服,交领,大襟,长袖过手,上下衣相连,前面腰间有接缝,两边有摆,从两边起打褶裥,中间留有空隙,是士庶男子的一种便服。程子衣,是文人儒士的日常服装,衣身较长,上下相连,腰间有接缝,缝下折有衣褶,袖宽大,斜领掩襟。褡护是一种比褂略长的直裰短袖衣。罩甲则是一款外衣,圆领,对襟,无袖,身长过膝,开衩。所戴巾帽带有明显的政治文化内蕴,如"四方平定巾""六合一统帽"及网巾(一统山河巾)等,有稳定天下、维护封建统治之寓意。

凤冠霞帔是明代贵族妇女的礼服。凤冠以金、银、铜等金属丝网为胎,衬以罗纱,并挂有珠宝流苏。它有两种基本形式:一种是后妃所戴的礼冠,上缀点翠凤凰、龙等装饰,龙凤嘴中常衔着珠花,下垂至肩;另一种是普通命妇所戴的彩冠,上面不缀龙凤,仅缀珠翟、花钗等,但习惯上也称它为凤冠。霞帔是一种帔子,因为被人们比喻成美丽的彩霞,所以有了"霞帔"之称。它的形状像两条彩练,绕过头颈,披挂在胸前,下垂一颗金玉坠子。霞帔的纹样随品级的差别而有不同的装饰:一品、二品命妇霞帔,用蹙金绣云霞翟鸟纹;三品、四品霞帔,绣云霞孔雀纹;五品霞帔,绣云霞鸳鸯纹等。明代女子穿裙子比较普遍,裙子的颜色,开始流行浅淡的色彩,以素白居多,虽然上面有纹饰,但并不明显,即使施绣,也只是在裙摆处绣以花边,作为压脚。裙幅开始采用六幅,这也是遵循古训"裙拖六幅湘江水"①。明代晚期,裙子花样繁多,裙幅有增至十幅的。腰间折裥也更密了,有的每褶用一种颜色,五色俱有,但都颜色清淡,微风吹动,呈现出如皎月般的光泽,称作"月华裙"。还有用绸缎裁剪成大小规则的条子,每条绣以花鸟图纹,另在两畔镶以金线的"凤尾裙",以及用整幅缎料折成的"百褶裙"等。

---

① 李群玉《同郑相并歌姬小饮戏赠》

八、清代服饰

清朝是由满族建立的政权，服装文化上的满汉交融是这一时代的突出特征。清初的统治者以暴力手段强令推行"剃发易服"，按满族习俗要求全国男子更装。顺治九年，钦定的《服色肩舆条例》颁行，从此彻底废除了浓厚汉民族色彩的冠冕衣裳。龙袍是天威和皇权的象征，以明黄色为主，绣有九条五爪龙，寓意九五之尊。群臣百官礼服为蟒袍，又名"花衣"，蟒衣上的蟒比龙少一爪，即四爪龙形。"顶戴花翎"也是清代官服的重要标志。顶戴或叫"顶珠""顶子"，指的是帽顶上的珠饰。花翎是冠帽后面拖着的孔雀羽毛。施用顶子花翎的冠帽，叫作礼冠，俗称"大帽子"，它按季节分冬春所戴的暖帽和夏秋所戴的凉帽。

清代一般男子剃发梳辫，戴瓜皮帽，着长袍马褂。满族男式长袍的主要特点为立领、大襟、平袖、开禊。长袍造型简练，外轮廓呈长方形。马鞍形立领掩颊护面。衣服直上直下，前后衣身有接缝，不显腰身，衫不露外。偏襟右衽，以盘纽为饰。假袖二至三幅，袖口装有箭袖，以便骑马射箭，因其袖似马蹄，故称"马蹄袖"。与长袍配套穿着的是坎肩或马褂。马褂罩于长袍之外，原是骑马时常穿的一种外褂，因便于骑马，故称"马褂"，又名"得胜褂"。形制为圆领，前后有开禊，有扣襻，长仅及腰，袖仅掩肘，袖子宽大平直。样式有琵琶襟、大襟、对襟三种，有长袖、短袖之分。清代还有一种黄马褂，属于皇帝对有功者的最高赏赐，以示皇恩浩荡。

清代女子的服饰满汉两制并存。满族女子梳辫或髻，或"两把头""如意头""大拉翅"。着旗装，即穿旗袍，外加坎肩，穿高底鞋。满族妇女的旗袍，窄而瘦长，圆领，大襟，袖口平大，长可掩足，外面往往罩短的或长及腰间的坎肩。袖端、衣襟、衣裾等镶有各色花绦或彩牙儿。高底鞋以木为底，鞋底极高，上下较宽，中间细圆，形似花盆，故名"花盆底"。踏地时印痕成马蹄形，故又称"马蹄底"。清代汉族女子袭明代的传统，上身多穿各式长衫或花袄，有的则在衫袄的外面另加穿一件类似褙子式的长背心，下身仍以穿各种式样的裙子为主，如"马面裙""月华裙""弹墨裙""鱼鳞式百褶裙"等。

综观我国古代服饰发展史，是如此丰富与绚丽多彩。在中华民族五千年的文明史中，服饰的发展、演变反映了政治、经济、民族、文化等丰富的社会内涵，是一定时期物质文明与精神文明的综合反映。几千年来，我国服饰始终保持着中华民族固有的特色，而又不断吸取外来适用的东西。服饰品种的繁多，色泽的艳丽，质地的优良，以及制作的精美，都充分显示了劳动者的聪明和才智，体现了他们的匠心和创造精神。正是千百万劳动人民的智慧，创造了我国辉煌灿烂的文化。

课后思考

❶ 简述中国古代服饰的发展演变。
❷ 简述中国古代服饰艺术的美学观念。
❸ 中国服饰文化蕴涵着哪些制度特点？
❹ 中国服饰体现出怎样的思想文化内涵？

第四节　中国古代茶和酒

中国是茶叶的发源地，同时也是酒的故乡，作为我国古代两大主流饮品，品茶和饮酒不仅仅是一种单纯的饮食行为，其与人们的社交生活、精神世界相连接，逐渐发展成一种文化，深深融入华夏文明的血液之中，不断滋养中国人的体魄和精神。酒不醉人人自醉，茶不清心心自清。茶性宁静，如一潭秋水，酒性热烈，似熊熊火焰；茶之美，在于清淡，令人回味绵长，心境恬淡；酒之美，在于浓烈，令人热血澎湃，心醉神迷；茶使人深思，酒给人勇气；茶启发智慧，酒增添信心。茶文化和酒文化，交相辉映，相映成趣，成为中国传统文化史上两朵璀璨之花。

一、中国古代茶文化

（一）中国古代茶文化的起源和发展

中国是茶的故乡，是世界上最早发现茶树、利用茶叶和栽培茶树的国家之一。茶有多种古称和别名，《茶经·一之源》中载："其字或从草，或从木，或草木并。其名一曰茶，二曰槚，三曰蔎，四曰茗，五曰荈。"在"茶"没有流行以前，"荼"是最常用的称谓。自唐代以后，"茶"字才成为通用名称。中国茶之起源，向来有"神农尝百草，日遇七十二毒，得荼而解之"（《神农本草经》）的说法。陆羽在《茶经》中道："茶之为饮，发乎神农氏。"这一说法有不少的拥趸，一些产茶区把神农炎帝视为中国"茶祖"。

最初，茶叶其实不是用来喝的，而是因清热解毒功效被当作药物，这是药用阶段。中间又经过食用阶段，即以茶当菜，煮作羹饮，《晏子春秋》记载："婴相齐景公时，食脱粟之饭，炙三弋、五卵，茗菜而已。"又《尔雅》中，"苦荼"一词注释为"叶可炙作羹饮"。从含嚼生食到泡开水煮、煎品饮，茶叶经历了药用、食用到饮用这三个阶段。顾炎武《日知录》云："自秦人取蜀而后，始有茗饮之事。"以此认为我国茶叶作为饮料始于秦汉时期。清代郝懿行在《证俗文》中指出："考茗饮之法始于汉末，而已萌芽于前汉，然其饮法未闻，或曰为饼咀食，逮东汉末蜀吴之人始造茗饮。"可见茗饮始见于东汉末，而萌芽于西汉。王褒的《僮约》载："烹茶尽具，酺已盖藏……试阳买茶。"由此可见巴蜀地区在西汉时期就有了茶市，茶在流通中开始成为商品。

魏晋南北朝时期，饮茶之风流传的地区更广，茶叶已基本成为常规饮料，宴会、待客、祭祀等均用到它。文人雅士多喜喝茶，并有诗文反映茶事，如张载的《登成都白菟楼诗》："芳茶冠六清，溢味播九区。"孙楚的《出歌》："姜桂茶荈出巴蜀，椒橘木兰出高山。"左思的《娇女诗》："止为荼荈据，吹嘘对鼎立。"王微的《杂诗》："待君竟不归，收颜今就槚。"这些都是早期的涉茶诗。更有晋代文人杜育专门歌颂茶叶的《荈赋》，涉及茶之生长情况及采摘、取水、择器、观汤色等各个方面。文人饮茶之风盛行，饮茶已不仅仅是解渴、提神等需要，除了待客交友和祭祀等社会功能，还有"以茶代酒""以茶示俭"的精神内涵。

唐代是中国饮茶史上和茶文化史上的一个极其重要的历史阶段,茶区和产地规模迅速扩大,饮茶风气已普及全国,是我国古代茶文化的兴盛阶段。唐代饮茶风俗、品饮技艺都已法相初具,制茶技术日益提高,并追求精益求精,由此创造了蒸青制茶法,加工成饼茶。品饮之法也有较大的改进。此时,为改善茶叶苦涩味,开始加入薄荷、盐、红枣调味,使茶变得更加鲜美甘醇。此外,已使用专门烹茶器具,论茶之专著已出现,集茶文化之大成者是陆羽和他的名著《茶经》。《茶经》对茶叶历史、产地以及茶的功效、栽培、采制、煎煮、饮用的知识、技术都做了阐述,对中国茶叶生产和饮用风气起了很大的推动作用。陆羽还首倡品饮艺术,开中国茶道之先河,为后世茶文化发展提供了典范,被后人称为"茶圣"。全国性饮茶之风盛行,成"比屋之饮"盛况,"自邹、齐、沧、隶,渐至京邑,城市多开店铺,煎茶卖之,不问道俗,投钱取饮"(《封氏闻见录》)。茶肆遍布天下,民间还有茶亭、茶棚、茶房、茶轩和茶社等设施。上至皇宫显贵、王公朝士,下至僧侣道士、文人雅士、黎民百姓,几乎所有人都饮茶。唐代皇帝大多好茶,出现了为皇室专门设立的贡茶院,许多贡茶、名茶纷纷涌现,如"竹下忘言对紫茶,全胜羽客醉流霞"(钱起《与赵莒茶宴》)的紫笋茶,"天子须尝阳羡茶,百草不敢先开花"(卢仝《走笔谢孟谏议寄新茶》)的阳羡茶,"琴里知闻唯渌水,茶中故旧是蒙山"(白居易《琴茶》)的蒙顶茶等。文人嗜茶者也众多,白居易一生嗜茶,每天吃早茶(早上"起尝一瓯茗"《官舍》)、午茶(午睡"起来两瓯茶"《食后》)、晚茶(晚上"晚送一瓯茶"《管闲事》),自称"竟日何所为,或饮一瓯茶,或吟两句诗"(《首夏病间》)。除了白居易,还有李白、孟浩然、王昌龄、刘禹锡、杜牧等诗人也以茶作为主题吟诗作赋。尤以卢仝的七碗茶诗《走笔谢孟谏议寄新茶》和元稹的宝塔形诗《一字至七字诗·茶》名闻遐迩。由于饮茶与禅宗关系密切,文人雅士又在品茶过程中追求禅的意境,因此有所谓"茶禅一味"之说。此外,《旧唐书·李珏传》:"茶为食物,无异米盐,于人所资,远近同俗。既祛竭乏,难舍斯须。田闾之间,嗜好尤甚。"茶于人如同米、盐一样不可缺少,饮茶在民间已成为普遍性的大众文化。

"茶兴于唐而盛于宋",宋承唐代,饮茶文化高度发展。《梦粱录·鲞铺》中载:"盖人家每日不可阙者,柴米油盐酱醋茶。"茶成为开门"七件事"之一。宋徽宗《大观茶论》序云:"缙绅之士,韦布之流,沐浴膏泽,熏陶德化,盛以雅尚相推,从事茗饮。故近岁以来,采择之精,制作之工,品第之胜,烹点之妙,莫不盛造其极。"宋代植茶技术更加精进,器用制作更细致讲究,饮茶讲究茶品和饮效,沏茶讲求火候和茶具。工艺精湛的贡茶——龙凤团茶和讲究技艺的斗茶是其主要特征。龙凤团茶由刻有龙凤图案的模型压模而成,制作工艺十分讲究,采、拣、蒸、榨、研、造、过黄,经多道工序精工细作而成,味、香、色均为上乘,把我国古代蒸青团茶的制作工艺推向一个高峰,为后代茶叶形制艺术发展奠定了审美基础。同时饮茶艺术也有了进一步的发展,"点茶"技艺进一步规范,"斗茶"之风盛行。所谓"点茶",就是将碾细的茶末直接投入茶盏中,然后冲入沸水,再用茶筅在碗中加以调和。"斗茶"又称"茗战",是比试茶叶品质优劣和烹茶技艺高低的茶事活动,最初目的是评比出优质茶叶作为贡茶,后来发展为一种高雅的、极具娱乐性质的茶文化活动,为文人雅士所喜爱。"斗茶"对烹茶用水和技艺的研究以及茶文化的推广普及产生重要作用。随着城市经济的繁荣,茶馆文化也日益兴盛,《梦粱录》中记载"处处有茶坊","夜市于大街有车担设浮铺,点茶汤以便游观之人"。大城市茶馆鳞次栉比,山乡集镇的茶店也遍地皆是。宋代茶学专著颇多,有陶谷的《荈茗录》、蔡襄的《茶录》、宋子安的《东溪试茶录》、宋徽宗的《大观茶论》、唐庚的《斗茶记》等。茶诗茶画亦不少,许多大文豪如范仲淹、欧阳修、王安石、梅尧臣、苏轼、苏辙、黄庭坚、陆游等,留下了许多脍炙人口的文艺佳作,大大提高了茶事的文化品位,这也是宋代茶文化成熟的一个标志。

明清时期以来茶文化越加普及,茶叶品饮呈现简约的特点,广泛深入社会各个阶层,散茶的品种迅速增多,饮茶已根植于广大平民百姓之中,成为整个社会的生活艺术,是中国茶文化发展史上的重要里程碑。明太祖朱元璋下诏废团茶,改贡叶茶(散茶),团茶、饼茶被散茶所代替,碾末而饮的唐煮宋点饮法,变成了以沸水冲泡叶茶的撮泡法。茶叶冲以开水,然后细品缓啜,清正、袭人的茶香,甘洌、醇醇的茶味以及清澈的茶汤,更能领略茶天然之色香味品性,明人认为饮法"简便异常,天趣悉备,可谓尽茶之真味矣"(文震亨《长物志》)。这种品饮方式不仅简便,而且保留了茶叶的清香味及完整性,更有助于人们对喝茶时直接观茶色、茶形、闻香和尝味。撮泡法在明代的兴起,使茶具发生了很大变化,品相质朴平淡、端庄温厚的紫砂壶深受明朝人们的追捧。此外更加重视饮茶环境,"饮茶以客少为贵,客众则喧,喧则雅趣乏矣"(张源《茶录》)。不少文人雅士将茶元素融入书画诗文的创作,如唐伯虎的《烹茶画卷》《事茗图》,文徵明的《惠山茶会图》《品茶图》等。茶著则有朱权的《茶谱》、田艺衡的《煮泉小品》、陆树声的《茶寮记》以及许次纾的《茶疏》等。饮茶到了清代,几乎是人人必需的生活方式和生活必需品。清代的茶文化继承了明代的冲泡法,制茶工艺空前发展和创新,茶叶品类从单一炒青绿散茶,发展到绿茶、青茶、红茶、黄茶、黑茶、白茶等多种品类,奠定今日六大茶类制茶工艺格局。茶人将茶艺推到更为完善的境地,形成了工夫茶的鼎盛时期。工夫茶讲究茶具的艺术美,冲泡过程的程式美,品茶时的意境美。清代是茶文化的活跃时期,茶诗、茶歌、茶戏精彩纷呈。古代小说到清代进入鼎盛阶段,茶文化融入小说中,成为清代小说重要内容。在对外贸易上,茶叶以大宗贸易的形式出口海外,中国茶风靡世界。

(二)中国古代茶文化的精神内涵

中国茶文化源远流长,它既是"阳春白雪",又是"下里巴人",熔铸了中国儒、释、道三家的重要思想,被赋予"正、清、和、雅"的文化内涵,这不仅是中国茶道的内在精神,更是中国传统文化的精髓。

"正"在儒家为"正心诚意""中正和平",在道家为"正善治""得一以为天下正""清净为天下正",在佛家为以"正见""正思维"为基础的"八正道"。"正"的内涵,体现了儒、释、道三家的基础性理念。当代茶叶专家吴觉农道:"君子爱茶,因其无邪。"(《茶经述评》)茶乃"南方之嘉木""饮中君子",蕴乎于自然,采日月之精华,纳天地之灵气,具有高洁、清香、优雅的特性,茶人顺茶之性,洗涤凡尘,涤除积垢,则能得天地清正之气以为己用,还归其本性之善,故饮茶有修身养性之功,可正心、正性和正行。陆羽在《茶经》中论述:"茶之为用,味至寒,为饮最宜精行俭德之人。""精行"可作"品行端正"之解,"俭德"可作"节俭美德"之解。魏晋南北朝,陆纳以茶待客、桓温以茶替代酒宴、南齐世祖武皇帝以茶示俭等事例,皆说明了茶有倡廉抗奢、端正社会不良风气的效用。茶性蕴含着茶德,品茶如同品人,唐代刘贞亮提出茶有"十德",其中"以茶利礼仁,以茶表敬意,以茶可行道,以茶可雅志"(《饮茶十德》),体现了饮茶中主正气的儒家礼、义、仁、德等道德观念。

"清"者,清洁、清静、清寂也。唐朝裴汶在《茶述》中说:"其性精清,其味淡洁,其用涤烦,其功致和。"宋徽宗的《大观茶论》中,茶亦有"祛襟涤滞,致清导和""冲淡简洁,韵高致静"的"盛世之情尚"。茶性至清,水清、茶清、器(具)清,更重要的是境要清,从而使得人在品茗时达到人清、心清、神清。道家、儒家、佛家茶人都在茶中融进"清静"思想,通过饮茶把自己与茶、山水、自然融为一体,从而达到精神开释、淡泊虚静的境界。道家主清气,清在道家为清净、清虚、致虚守静。老子说:"至虚极,守静笃,万物并作,吾以观其复。夫物芸芸,各复归其根。归根曰静,静曰复命。"(《道德经》)庄子道:"水静则明烛须眉,平中准,大匠取法焉。水静犹明,而况精神!圣人之心静乎!天地之鉴也;万物之镜也。"(《庄子·天道》)道教修炼需静坐息心,进入无思无虑的半眠状态,而茶可以涤除昏寐,使人头脑清醒,而从精神状态看,茶更使修道之人有轻身换骨的飘然之感,直至"清净无为""齐物逍遥"的"无心"茶道。"清"在佛家为无我,为无着,为三业清净。唐代著名诗僧皎然一生爱茶,作有许多茶诗,他在《饮茶歌诮崔石使君》一诗中咏道:"一饮涤昏寐,情来朗爽满天地。再饮清我神,忽如飞雨洒轻尘。三饮便得道,何须苦心破烦恼。"在饮茶之中,感受着空灵与轻逸,感受着开云月见的禅境,借茶来断无明、破烦恼,将茶的清心功效发挥到了极致。通过茶事之清而达到茶人的心清、神清,这是皎然茶道的真正追求。

"和"意味着天和、地和、人和,被认为是中国茶道的最高境界。陆羽的《茶经》中暗合有许多"和"的智慧,如风炉用铁铸从"金",放置在地上从"土",炉中烧的木炭从"木",木炭燃烧从"火",炉上煮的茶汤从"水"。煮茶的过程就是金、木、水、火、土相生相克并达到和谐平衡的过程。"和"亦是儒、佛、道三教共通的哲学理念。儒家提倡"中庸之道"的中和思想,朱熹在《朱子语类·杂类》卷一百三十八中就茶与中庸的关系进行了阐释:"物之甘者,吃过必酸;苦者吃过却甘。茶本苦物,吃过却甘……如始于忧勤,终于逸乐,理而后和。盖礼本天下之至严,行之各得其分,则至和。"茶文化还融合了道家"天人合一"的"天和"思想,道家认为人与自然是互相联系的整体,万物都是阴阳两气相和而生,发展变化后达到和谐稳定的状态。人必须顺应自然,达到人与自然的和谐,才能获得身心的自由。道家发现茶叶的生理功效以及茶叶的平和特性,具有"致和""导和"的功能,可作为追求天人合一思想的载体。茶文化中,同时还融合了佛家"吃茶去""茶禅一味"的"心和"思想观念。茶的本性质朴、清淡、纯和,与佛教精神有相通之处,茶悟禅,禅悟心,茶禅一心,使人达到心境澄明纯和的"心和"境界。

"雅"是中国传统文化形成的独特的美学体系,古今茶人"尚雅""崇雅",无不以品茗谈心为雅事,以茶人啜客为雅士,其追求茶性自身的清雅高洁,并实现了茶之雅的美学意境。宋徽宗的《大观茶论》就提到"雅尚"为"茗饮"之风气风尚。从茶道美学来讲,它追求品茗环境的清幽雅致,茶客言谈、举止文雅得体,风范与气质温雅兼具。茶,无论何时,总显风雅。徐渭在《徐文长秘集·致品》这样描述品茗之"雅":"品茶宜精舍,宜云林,宜瓷瓶,宜竹灶,宜幽人雅士,宜衲子仙朋,宜永昼清谈,宜寒宵兀坐,宜松月下,宜花鸟间,宜清流白石,宜绿藓苍苔,宜素手汲泉,宜红装扫雪,宜船头吹火,宜竹里飘烟。"松林竹下、山中河边,这类常常出现在文人山水画中的雅致环境,也往往被认为适合饮茶之所。竹下品茗有"竹里延清友,迎风坐夕阳"(姚合《品茗诗》),"手挈风炉竹下来"(陆游《喜得建茶》),"竹间烟起唤茶来"(郑板桥《小园》);松下煮茶如"煮茶傍寒松"(王建《七泉寺上方》),"松风忽作泻时声"(苏轼《汲江煎茶》),"细吟满啜长松下"(沈周《月夕汲虎丘第三泉煮茶坐松下清啜》),表现了文人将茗事与雅境相合之趣。

二、中国古代酒文化

(一)我国古代酒文化的起源和发展

中国酒文化的发展源远流长,是世界上酿酒最早的国家之一。而我国的酒源于何时,最初的酒是如何产生的,众说纷纭,莫衷一是。一种意见认为,我国的酒源可追溯到距今7000多年新石器时期的"神农时代"。《淮南子·说林训》载:"清醠之美,始于耒耜。"农耕开始以后,粟、稷类谷物的种植,为酒的酿造提供了前提条件。另外一种意见认为,酒自黄帝始。《素问》里就记载了黄帝与岐伯讨论用黍、樱、稻、麦、菽五谷造酒的对话。最普遍的说法即仪狄、杜康造酒说。许慎《说文解字》云:"酒,就也,所以就人性之善恶。从水从酉,酉亦声。一曰造也,吉凶所造也。古者仪狄作酒醪,禹尝之而美,遂疏仪狄。杜康作秫酒。"《世本》亦载:"仪狄始作酒醪,变五味。少康作秫酒。"

我国酒的起源和发展经历了从自然酒到人工造酒,从简单的自然发酵酒到蒸馏酒的发展过程。在远古时代,人们先接触到的是天然发酵的酒,即野果自然发酵酝酿成原始的酒。受此启示,先民们逐渐发现了含糖类的、甜的东西经过发酵会变成酒的规律,于是就开始有意识地进行人工造酒。这是第一代人工饮料酒,不用添加任何糖化发酵剂,只是将原料收贮以后,在适当温度下令其自然发酵形成。

人工发酵酒是第二代人工饮料酒,它在酿酒原料中添加了糖化发酵剂,即曲蘖而发酵成,分为天然曲蘖酿酒和人工曲蘖酿酒。晋代人江统在《酒诰》中载:"有饭不尽,委余空桑,郁积成味,久蓄气芳。本出于此,不由奇方。"人类社会进入农业文明以后,保存谷物的方法还很单一。天然谷物受潮后会发霉和发芽,吃剩的谷类食物也会发生霉变,这些含淀粉的物质,就属于天然的曲蘖。在自然界滋生出来的微生物酶的作用下,曲蘖可以分解成糖分和酒精,在自然状态下就会转变成酒。人们对这一现象进行了长期的观察、试验,从而了解和掌握了制造曲蘖的方法,开始人为生产曲蘖,于是原始的谷物酿酒技术诞生了。商周时期,随着社会生产力的发展,酒的酿造技术有了进一步提高,实现了酿造工艺上的重大突破,即曲、蘖的分离,用蘖酿制的"酒"称为"醴",用曲酿制的"酒"则称为"酒"。酒曲复式发酵酿酒法已完成,并出现了被奉为造酒技术精华的"古遗六法":"秫稻必齐,曲蘖必时,湛炽必洁,水泉必香,陶器必良,火齐必得。"(《礼记·月令》)酿酒发展成独立且具相当规模的手工业作坊,还设立了专门管理酿酒的"酒正""酒人""郁人""浆人""大酋"等职。周代大力提倡"酒礼"与"酒德",把酒用于祭祀上,于是出现了"酒祭文化"。到了秦汉时期,酿酒技术有了进一步发展和提高。其标志有三:一是过去曲蘖并用的酿酒法,改为只用曲不用蘖;二是使用多种原料,并进行分级;三是曲的品种迅速增加。酒文化中"礼"的色彩也愈来愈浓,到了魏晋南北朝时期,制曲技术进一步发展,已出现了药曲。贾思勰在《齐民要术》中详细地记载了十多种制曲酿酒工艺,大致可分为神曲法和笨曲法两大类,"九酝春酒法"等酿酒方法已十分先进。酒业市场兴盛,出现了酒税,有了酒财文化。此外

"曲水流觞"的习俗,把酒文化向前推进了一步。

唐宋时期是我国酒酿技术辉煌的发展时期。酿酒行业在经过了数千年的实践之后,酿造经验得到了升华,形成了传统的酿造理论,酿酒工艺流程、技术措施及主要的工艺设备逐渐完善,出现了第三代人工饮料酒——蒸馏酒。唐宋时期以前的酒都是发酵酒,也称酿造酒,即属今日黄酒的范畴,古人也称之为"压榨酒"或"榨制酒"。"蒸馏酒",现多称"白酒"或"烧酒",它在发酵酒的基础上通过蒸馏的方法,提高了酒精浓度,提取了原料在发酵过程中产生的香气成分而生产的一种酒度高、香味浓、质量比较好的酒。蒸馏酒的出现,标志着我国酿酒技术的一大飞跃,是酿酒史上一个划时代的进步。葡萄酿酒已比较盛行,还出现了椰子酒、黄柑酒、桔酒、枣酒、梨酒、石榴酒、蜜酒等品种。此外,唐宋时期酒业繁盛,酒令风行,"酒催诗兴",酒融于人们的日常生活中,从物质层面上升到精神层面。清代酿酒工艺高度成熟,酿酒经验不断积累,技术不断提升,使得酒的品种、产量、酒质都获得了前所未有的发展,蒸馏酒也得到极大的普及。我国现代的不少名酒在清代就已颇有名气,在文献中有记载的有沧州酒、莲花白、惠泉酒、瓷头春、水白酒、玫瑰露、茅台酒、泸州老窖、洋河大曲、双沟大曲酒、竹叶青、山楂露酒等。

(二)中国古典诗词中的酒文化

中国是一个饮酒觞酌的国家,也是一个赋诗吟词的国度。"宽心应是酒,遣兴莫过诗"[1],"醉里从为客,诗成觉有神"[2],"酒入诗肠风火发"[3],酒助诗兴,借酒起兴,酒中兴怀,酒后成篇,中国古典诗词中无不飘逸着酒的香气。"酒朋诗侣"成为中国文人的精神寄托,滋润着或豪放、或深沉、或缠绵、或愤激的心灵。

1. 酒酣胸胆尚开张——豪情逸兴

酒的文化内涵包含火热奔放、自由壮阔的精神。当酒的这种精神融入诗人的血液中,抒发出来的就是壮怀激烈、大漠孤烟、金刀铁马、对酒当歌的豪情。"酒酣胸胆尚开张。鬓微霜,又何妨"[4],这是苏轼的壮志豪情,酒酣耳热之时,心情激荡,于是他豪气顿生,雄心勃发,吟唱了这首响彻云霄的壮词,表现作者志在杀敌卫国的爱国激情和壮志满怀的英雄气概。"天生我材必有用,千金散尽还复来"[5],这是李白的乐观旷达,气势飘逸洒脱,展现出诗人豪迈奔放的性格特色和建功立业的执着精神,蓬勃激昂,催人振奋。"醉卧沙场君莫笑,古来征战几人回"[6],这是将士们视死如归的豪言壮语。葡萄美酒,琵琶声声,开怀痛饮,兴致飞扬,而敌寇来犯的号令传来,将士们带着酒意催马奔向沙场,即使马革裹尸,也义无反顾,把将士们豪放俊爽的精神、誓死报国的决心、临危不惧的胆气,描绘得有声有色,淋漓尽致,激动人心。

---

[1] 杜甫《可惜》
[2] 杜甫《独酌成诗》
[3] 杨万里《重九后二日同徐克章登万花川谷,月下传觞》
[4] 苏轼《江城子·密州出猎》
[5] 李白《将进酒》
[6] 王翰《凉州词》

2. 有酒有酒，闲饮东窗——隐逸逍遥

酒是文人生命灵魂中的一部分，它代表着高度觉醒的自我意识，酒与隐，饮士与隐士，酒隐与隐逸诗，酒、隐、诗三者有着密切关联。隐居避世的文人墨客把酒引为知己，他们借酒寄托性情，行乐于山林，在酒中求全真，以获得个体人格独立和精神自由。陶渊明是隐士饮酒的典型，面对官场的黑暗，他把名利、生死、趣味、不如意都泡在了一壶酒里，携一壶浊酒回归田园，保存自我，安顿心灵。"静寄东轩，春醪独抚"①"白日掩荆扉，虚室绝尘想"②，归隐田园，品酒篱下，有酒相伴，就能消绝尘世的杂念，悠然自乐。"忽与一樽酒，日夕欢相持"③，人生衰荣无定，没有永远的、一成不变的衰，也没有永远的、一成不变的荣。天有不测风云，人有旦夕祸福，一杯酒抒怀，一杯酒自慰，人生无常，当以酒解之。陶渊明将隐逸逍遥融于酒中，融于诗中，他也于酒隐之中寻得人生真意。又有戴叔伦的"麋鹿自成群，何人到白云。山中无外事，终日醉醺醺"④，诗人隐居山中，麋鹿成群，白云悠悠，与酒为伴，无尘世喧嚣和外事纷扰，清静闲适，逍遥自在。还有刘商的"春草秋风老此身，一瓢长醉任家贫。醒来还爱浮萍草，漂寄官河不属人"⑤，虽春草秋风，一生清贫，然而有酒相伴，追求的就是如浮萍一样的逍遥自由之身，诗人于醉语之中，显露出逍遥任己的个性。

3. 举杯消愁愁更愁——愁情忧怀

酒又俗称忘忧物，喝酒以后，能使人飘飘然、昏昏然，暂时忘却人世间的烦恼。诗人们多愁善感，胸中的愁情是他们的普遍情怀，是共有的情绪，所以诗人们更是以酒消愁，借酒来发泄胸中的忧愁。李白才华横溢，然而仕途坎坷，"花间一壶酒，独酌无相亲。举杯邀明月，对影成三人"⑥，这是孤独的酒；"穷愁千万端，美酒三百杯。愁多酒虽少，酒倾愁不来"⑦，这是愁苦的酒；"钟鼓馔玉不足贵，但愿长醉不愿醒。古来圣贤皆寂寞，惟有饮者留其名"⑧，这是自我慰藉的酒。"抽刀断水水更流，举杯消愁愁更愁"⑨，这是觉醒后更深的愁痛。靖康之难后，国破家亡，丈夫去世，李清照的境况极为凄凉，一连串的打击使她尝尽了颠沛流离的苦痛，"寻寻觅觅，冷冷清清，凄凄惨惨戚戚。乍暖还寒时候，最难将息。三杯两盏淡酒，怎敌他、晚来风急"⑩。亡国之恨，丧夫之哀，孀居之苦，种种愁绪，凝集心头，无法排遣，只好借酒浇愁。然而愁浓酒淡，更显孤寂落寞、悲凉愁苦。

还有杜甫忧国忧民之忧愁，"如渑之酒常快意，亦知穷愁安在哉。忽忆雨时秋井塌，古

---

① 陶渊明《停云》
② 陶渊明《归园田居·其二》
③ 陶渊明《饮酒·其一》
④ 戴叔伦《山居》
⑤ 刘商《醉后》
⑥ 李白《月下独酌四首·其一》
⑦ 《月下独酌四首·其四》
⑧ 李白《将进酒》
⑨ 李白《宣州谢朓楼饯别校书叔云》
⑩ 李清照《声声慢·寻寻觅觅》

人白骨生青苔，如何不饮令心哀"①，"朱门酒肉臭，路有冻死骨"②，心忧苍生的杜甫手持的酒杯比别人更沉重，他把浓浓的哀愁、沉沉的悲痛，把国破家亡的忧患、生灵涂炭的怨愤，一同掬起，化入了酒醪之中，越饮越令人心境悲哀。

4. 劝君更尽一杯酒——叹离伤别

人世间总少不了亲朋好友的离合聚散，别离处，以酒来遣离情别绪之愁，借举杯把盏表送别之情和祝愿之意，抚慰游子、离人憔悴敏感的心灵。王维的《送元二使安西》"劝君更尽一杯酒，西出阳关无故人"，就是一首饯别送行诗。朝雨刚过、柳色青青，诗人正于酒肆之中设小宴为西行的友人饯行。酿满别情的酒已经喝过多巡，告别的话已经重复过多次，朋友上路的时刻终于还是到来，想到友人此去乃是大漠黄沙、滚滚硝烟的边陲之地，生离死别之感、依依惜别之情油然而生，唯有举杯劝酒来表达内心强烈深沉的惜别之情，杯酒中包含着对远行友人处境、心情的关心，也酝酿着前路珍重的祝愿，浸透两人的深情厚谊，成为送别诗中的千古绝唱。还有元稹的《忆醉》："自叹旅人行意速，每嫌杯酒缓归期。今朝偏遇醒时别，泪落风前忆醉时。"这首诗描写挽留朋友之情和离别的伤感，以往的送别往往都是醉在酒中，而"今朝偏遇醒时别"，离别之情更加醒目，离别之愁绪也更为浓重。"多情自古伤离别，更那堪，冷落清秋节！今宵酒醒何处？杨柳岸，晓风残月。此去经年，应是良辰好景虚设。便纵有千种风情，更与何人说？"柳永的《雨霖铃·寒蝉凄切》是一首伤离恨别之词，所抒发的是情人之间难分难舍的别情。当离别情人后，词人愁肠百绪，只能用酒来安慰自己孤独、寂寞的心灵，用沉醉来排遣心中的愁绪和哀伤。词中两次写到饮酒，一次是"帐饮无绪"，一次是"酒醒何处"，其中的酒都是苦涩的滋味，代表着离愁别绪和孤独悲伤，酒在这里成了别离滋味的象征。

课后思考

1. 简述中国传统的茶礼和酒俗。
2. 简述中国茶文化与酒文化的异同。
3. 试论中国茶文化蕴含的儒、释、道思想。
4. 试论中国古代文学中的酒文化及其体现的文人精神世界。

---

① 杜甫《苏端、薛复筵简薛华醉歌》
② 杜甫《自京赴奉先县咏怀五百字》

第五节　中国古代体育文化

近年来全民健身成为热门话题,我国国家体育总局推出了传统体育项目——健身气功,是一种灵活易上手、场地无要求的活动,备受欢迎,有待推广为全民健身首选项目。

一、中国古代体育文化的起源

中国古代体育文化属于中华传统文化的重要组成部分,也是我国活态的人文遗产。由于中国文明长期延续发展,拥有一脉相传的连续性和强大的生命力。经历数千年的时代更迭,中国古代体育文化在社会政治、经济、文化、科学、地域环境的综合影响下,充分发挥中国先民的集体智慧、创造能力,在古代不同时期流行的体育活动形式达200多项,最终形成了独具东方特色的一套完整的身体运动体系。

最初的体育活动形式来源于原始社会时期的生产劳动,由走、跑、跳跃、射箭、攀登、搏斗、舞蹈以及引导等原始运动形式发展而来,先秦时期随着战争的频繁爆发、学校教育等活动的开展,不断丰富传统体育形式,这一时期如射箭、技击、游泳、奔跑、摔跤、技巧、引导、球戏、棋类活动及各种体育思想已初步形成,形成了古代体育文化的雏形。

秦汉至唐宋时期,经过漫长的历史演进,尤其农业、手工业和商业的快速发展,使城市不断繁荣,在一定程度上促进了社会文化的发展,曾在汉、唐、宋代出现了三次大发展时期,中国古代体育文化在此期间基本成型。直至元明清时期,进一步丰富和完善了中国传统体育文化的主体。

根据体育活动项目的运动方式和特点,大致可分成以下五大类别。第一,由狩猎、生产及军事活动而产生的跑跳射击类体育活动;第二,具有技击性与养生术双重特色的武术类活动;第三,具有娱乐性和竞技比拼的球类运动;第四,具有思维与益智特点的棋牌类活动;第五,具有区域文化与民俗特色的民间体育项目等。我国古代体育活动形式分类较多,在古代不同时期流行的体育活动,与古代社会中的军事、舞蹈、杂技、教育等不同文化形态保持着密切联系,既受到中华传统文化的浸润,又有着德、艺相兼的东方传统文化气息。

二、中国古代主要的体育活动项目

(一)社交礼仪——射箭与投壶

在中国古代体育活动中,射箭是中国历史悠久的传统项目,中国的射箭活动最早起源于旧石器时代。西周时期,射箭技能已作为衡量男子社会地位高低的重要标准,《礼记·内则》云:"射人以桑弧蓬矢六,射天地四方。"而后成为"射礼",列为儒家"六艺"之一,成为士族阶层个人必修的技能。有时在春秋时期各诸侯国谈判之际,也会进行射箭比赛作为一种礼仪来彰显国家形象。射箭不仅具备体育竞技性质,也是统治阶层或诸侯国之间活动交际的一种重要手段,因此射箭活动已带有为国家选拔人才的意义。现代奥运会竞技比赛中的射箭形式与中国古代的射礼中的射法如出一辙,在很大程度上与中国传统的射箭是相通的。我国传统射箭运动已在现代奥运会上走过了上百年的历程。

投壶起源于春秋战国时期,实际上是对射箭活动项目的改造和延伸。其摆脱空间限制,降低了难度,增添了娱乐性,参与度很高。投壶成为古代士大夫之间的宴飨上的一种趣味活动。相传汉武帝、魏文帝均喜好投壶,据《史记》记载,春秋时期晋昭公和齐景公会面,就曾采用投壶助兴,可见投壶活动已具备了社交与陶冶情操的功用。投壶活动不仅流行于贵族阶层,在民间也普遍盛行。《史记·滑稽列传》中记载:"若乃州闾之会,男女杂坐,行酒稽留,六博投壶,相引为曹,握手无罚,目眙不禁。"可见,在齐国民间聚会上,投壶活动已成为宴会中的常见娱乐项目,且男女皆宜,成为民间百姓喜好的一项体育娱乐活动。

(二)足球起源——蹴鞠

蹴鞠发源于中国,是我国重要的非物质文化遗产之一。

关于蹴鞠的起源,据西汉刘向所著《别录》和其子刘歆《七略》中均有提及:"蹴鞠者,传言黄帝所作。"可见,我国古代蹴鞠已具有非常悠久的历史。

目前较认可的一种说法,蹴鞠大概起源在战国时期(前475—前221),被古人取名为"蹋鞠"等,在军队、民间普及较高,属于军事练兵的工具,也是民间娱乐休闲的方式。《战国策·齐策》和《史记·苏秦列传》中详细记载了公元前300多年前齐国临淄广为流行的蹴鞠活动,这是我国史书中关于蹴鞠活动的最早记录。

汉初至三国,"蹴鞠"活动发展到成熟阶段。随着社会经济的发展,该活动逐渐呈现体制化、专业化特点。目前保存至今汉代《蹴鞠》,是我国最早的体育专业书籍,也是世界上最早的体育专业书籍。"蹴鞠"运动还出现了专门的场地、规则和裁判,被当作军事训练的手段之一,也从统治阶级普及到民间,成为一种大众化的时尚运动。

唐宋时期是我国"蹴鞠"盛行的时代,其也是球类运动中最具特色的项目。唐代在场地、器材方面有两项创新,即"充气的球"和"球门",其游戏形式多样,主要形式有两种:一是无球门"蹴鞠";另一种是带球门"蹴鞠"。"蹴鞠"作为文化交流工具传到日本。两宋时期,蹴鞠是宫廷御宴和招待外宾必不可少的娱乐活动之一。蹴鞠活动促进了戏曲、茶坊、手工作坊、文学作品等多方面的发展,在踢法和技巧方面也有所精进。蹴鞠技艺进一步规范化,出现了大量的理论性总结,如南宋陈元靓的《事林广记》、汪云程的《蹴鞠图谱》等专著,直到南宋,民间还出现了专门的体育组织"齐云社",一直沿袭到元朝和明朝。

1490年,英国正式把蹴鞠定名为足球。

1980年,在《国际足球发展史》报告中明确指出:"足球发源于中国,由于战争而传入西方。"

(三)身心兼修——中国武术

中国武术是我国传统体育中知名度较高的项目。清代末年称之为功夫,民国时期又称为国术,被誉为中国"四大国粹"之一。

中国武术可追溯到远古时期,因生产或狩猎而产生;从上古时期的兵器武艺发展而来,从旧石器时代的石斧、石刀到蚩尤部落创造五兵。使用兵器作战,具有防身杀敌、增强体质的作用;到商周时期的"武舞",略带娱乐表演性;再到春秋战国,《荀子·议兵篇》中提到"齐人隆技击",《吴越春秋》中记载,越王勾践为了打败吴国,特聘越女作军队的剑术教练,《庄子·说剑篇》中也记载了当时的剑术理论。可见,武艺理论和技术都有较高水平,已具有表演、击技等特点。汉代武术发展到初级阶段,唐代武术趋于成熟,直至宋代,中国武术才成为一项独立的社会娱乐活动,标志着武术的初步形成,到明清时期大量拳种的出现,标志着中国武术的成型。

中国武术受中国传统文化影响较大。在冷兵器时代,高超的武艺与武舞、汉代角抵戏、唐代健舞、杂技技艺结合,并融入中国传统医学和儒家哲学思想等,经过长期发展演变为一种独具中国风的体育运动项目。该项目包含着丰富的中国传统文化内涵。一是追求"天人合一"的思想。中国武术的指导思想与"天人合一"哲学思想一致,应顺乎自然才能获得生存与发展。如练功要按季节、时辰变化,讲究不同的方式和方法,同时注重"内练精气神,外练筋骨皮","内外合一,形神兼备",加强身心兼修,强调整体合一。二是以技击为武术核心。技击性是区别于其他体育项目的关键,需要以技击性为原则来实现各种攻防技术动作。如太极拳以掤、挤、按、采、挒、肘、靠为主要攻法;形意拳以推、托、带、领、搬、拦、锁、扣为八法。三是强调身心兼修。中国武术的主要目的之一是强身健体。

中国武术对世界体育文化的影响深远。中国武术作为中国古代传统的体育教育,既有中国文化内涵,又有独一无二的民族特色,让中国武术"走出去",是彰显国力和提升文化软实力的重要方式。

(四)益智养德——围棋

围棋起源于中国,在《世本·作篇》中就有"尧造围棋,丹朱善之"的记载,距今已有数千年的历史,是一项古老而复杂的智力运动,它属于中国传统"四大艺术"之一,被称为中国的国粹。

围棋属于典型的对策型游戏,双方在方形棋盘上各执黑白棋子进行对弈,古时称"弈"。围棋思维与古代哲学紧密相关,体现了《周易》中"天人合一"、阴阳对立统一的观点,追求围棋的最高境界就是"和谐";从布棋和行棋特点来看,还与古代军事活动有关,是排兵布阵、研究战略战术的器具,正如"以子围而相杀,故谓之围棋"道出围棋产生的真正原因。

围棋是一种思维训练与逻辑推理融合的智力游戏,对下棋者的智力开发有益处,能够有效提升计算分析、思想与创意、判断与推导、分析与控制等多种能力。因而围棋数千年来长盛不衰,已成为全世界广泛普及并产生深远影响的竞技运动。

围棋富含人生哲理。常言道:"棋如人生,人生如棋。"少年时期如同布局,德行端正、身体康健、才识兼备,打好人生基础;青壮年时期好似中盘,树立高远的人生目标,拼搏奋进,建功立业;老年时期就像收官,修身养性,闲庭信步、安度晚年美好人生。首先,围棋"千古无同局",要珍惜宝贵人生,体验人生的千姿百态。其次,围棋与人生机遇相似。棋手获胜的关键就是抓住稍纵即逝的时机,正如人的一生也有很多机遇,如何发现机遇、把握机遇至关重要,要先找准自身定位,学会对周边事物的性质、环境、力量等全面分析,做出预判;同时机遇也是可以把握和创造的,确立人生目标,应对人生棋局的百般变化,沉着冷静、持之以恒才能找到成功的突破口。再次,围棋讲求创新与舍弃。棋盘如同无垠的宇宙,你的思想可以随意驰骋,开拓创新。但人生不如意之事十有八九,围棋还教会我们敢于"舍弃"。《棋经十三篇·合战篇》中谈道:"与其恋子以求生,不若弃之而取势。"这需要胆识和勇气,其实"舍"也是一种策略或选择,应懂得"将欲取之,必固与之"的大智慧。

(五)多元融合——民间体育

我国传统民间体育,是指在我国古代民间广泛流行且具有鲜明的民族风俗和地域特色的传统体育形式。因古代人的生活、历史、风俗习惯、文化等差异,故而形成了形式多样、文化差异显著的中国古代民间体育。

随着国家政治、经济、文化的繁荣发展,与百姓健身娱乐为目的的民间体育活动兴起,这类活动具有地域、民俗时令和休闲娱乐的特点。我国民族特色浓郁的活动较多,民间体育形式丰富,如摔跤、赛马、陀螺、射弩、龙舟、独竹漂、跑旱船、蹴球、抖空竹、垂钓、押加、顶棍、高脚竞速等。

经历几千年的发展,民间体育文化已成为中国传统体育文化的重要部分,以百姓喜闻乐见的形式长期存在和发展。首先,一定程度上提升了人们的整体素质,使国家更加和谐繁荣;其次,与祭祀祈福、节日习俗的结合,赋予美好吉祥的寓意,共同表达着人们对幸福生活的向往;再次,对少数民族体育运动的传承,尊重少数民族的习俗习惯,为传统体育文化增添了活力,促进了体育形式多元化,同时增强民族认同,促进民族大团结;最后,如何保护中国民间体育文化源远流长,做好传承接续,非常关键。

三、中国古代体育精神

中国古代体育是中国古代先民们在生活生产中的一项运动形式,也是一种有目的、能动地改造自我和人类社会的特色活动。它有丰富的竞技、娱乐、社交、教育价值,并在长期的发展积淀中形成了独具东方特色的中国古代体育精神。

1. 追求"天人合一"的境界

中国传统的"天人合一"哲学观对我国古代体育发展的思想影响较深。首先,远古人类为了生存问题,选择顺应自然、与自然和谐共生,他们在生产实践中演化出了走、跑、跳、投等最初的体育活动形式;其次,人类通过自身体育运动实践,积极参与蹴鞠、捶丸、武术等体育项目,并不断丰富体育形式并制定竞赛规则,同时加强保健养生经验的积累和总结。可见,中国古代体育精神追求人与自然和谐发展,注重个人物质与精神同步的身心健康发展,体现人体外部环境和内部环境的协调与统一。

2. 自强不息的进取精神

在实用主义基础上萌芽的体育活动,当物质条件满足后,人类又追求更高的精神需要,人"自强不息"积极进取,不断改进创新。中国古代体育项目种类众多,发挥在军事训练、武术击技、娱乐竞技等多个领域,形成了中国古代体育运动体系。还针对不同的体育活动制定对应规则,通过标准化、制度化、体系化让中国古代体育文化不断丰富发展,是中国古代人民对体育文化的精益求精、不懈斗争的结果。

3. 身心一体的生命整体观

中国古代体育强调身心一元性,即生命的整体性。古代文献多有记载,如《中庸》云"诚于中,形于外",《大学》中提到"心广体胖"等。我国历来注重身心并育的生命整体性培养,中国古代体育在科学又实用的原则下,注重体育运动中的动静、神形、劳逸的结合,强调机体内运动与外运动的协调统一。还有传统体育项目中的太极拳、五禽戏、八段锦等,都是通过身心并育,从而达到生命整体协调统一,有效增强人体动作协调能力,促进身心健康。

4. 传统道德的和合精神

儒家礼教坚持"礼之用,和为贵"的思想,对中国古代体育有重大影响。如商周的射礼,孔子认为"君子无所争,必也射乎!揖让而升,下而饮,其争也君子"(《论语·八佾》)。射礼既是一种集体性体育活动的社会规范,也是对个人的一种行为规范,其体现了真正的体育比赛精神,即"竞争"与"礼让"相统一;以"君子之争"的模式推广到御术(驾车)、龙舟竞渡、捶丸等项目,在竞赛中注重集体性体育活动的协作意识培养,以和为贵,发挥整体性功效。我国儒家古代体育教育中的道德模式,一定程度上促进了公平意识的建立,兼顾对个人和团体共存共荣。传统的"和合精神"是中国古代体育精神的重要体现。

课后思考

❶ 我国儒家提出的"六艺",即礼、乐、射、御、书、数,哪几项与中国古代体育活动有关?

❷ 我国古代体育活动按运动方式和特点不同可以分为哪五大类型?

❸ 中国武术在清代末年、民国时期被称为什么?

❹ 足球在中国古代被称为什么?

互动实践环节

1.请同学们在我国古代的诗词、曲赋、小说、散文等各类文学作品中查找有关体育运动的题材和内容,通过优秀的文学作品了解传统体育活动概况,充分体会中国传统体育的文化精神内涵。

2.为了实现体育强国梦,《中华人民共和国体育法(修订版)》将体育科目纳入初中、高中学业水平考试范围,并于2023年1月1日起施行。这一政策引起了社会面的广泛关注和家校双方的热议。请同学们结合自身实际,进行分组讨论,国家将高中体育成绩纳入学业水平考试这一举措,能否有效提高学生对运动锻炼的重视,是否会增加学生学业负担等问题进行思考,并谈谈这一政策可能带来的利与弊。

3.2018年李宁运动品牌与一汽红旗合作推出联名款服装,以支持国产汽车、力挺中国制造为要领,打造爱国主义情结,深受消费者喜欢,获得较高的销售业绩和企业声誉。请同学们结合此案例思考,如何将传统体育文化与所学专业知识、地方文化、消费者需求等相结合,以传统体育品牌为依托,打造一个特色IP产品,并进行试推广。

4.开展演讲主题活动,题为"我家乡的特色民居"。俗话有云:"百里不同风,千里不同俗。"我国土地广袤,民族众多,历史文化悠久,地理环境复杂,气候条件多变,生活方式各异,因此中国的民居建筑样式多种多样,设计风格独具特色。请同学们课后搜集自己家乡最具特色民居建筑的相关资料,整理并分析该民居的由来、发展和影响。建议从民居建筑设计思路、地理环境和气候条件的影响、地方民俗文化的融入、创新改造之处等角度进行演讲交流。

5.开展"云想衣裳花想容"为主题的系列文化活动,通过讲解汉服形制、学习汉服礼仪、体验汉服穿法等方式,介绍中华民族的服饰文化,带领同学们感受服饰之美,领略汉文化的独特魅力。

参考文献

[1] 刘军.中国古代的酒与饮酒[M].北京:商务印书馆国际有限公司,1995.
[2] 蒋雁峰.中国酒文化研究[M].长沙:湖南师范大学出版社,2006.
[3] 黄仲先.中国古代茶文化研究[M].北京:科学出版社,2010.
[4] 王宣艳.芳茶远播:中国古代茶文化[M].北京:中国书店,2012.
[5] 莫银燕.中华茶文化[M].长春:吉林人民出版社,2017.
[6] 毛克强,袁平.酒文化意趣[M].北京:中国轻工业出版社,2017.
[7] 戴钦祥,等.中国古代服饰[M].北京:商务印书馆,1998.
[8] 赵连赏.中国古代服饰图典[M].昆明:云南人民出版社,2007.
[9] 李楠.中国古代服饰[M].北京:中国商业出版社,2014.
[10] 沈从文.中国古代服饰研究[M].上海:上海书店出版社,2017.
[11] 金开诚,王岳川.中国书法文化大观[M].北京:北京大学出版社,1995.
[12] 彭吉象.中国艺术学[M].北京:高等教育出版社,1997.
[13] 刘涛.字里千秋:古代书法[M].北京:生活·读书·新知三联书店,2007.
[14] 王念祥.中国古代人物画鉴赏[M].武汉:湖北美术出版社,2010.
[15] 王念祥.中国古代花鸟画鉴赏[M].武汉:湖北美术出版社,2010.
[16] 石守谦.中国古代绘画名品[M].杭州:浙江大学出版社,2012.
[17] 陈薛俊怡.中国古代书法[M].北京:中国商业出版社,2014.
[18] 张志和.中国古代书法艺术史[M].北京:中国社会科学出版社,2015.
[19] 徐沛君.经典100:中国古代绘画100图[M].北京:人民美术出版社,2016.
[20] 谷利民.全神尽相:中国传统山水画研究[M].沈阳:辽宁美术出版社,2016.
[21] 张捷,郑朝,蓝铁.传统山水画[M].杭州:中国美术学院出版社,2018.
[22] 杨冬.最美花鸟画100幅[M].林木,编.北京:人民美术出版社,2018.
[23] 许结.中国古代文学[M].南京:南京大学出版社,1999.
[24] 杨焱林.中国古代文学史纲与名篇欣赏[M].上海:复旦大学出版社,2004.
[25] 袁行霈.中国文学史[M].北京:高等教育出版社,2005.
[26] 王明德.中国古代饮食[M].西安:陕西人民出版社,2002.
[27] 王辉编.中国古代饮食[M].北京:中国商业出版社,2015.
[28] 李世化.饮食文化十三讲[M].北京:当代世界出版社,2019.
[29] 王宁.汉字学概要[M].北京:北京师范大学出版社,2001.
[30] 张桂光.汉字学简论[M].广州:广东高等教育出版社,2004.
[31] 张凤云.中国古代书法艺术[M].延吉:延边大学出版社,2005.
[32] 周祖谟.汉语词汇讲话[M].北京:外语教学与研究出版社,2005.
[33] 张世禄,杨剑桥.音韵学入门[M].上海:复旦大学出版社,2009.
[34] 邵荣芬.汉语语音史讲话[M].北京:中华书局,2010.
[35] 许威汉.古汉语概述[M].北京:商务印书馆,2012.
[36] 裘锡圭.文字学概要[M].北京:商务印书馆,2013.

[37] 王力.汉语词汇史[M].北京:中华书局,2013.

[38] 王凤阳.汉字学[M].北京:中华书局,2018.

[39] 林玉山.汉语语法发展史稿[M].厦门:厦门大学出版社,2018.

[40] 蒋庆.大同文化 中华传统文化研究与探索[M].北京:中国三峡出版社,2002.

[41] 张义明,易宏军.中国传统文化概论[M].西安:西北大学出版社,2019.

[42] 英·泰勒.原始文化[M].蔡江浓,编译.杭州:浙江人民出版社,1988.

[43] 林诺夫斯基.文化论[M].费孝通,等译.北京:商务印书馆,1946.

[44] 梁漱溟.梁漱溟全集:第一卷[M].济南:山东人民出版社,1989.

[45] 胡适.胡适文存:第3集[M].上海:上海科学技术文选出版社,2014.

[46] 郭哲华.现代汉语辞海[M].吉林:吉林大学出版社,2003.

[47] 孙振华.中国雕塑史[M].杭州:中国美术学院出版社,1994.

[48] 蒋礼鸿.商君书锥指[M].北京:中华书局,1986.

[49] 王可平.华夏审美文化的集结 中国的雕塑艺术[M].杭州:浙江美术学院出版社,1992.

[50] 蔡镇楚.域外诗话珍本丛刊(第八册)[M]北京:北京图书馆出版社,2006.

[51] 明·严从简.殊哉周咨录[M].余思黎,点校.北京:中华书局,1993.

[52] 李泽厚.中国古代思想史论[M].天津:天津社会科学出版社,2003.5.

[53] 张锡勤.中国传统道德举要[M].哈尔滨:黑龙江大学出版社,2009.

[54] 李俊.中国古代哲学[M].北京:人民卫生出版社,2012.

[55] 朱永新.滥觞与辉煌 中国古代教育思想史[M].北京:人民教育出版社,2004.08.

[56] 朱仲玉.中国古代教育家[M].上海:上海文化出版社,2003.

[57] 阎国华.中国古代十大教育家[M].石家庄:河北教育出版社,1993.

[58] 焦竑.国史经籍志[M].北京:商务印书馆,1939.

[59] 王利器.颜氏家训集解(增补本)[M].北京:中华书局,2002.

[60] 朱彬.礼记训纂[M].饶钦农,点校.北京:中华书局,1996.

[61] 苏洵.嘉祐集笺注[M].曾枣庄,金成礼,笺注.上海:上海古籍出版社,1993.

[62] 孟郊.孟郊集校注[M].韩泉欣,校注.杭州:浙江古籍出版社,1995.

[63] 刘义庆.世说新语[M].杨牧之,胡友鸣,选译.杭州:浙江古籍出版社,1986.

[64] 李贽.李贽全集注[M].北京:社会科学文献出版社,2010.

[65] 秦大树.石与火的艺术 中国古代瓷器[M].成都:四川教育出版社,1996.

[66] 唐鸣镝,黄震宇,潘晓岚.中国古代建筑与园林[M].北京:旅游教育出版社,2008.

[67] 伍丽娜,夏君.工匠精神[M].天津:天津大学出版社,2022.

[68] 张宏图,宋永利,姚洪运.中国传统文化[M].2版.北京:高等教育出版社,2021.

[69] 王艳玲.中国传统文化[M].2版.北京:高等教育出版社,2022.

[70] 周丽霞.精湛绝妙的民间工艺[M].北京:现代出版社,2018.

[71] 易志军.中华优秀传统文化读本[M].重庆:重庆大学出版社,2020.

[72] 范行准.中国医学史略[M].北京:北京出版社,2018.

[73] 徐江雁.中国医学史[M].上海:上海科学技术出版社,2021.

后 记

　　本教材是编者在多年讲授该课程形成讲义的基础上,参考部分前辈学者、同行诸多专著、教材后编撰而成的。本教材的内容和形式,是编者根据课程的主旨和基本框架编写的。各个部分在对主题的理解和把握、材料的选择和取舍、写作的体例和风格上都体现了不同编者的个性。为了保持包容性,以及在授课过程中扩展自由权给教师,并没有刻意地加以统一。

　　作为一门面向高校开设的人文素质必修或选修课,本教材把文化中的多个侧面抽取出来讨论和探索,事实上,还有许多方面,囿于书本的容量和作为教材的编写体例等,没有全部编进来。中华优秀传统文化是一个宏大的主题,我们深知无论是课程还是这本教材都还很不成熟,鉴于这个主题永远在探索的路上,我们殷切希望有更多的人来参与对话和讨论。

　　最后,要感谢大连理工大学出版社对本书出版的支持,感谢责任编辑所付出的辛勤劳动。